Peter Gross
Jenseits der Erlösung

W0066158

Peter Gross

JENSEITS DER ERLÖSUNG

Die Wiederkehr der Religion und die Zukunft
des Christentums

[transcript] X TEXTE

Bibliografische Information der Deutschen Bibliothek
Die Deutsche Bibliothek verzeichnet diese Publikation in der Deutschen Nationalbibliografie; detaillierte bibliografische Daten sind im Internet über http://dnb.ddb.de abrufbar.

© 2008 transcript Verlag, Bielefeld
2. Auflage

Die Verwertung der Texte und Bilder ist ohne Zustimmung des Verlages urheberrechtswidrig und strafbar. Das gilt auch für Vervielfältigungen, Übersetzungen, Mikroverfilmungen und für die Verarbeitung mit elektronischen Systemen.

Umschlaggestaltung & Innenlayout: Kordula Röckenhaus, Bielefeld
Umschlagabbildung: Caravaggio, Der ungläubige Thomas (1601/02), Detail, © Stiftung Preussische Schlösser und Gärten Berlin-Brandenburg
Lektorat: Kai Reinhardt, Bielefeld
Korrektorat: Birgit Klöpfer, Paderborn
Satz: Alexander Masch, Bielefeld
Druck: Majuskel Medienproduktion GmbH, Wetzlar
ISBN 978-3-89942-902-2

Gedruckt auf alterungsbeständigem Papier mit chlorfrei gebleichtem Zellstoff.

Besuchen Sie uns im Internet: *http://www.transcript-verlag.de*

Bitte fordern Sie unser Gesamtverzeichnis und andere Broschüren an unter: *info@transcript-verlag.de*

Inhalt

»Aus vergitterten Fenstern der Sinne blickt jeder
hinaus in das Fremde, das er nie sein
wird [...] wie weit!«

Hans Urs von Balthasar

Anlass

Nach zweitausend Jahren Christentum wird, nicht nur von Apologeten der Kirchen, beharrlich und zuversichtlich, aber auch leichtfertig und naiv von einer Wiederkehr der Religion gesprochen.[1] In schneller Folge werden Symposien veranstaltet, Petitionen verfasst, Religionsräte gegründet und Gebetstage ausgerufen. Selbst kirchenferne Kreise, gottferne Denker und aufgeklärte Kritiker von Religion und Metaphysik können sich dieser Diskussion nicht entziehen. Ganz zu schweigen von der Volksseele, die sich an Kirchentagen und Papstbesuchen in seligen Hunderttausendschaften findet. Aber ebenso gut könnte man einer Wiederkehr der Kultur oder der Politik das Wort reden. Denn Gesellschaften sind ohne Kultur und ohne Religion gleichermaßen undenkbar. Und die menschliche Existenz ist grundsätzlich politisch. Alle Menschen zu allen Zeiten kultivieren ihre Verhältnisse und versehen ihr Leben mit Sinn. Die Frage ist mithin nicht, ob Religion wiederkehrt – sondern welche. Und wenn schon die Frage nach der Wiederkehr gestellt ist, dann muss man als Christ und Angehöriger des christlichen Kulturkreises doch fragen, ob das Christentum wiederkehrt. Und seine Welt-, Menschen- und Todesanschauung.

Nicht nur der Unglaube ist in unserer Gesellschaft diffus geworden, sondern auch der Glaube. Und nicht nur glaubt, wer an nichts glaubt, an alles Mögliche, sondern auch wer glaubt. Man glaubt an dieses und jenes, an Gott, den Teufel und die Engel, an Feen, böse Kräfte, an die Weissagungen des Nostradamus oder Madame Teissier. Glauben ist wie Religion immer. Es bedürfte großer Anstrengungen, nicht zu glauben. Und immer hat Religion etwas mit Leid, mit Klage und Bitte zu tun. Sie operiert mit Vorstellungen einer anderen, einer heilen Welt, deren Negation die Welt ist, in der wir leben. Und mit einem geheilten, ganzen, erlösten Menschen. Religionen sind immer, nicht erst für Ludwig Feuerbach, Seufzer der bedrängten Kreatur. Die gesamte Schöpfung liegt im Seufzen und Wehen (Röm 8,22). Glaubensanschauungen und Glaubenssysteme wie das Christentum oder der Islam hingegen haben Heilsversprechen zu konkretisieren und tragen diese dementsprechend in unterschiedliche Register ein; in Register, die etwas darüber aussagen, ob das Heil von Gott oder vom Menschen kommt und ob die Seligkeit in dieser oder in einer anderen Welt erlangt werden kann. Oder ob überhaupt ein endgültiges Heil zu erwarten ist.

Wiederkehren kann darüber hinaus nur etwas, was verschwunden, vergessen, fremd geworden ist. Und verblasst ist nicht irgendein Glaube an irgendetwas, sondern der christliche Glaube. Auch wenn wir uns nach mehr als tausend Jahren christlicher Vergangenheit unmöglich nicht als Christen bezeichnen können, hat sich die Glaubenswelt des Christentums, die Welt von Diesseits und Jenseits, von Schuld und Gnade, von Tod und Auferstehung, von ewiger Seligkeit und ewiger Verdammnis, von einem Messias und dem von ihm gebrachten Seelenheil, die christliche Heilsbotschaft also, weit von uns, weit von der Wirklichkeits- und Selbsterfahrung des heutigen Menschen entfernt. Und zwar im römischen Katholizismus gleichermaßen wie in den evangelischen Bekenntnissen. So weit, dass sogar der Versuch der Erinnerung, wenn er denn unternommen wird, schmerzt. Der christliche Glaube fristet ein kümmerliches Dasein in (außer zur Weihnachtszeit) leeren Kirchen. Groß ist die Kluft zwischen der christlichen Weltanschauung und dem Zeitgeist. Sie lässt sich eigentlich wie im Traum nur offenhalten, wenn man sie nicht erinnert.

Wenn aber die christliche Heilsbotschaft, deren elementare Bestandteile im »Vaterunser« verdichtet und deren Substanz im glaubensbekennenden »Credo« zusammengedacht ist, fremd- und gleichgültig geworden ist, und wenn es schwerfällt, sie überhaupt zu erinnern, was kehrt denn unter dem geheimnisvollen Begriff der Religion wieder? Was bebt da nach? Die weltliche Religion des Fortschritts hat doch gleichermaßen in unserer aufgeklärten Aufklärung an Kraft verloren. Auch sie kann es nicht sein, die sich erneuert. Von einem kommenden Himmel auf Erden, einem gleißenden Finale, einem nicht mehr überbietbaren Endzustand, einer irdischen Totalemanzipation und der dazugehörigen weltimmanenten Heilsgeschichte ist angesichts des Weltzustandes selten die Rede. Eher grassieren Ängste vor dem Aussterben, der Aushöhlung und Zersetzung des westlichen Kulturkreises; und es kursieren – nicht nur im Film – furchterregende Endzeitvorstellungen.[2]

Aus dem Vordringen endzeitlicher Apokalypsen und der Schwächung des irdischen Futurismus resultiert gemeinhin, so schon Max Weber, ein Zurück zu außerweltlichen Heilsvorstellungen.[3] Wer nicht mehr weiter weiß, kehrt um und läuft zurück. Die moderne Gesellschaft, obwohl in keiner Weise vollendet und eigentlich erst im Auslaufprozess der Verweltlichung, soll jäh wieder dort enden, wo sie begonnen hat. In messianischen Wehen, in der Anbetung eines verborgenen Gottes, der fleischlichen Inkarnation seines unbefleckt empfangenen und erlösenden Sohnes und der Hoffnung auf ein definitives Ende in einem todlosen Jenseits. Aber das »Credo« des Gläubigen, wenn es überhaupt noch erinnert wird, ist Lippen-, nicht Herzensbekenntnis. In den in rascher Folge erscheinenden Büchern zur Wiederkehr der Religion herrscht eine Art Schweigevereinbarung über ihre »letzten« Dinge. Und zwar keineswegs nur über Hölle und Fegefeuer, sondern auch über die dahinter liegende Welt- und Todesanschauung eines Endes der Zeit und einer Erlösung in eine Ewigkeit. Diese und nicht eine Beschneidung des eschatologischen Codes durch Tilgung der gewaltsamen und barbarischen Züge eines Richtergottes steht im Vordergrund. Der christliche Glaube ist inhaltlich entleert und in eins gesetzt mit Religion. Er stabilisiert sich ohne die Erlösungskonzeption auf niedrigstem Niveau: der Schwundstufe simpler Spiritualität, einem allüberall hervorquellenden psychologischen Polytheismus, der sich außerhalb der christlichen Substanz und ihrer Institutionen in Wiesen und Wäldern und quasireligiösen Veranstaltungen abregt.[4]

Auch Religionssoziologie und Volkstheologie entziehen sich aus unterschiedlichen Gründen einer Erörterung christlicher Substanz: die erstere wegen ihrer Uninformiertheit, die zweite wegen ihrer Unzeitgemäßheit und geschwundenen Plausibilität. Ganz zu schweigen von den Umfragen über Gott, Glaube und Leben nach dem Tod, die weder die christliche Heilsbotschaft noch die Erlösungsfrage zur Diskussion stellen.[5] Resultiert daraus nach Weltkriegen und keiner Theodizee zugänglichen Vernichtungslagern eine neuerliche, eine endgültige Niederlage des christlichen Glaubens? Oder lässt das gleichzeitige Erlahmen des weltlichen Fortschrittsglaubens und das Erkalten der christlichen Heilsvorstellung eine Neudeutung der christlichen Heilsgeschichte zu? Entsteht ein posterlösungsreligiöses Bewusstsein, das die zentralen Implikate der christlichen Heilsbotschaft umzudeuten in der Lage ist? Das nicht die Erlösung, sondern eine gleichfalls vom Christentum in die Welt eingeführte Unvollkommenheit und Unerlöstheit der Welt und des sie bewohnenden Menschen ins Zentrum rückt? Könnte es sogar sein, dass die Vorstellung einer sich öffnenden, ins Unendliche hinein sich wandelnden Geschichte ohne Schuld und Gnade, ohne Frist und Finale, ohne himmlische Erlösung und ohne irdische Totalbefreiung jenes friedliche Leben erst ermöglicht, das die christliche Vormoderne mit Gottes Hilfe zu erreichen suchte und die fortschrittsbewegte Moderne durch den Menschen selbst zu erreichen sucht?

Läuft, so die Kernfrage, die Gegenwart, im doppelten Verlust von irdischen und außerirdischen Erlösungs-, Heils- und Endzeitvorstellungen, zu einer fundamentalen Verwandlung ihrer Substanz auf, in der die Züge eines nachchristlichen Zeitalters aufleuchten, das, ohne sich dem tragisch-heroischen Bewusstsein zu überantworten, das Heil weder in der außerweltlichen Erlösung noch der innerweltlichen Endlösung sucht? Das ist Anlass und Frage dieses Buches.[6]

Zum Anfang: Eine Welt ist keine Welt

Zunächst, natürlich und gewiss: Der Mensch ist religiös. Den Menschen aller Zeiten hat die Wirklichkeit, wie sie ist, nicht, nie genügt. Sie imaginierten, erträumten und erhofften andere Welten. Immer blickten sie, so der Transzendenztheologe Hans Urs von Balthasar, aus vergitterten Fenstern hinaus in die Fremde.[1] Sie haben dieses Andere im Himmel oder im Himmel auf Erden, außerhalb oder in dieser Welt – und auch in sich selbst – gesucht. Doppelbelichtet ist die Welt in dieser Optik: gegliedert in eine Vorder- und eine Hinter- oder Überwelt; in eine gegenwärtige und eine künftige Welt. Der Mensch scheint sich selbst nicht, was er ist: Auch der moderne Mensch trägt diese seltsame Unruhe mit sich herum. Einen Stachel, eine Frage.

Die Erlösungsreligionen stellen ihren Anhängern die außerweltliche, jenseitige Befreiung vom Stachel des Leidens in Aussicht. Obwohl im »Vaterunser« und im »Credo« dem Kinderkopf noch präsent und obwohl in allen christlichen Glaubensbekenntnissen (dem Nicäischen, dem Apostolischen, Ökumenischen und dem Athanasianischen) als Richtschnur der Rechtgläubigkeit beschworen,[2] kann unsere Zeit mit einem Jenseits, in das wir hinein erlöst werden, wenig mehr anfangen.[3] Ganz zu schweigen von der Hölle. Den Himmel überlassen wir, wie es heißt, den Spatzen, Kunsthallen und Installationskünstlern und die Hölle den Barbaren auf Erden. Fern sind auch ewiges Leben und Paradies.[4] Die Fortschrittsfraktionen des neunzehnten und zwanzigsten Jahrhunderts haben deshalb die Differenz zwischen dem Diesseits und dem Jenseits auf die Erde verlagert und versprachen das Jenseits im zukünftigen Diesseits. Oder sie wichen auf ein innerliches, ein geistiges und inwendiges Heil aus, einen inneren Gral, eine Intopie. Statt Erlösung von der Welt: Erlösung in ihr. Als grandiose Weltordnung, als Kosmopolis, als milder Endzustand der Geschichte, als ewiges Reich mit ewigem Frieden auf Erden. Oder als Lösung von ihr, als Ruhe in sich. Als kleine, selbsterzeugte Lichtung in der Kontemplation, in Musik und Kunst.[5] Eine Welt ist keine Welt.

Nicht erst seit dem elften September des Jahres nach der Jahrtausendwende, dem *terminus a quo* einer intensiven Diskussion von religiösem Fundamentalismus und Extremismus, ist der Glaube daran erschüttert worden. Die weltlichen Katastrophen, die Kriege und Heimsuchungen und die in einer endlos erscheinenden Dynamik von Schöpfung und Zerstörung gefangene Moderne mit ihren zertrümmerten Paradiesen und die daraus resultierenden Paradoxien und Unlösbarkeiten haben tiefe Zweifel erwachen lassen und den Fortschrittsglauben verdunkelt. Alles erscheint immer gleich weit entfernt. Die Kaskade von Begriffen, die mit Welt gebildet werden, Weltlage, Weltverfassung, Weltreich, Weltfriede, Weltbürger, Weltgericht, Weltpolizei, macht angesichts all der kulturellen und religiösen Konflikte den Eindruck einer fragilen, technischen Hülle, unter der es tobt. Der Pilgerzug zum Paradies ist hin und her flutenden Völkerwanderungen und Migrationsbewegungen gewichen – mit ungewissem Ziel und unbekannten Folgen. Der Wachstumsglaube ist erschüttert, das Licht am Ende des Tunnels zum Zwielicht geworden. Der Mensch scheint ausgepumpt, sich übernommen zu haben. Als der Traum wahr zu werden schien, verwandelte er sich in einen Albtraum. An der nach dem Zusammenbruch der staatssozialistischen Reiche erhofften Weltordnung zeigen sich mehr und mehr Züge einer furchterregenden Weltunordnung. Statt dass das Unverfügbare schrumpft – und die Religion als Leidens- und Kontingenzbewältigungspraxis schwindet –, wächst es besorgniserregend. Gleichermaßen heißt es, kehre dafür die Religion wieder, überhastet sogar und heimlich, ohne große Mithilfe einer ängstlichen und zur Kulisse bürgerlicher Lebensfeiern gewordenen Kirche und Priesterschaft und trotz der, jedenfalls im westlichen Kulturkreis, abnehmenden sozialen Bedeutung der etablierten Konfessionen.

Nach ihrer Niederlage, die eine mit Gott unzufriedene und in mystische Außenhalte und erlesene Literatur flüchtende Theologie infolge der Unheilsgeschichte des zwanzigsten Jahrhunderts vorausgesagt hatte, und nach der Installierung einer alle Vorstellungen des Bösen übertreffenden Hölle auf Erden in den Vernichtungslagern des zwanzigsten Jahrhunderts, scheint die Religion mit einem Sprung den Boden wieder zu besetzen, von dem sie eine weltliche Fortschrittsarmee vertrieben, obwohl sie deren Programmatik übernommen hat. Wie von einem geheimnisvollen Unbekannten ist von ihr respektvoll die Rede. Die Päpste, der alte und der neue, lächeln selig. Große und kleine Geister schmeicheln ihr. Prunk und Pomp verbergen freilich den Kern der christlichen Lehre. Wer immer in das päpstliche Ornat gestellt ist, wird zum andächtig verehrten Superstar, während die christliche Heilsbotschaft, das apostolische Kerygma, fremd und fremder wird. Die Weltjugend umtanzt weißgekleidete Priester und Nonnen. Eine jahrmarktliche Züge annehmende Kryptoreligiosität füllt das in der derzeitigen Welt entstandene Vakuum von real existierender Sinnlosigkeit und Zukunftsangst. Martin Buber soll gesagt haben, Hitler habe die gläubigen und die nicht gläubigen Juden dazu gezwungen, von Gott zu reden. Osama Bin Laden, könnte man, Martin Buber paraphrasierend, hinzufügen, hat gläubige und nicht gläubige Christen dazu genötigt, über Religion zu sprechen. Zumindest über Religion und über die fünf oder sechs oder sieben Weltreligionen, deren Kompendien die Buchhandlungen füllen. Jedenfalls kam es nach dem Einsturz des *World Trade Centers* zu einem abrupten Erwachen Europas und der übrigen westlichen Welt aus ihrem religiösen Dornröschenschlaf. Nicht durch den Kuss eines Prinzen, sondern durch die Bombe eines Terroristen. Und die dem Europäer in Fleisch und Blut übergegangene aufklärerische Religionskritik wich der Frage, inwiefern eine Wiederkunft der Religion zu erwarten sei. Die entscheidende Frage ist freilich, ob die christliche Religion als Erlösungsreligion wiederkehrt. Und diese Frage wird gemieden.

Um sie zu beantworten, ist deshalb eine Situationsvergewisserung vonnöten. Es ist nicht nur notwendig, den Zustand des westlichen Kulturkreises in seiner vom Christentum geerbten Substanz zu kartographieren. Unumgänglich ist es, die Implikate jenes religiösen Glaubens zum Gegenstand zu machen, von denen weder aufgeregt noch ehrerbietig, sondern so selten die Rede ist. Dem Glauben an die christliche Heilsbotschaft nämlich, dessen Blut- und Kraftzentrum die Vorstellung der Erlösung ist. Obwohl sich das aktuelle Interesse gerne den neuen religiösen Bewegungen und

dem bunten Strauß von Esoterik, Magie und diesseitsreligiösen
Veranstaltungen widmet, muss, wer ernsthaft von einer Wiederkehr der Religion reden will und dabei das Christentum meint, den
von Luckmann bis Luhmann, von Rorty bis Vattimo weitgehend
verschwiegenen Inhalt ins Zentrum rücken. Statt über die Zugänge
der Religionssoziologie zur Religion zu reden und statt ein Come-
back religiösen Bewusstseins zu akklamieren,[6] ist es notwendig, in
das Innere der christlichen Gedankenwelt einzudringen, in ein
geistiges Universum, dessen Substanz schon im Judentum angelegt und im Islam erneut aufgelegt ist.[7] Die im jüdisch-christlichen
Verständnis, insbesondere aber im römischen Katholizismus sich
bündelnden Glaubensvorstellungen und -lehren stehen prototypisch für Weltbild und Menschenbild der Erlösungsreligion, wie
sie, die Monotheismen, auch genannt werden.

Der Erlösungsgedanke, der Glutkern der Erlösungsreligion, ist,
jedenfalls was die christlich-messianische Vorstellung betrifft, aus
vielerlei Gründen peripher geworden. Seine Vorgeschichte findet
sich im Orient, dessen Frömmigkeit um den Erlösungsgedanken
konzentriert ist. Der Heroismus der Antike gegenüber Leid,
Schicksal und Tod wird abgelöst durch die Hoffnung auf Unsterblichkeit und ewige Seligkeit. Simplifiziert und in grobsinnlicher
Form taucht der Erlösungsgedanke im Islam auf: in der Lehre vom
Eingang der Glaubenskämpfer in himmlische Gärten, in ein Paradies, wo kühle Ströme fließen, herrliche Früchte wachsen und
Jungfrauen mit schwellenden Brüsten warten.[8] Wie ernst und zent-
ral diese Vorstellung auch immer ist, sie fristet in der Religionssoziologie gegenüber funktionalen und formalen Definitionen von
Religion ein bedauernswertes Schattendasein. Die Substanz ist
schon heute unserer Kultur so fremd geworden wie die Substanz
prähistorischer Kulturen. Wer über Sünde und Schuld, Erlösung
und ewige Seligkeit, über Transsubstantiation und Kommunion vor
Studierenden spricht, wähnt sich unter Heiden.

Aber erst die Soteriologie, die Lehre von der Erlösung, lässt
auch die modernen Antworten auf fundamentale Fragen unserer
Identität, woher wir kommen, was wir sind und wohin wir gehen,
verständlich werden. Nicht nur die christliche Glaubenslehre, auch
die weltliche Vervollkommnungs- und Ganzheitslehre bleibt unver-
ständlich ohne deren christliches Ferment. Die christliche Heilsvorstellung kommt als Spezifikum des christlichen Glaubens in
den funktionalen oder auf ein religiöses Wesen des Menschen

rekurrierenden Religionssoziologien gar nicht vor. Der funktionalen Analyse ist insofern sogar eine antichristliche Absicht eigen, als
sie Religion entweder als Ergebnis menscheneigener Konstruktio-
nen ausmacht oder aber auf eine naturhafte menschliche Anlage
zur Religiosität rekurriert. Und angesichts dieser beruhigenden
Annahme eines einmontierten Sehnens nach Transzendenz auf die
Auseinandersetzung mit der christlichen Heilsbotschaft verzichtet.
Denn dem konstruktivistischen Gedankengut gibt es nichts Frem-
deres als etwas, das sich ihm entzieht. Eine funktionale Definition
von Religion ist deshalb immer schon Religionskritik. Nicht die
Religiosität und die sie anhimmelnde Religionspublizistik und
-wissenschaft ist deshalb in einer Krise, sondern der christliche
Glaube.[9] Gewiss erhebt sich auch die Frage nach Gott. Gegenüber
der Erlösungsvorstellung aber ist sie sekundär. Mit Gott, Göttli-
chem und Heiligem haben es alle Religionen und hat es jede Religiosität zu tun. Gott bemühend ließe sich vielleicht sagen, dass
Gott nicht obdachlos geworden ist, sondern bodenlos. Und nicht
nur das Bodenpersonal fehlt der weltgrößten und weltmächtigsten
aller religiösen Gemeinschaften, sondern der Glaube an das, was
geglaubt werden muss: der Glaube an Erlösung und die Hoffnung
auf einen Messias.

Das Ausströmen des Pneumas, des der christlichen Heilsbotschaft innewohnenden heiligen Geistes, das Verschwinden der
transzendenten Botschaft und des heilsgeschichtlichen Denkens
und die soteriologische Stummheit ihrer Exponenten bringen die
Erlösungsreligionen in eine paradoxe Lage. Schlaff dämmern sie in
ihren großartigen kirchlichen Behausungen vor sich hin. Ihr eigener Titel wird desavouiert, allenfalls noch sind Monotheismus und
Offenbarung mitgedacht – obwohl hier, bei genauerem Nachdenken, ähnliche Fragen resultieren. Die Religion kehrt wieder, aber
nicht als apostolisches Kerygma, als christliche Heilsbotschaft von
Tod und Auferstehung, vom erbsündlichen Menschen und von
Gnade und Erlösung, sondern als verblasen-schummerige Transzendenz als grobsinnlicher Hedonismus, als Wellness für die Seele,
als beunruhigende Kontingenzerfahrung – als religiöse Travestie.
Die immer wieder beschworene Gleichgültigkeit des modernen
Menschen gegenüber der Religion ist nicht Gleichgültigkeit gegenüber irgendwelchen neuen Formen von Spiritualität, sondern
gegenüber dem christlichen Glauben.[10] Und die immer wieder
angemahnte Gleichgültigkeit resultiert aus der Fremdheit der

Glaubenslehre – ihrer Abgehobenheit, Unzulänglichkeit, ja Obskurität der Substanz.

Wann immer, gerade im gegenwärtigen Papsttum, vom Glauben die Rede ist – das eschatologische Moment ist ausgeströmt und hat versteinerte Institutionen zurückgelassen: leere Kirchen, Hirten ohne Herde. Touristen statt Pilger, die sich statt für die Botschaft des Apostels Paulus nur mehr dafür interessieren, ob dessen sterbliche Überreste sich noch im eben gefundenen Sarkophag befinden oder nicht! Die Frage der Erlösung ist zwar in allen Weltreligionen gestellt. Denn der soteriozentrische Kern der Religionen setzt im religiösen Denken mit der Bestimmung eines heillosen, gebrochenen, defizienten Zustandes des menschlichen Lebens und seiner Welt an. Sonst könnte die religiöse Bestimmung nicht in der Erlösungs- und Erfüllungshoffnung verankert werden. Aber die Figur des Erlösers – und die Erlösung durch den Erlöser von einer selbstverantworteten, aber nicht selbst abzutragenden Schuld – ist dem Christentum eigen. Erlösung und Erlöser haben, nicht nur zwischen Juden und Christen, zwischen Christen und Muslimen, sondern auch im Christentum selbst, durch deren unterschiedliche Auslegung für nicht enden wollende Auseinandersetzungen gesorgt. Dennoch: Der Erlösungsgedanke und das ihm zugrunde liegende Bild eines verlorenen, sündigen, tragischen, nach der christlichen Heilsbotschaft dürstenden Menschen hat die Fortschrittsvorstellungen des westlichen Abendlandes zutiefst geprägt. Diese sind Kinder jener Tradition, die sie selbst zu überwinden glauben.

Die Moderne ist nämlich eine Extension der christlichen Geschichte und nicht der Bruch mit ihr. Das Vollkommene, Erfüllung und Vollendung, das Absolute und das Ende, diese Chiffren sind auch für die westlichen Modernisierungsvorstellungen und für die Bewegung der Globalisierung die Fixsterne, die, selbst wenn die Suche fehlschlägt, so heißt es, die Suche nach dem Letzten unbeeinträchtigt lassen.[11] Die Differenz zwischen Gott und Welt, von der Theologie auf die Seite Gottes oder auf die Seite der Welt hin aufgelöst, sinkt in die Welt selbst hinein und wird zu einer Spannung zwischen dem Menschen und seinen Verhältnissen.[12] Die europäisch-westliche Fortschrittsvorstellung ist in der Tat eine Sklavin der christlichen Heilsgeschichte.[13] Und Erlösung ist, wie ein viel zitiertes Wort von Walter Benjamin heißt, weiterhin der »Limes« des Fortschritts.

Noch einmal: Die Frage heißt nicht, ob die Religion wiederkehrt. Wer davon ausgeht, dass der Mensch prinzipiell, ja unheilbar religiös sei, und dass ihm die Suche nach Gott gewissermaßen »einmontiert« sei,[14] kann höchstens konstatieren, dass die Religion ihre Kleider wechselt.[15] Wer von der Wiederkehr einer den Menschen gleichmäßig innewohnenden Religion spricht, verkennt, dass diese ja definitionsgemäß nie verschwunden ist.[16] Wer nach der Wiederkehr des christlichen Glaubens fragt, dem ist solche Antwort keine Antwort, weil, die Substanz der Glaubenslehren hintangestellt, nur die Funktion oder die Form betrachtet wird. Wenn von der Wiederkehr in einem substanziellen Sinne die Rede ist, ist nur die Frage von Interesse, ob die Erlösungsreligion im überkommenen christlich-jüdischen Gewand wiederkehrt. Die Erlösungsreligion ist eine Religion, die die diesseitige Erlösung und die Selbsterlösung der Menschen verneint und eine außerweltliche anvisiert.

Der Erlösungsgedanke, eingeschlossen das christologische Zentralereignis, das Erscheinen des Messias auf Erden, muss auf sein Wesen hin befragt werden. Er impliziert einen direkten Bezug zur Existenz des Menschen, seiner Geschichte, seiner Verfassung. Gerade weil er den Kern der vormodernen und, wie zu zeigen sein wird, auch der modernen europäisch-okzidentalen Identität bildet, muss auf die ihm zugrunde liegende Verfassung, das Selbstverständnis und die Selbsterfahrung des Menschen zurückgefragt werden. Ob solche christliche Religiosität das Christentum wieder kräftigt, ob die Gegenwart wieder, um es mit Max Weber zu sagen, »in die weit und erbarmend geöffneten Arme der alten Kirchen zurückkehrt«, das ist die Frage, die im Hinblick auf das Weltgeschehen und die Weltverfassung interessiert.[17] Und nicht, ob die Volksfrömmigkeit zunimmt, ob die Menschen vermehrt den Satan anbeten, ob der Markt an Diesseitsreligionen neu boomt oder ob die diesseitsreligiösen Veranstaltungen zahlenmäßig zulegen.

Gilbert Keith Chesterton hat in einem immer wieder zitierten Aperçu sinngemäß gesagt, dass wenn Menschen aufhören, an Gott zu glauben, dann an alles Mögliche glauben.« Das gilt auch für den Fall, dass Menschen glauben. In einer Multioptionsgesellschaft, derzufolge alles möglich und nichts unmöglich ist, glauben sie auch an alles Mögliche und Unmögliche. Die metaphysische Verbrämung durchsetzt alle Lebensbereiche. Der vom Himmel auf die Erde gefallene, zersprungene Gott wird in tausendfacher Stückelung als Zutat eingesetzt – nicht zuletzt in den Angeboten des Konsums. Aber nicht die Vielfalt und Buntheit religiöser Optionen steht hier zur Diskussion, sondern die Frage, ob die Erlösungsvorstellung wieder an Kraft gewinnt. Diese Frage ist von entscheidender Bedeutung für das Schicksal des Christentums. Es sei denn, man versuche sie durch eine Rechtfertigung der Unzeitgemäßheit zu retten. Eine religiöse Erneuerung in diesem Sinne bedeutete freilich nicht nur eine Restitution des christlichen Welt-, sondern auch des diesem korrelierenden Menschenbildes.

Wie immer der Glaube weggehoben und wegzitiert wird, um ihn gegenüber der religiösen Erfahrung, überhaupt gegenüber der Empirie zu immunisieren, und wie immer die Rettung des Christseins ohne Rekurs auf das Substrat und seine Lebensgrundlage im Menschen probiert wird: Substanziell sind für das Christentum ein metaphysischer Dualismus und ein metaphysisches Weltbild, der Vorrang der Transzendenz und – und das vor allem – die Erlösungsvorstellung, also die christliche Heilsbotschaft. Von zentralen Dogmen wie der Transsubstantiationslehre, die besagt, dass in der Kommunion eine reale Inkarnation, die Realpräsenz Christi stattfindet, wollen wir gar nicht reden. Sind doch die damit verbundenen Vorstellungen überhaupt nur noch den Virtuosen der Glaubenslehre zugänglich. Die Schlüsselbegriffe der christlichen Lehre, der Dogmatik, nämlich Inkarnation, Trinität und die Erlösungs- und Heilsvorstellung (die Soteriologie, welche die Erlösungsthematik insgesamt einbezieht), sind indes ohne die zentrale Unterscheidung (die Superunterscheidung, wie Niklas Luhmann sie nennt) von Immanenz und Transzendenz, von Diesseits und Jenseits nicht verständlich. Aber auch nicht ohne die Gewichtung dieser Welten. Und auch nicht ohne die Annahme eines verdorbenen, sündigen Menschen, der, aus dem Jenseits herausgetrieben, aus eigener Kraft nicht mehr dorthin zurückkehren kann.

Aber fehlt ihnen nicht das lebenspraktische Substrat? Müssen die Elemente der Heilsbotschaft nicht, um lebensmächtig zu sein, Korrelate eines Menschenbildes sein, dem es zum Wesen gehört, in zwei Wirklichkeiten zu leben und von dieser in jene hineinerlöst zu werden? Ist der Erlösungsgedanke dem Selbstverständnis des modernen Menschen nicht fremd und gleichgültig geworden? Ist der herrschende Unglaube so »schwer greifbar«?[18] Dem christlichen Welt- und Menschenverständnis zugrunde liegt die Anschauung einer gefallenen, verderbten und deshalb zu vervollkommnenden, erlösungsbedürftigen Person. Wie immer sich die Erlösung auch auf die Wiederherstellung der entfremdeten Beziehung zwischen Gott und den Menschen bezieht – der Mensch hat gesündigt, Gott straft mit Vertreibung, schickt eine große Flut und antwortet schließlich mit Gnade, Vergebung und Erlösung. Ist die Fremdheit dieser Vorstellungswelt nicht offensichtlich?

Was aber geschieht dem Christentum, das ist die Kernfrage dieser Arbeit, wenn Schuld- und Heilsbotschaft, Endgültigkeitsvorstellungen und Endlösungsprogramme verblassen? Wenn die Glückvorstellungen nicht in einer ewigen, erlösten kristallinen Seligkeit gipfeln, auch nicht in ewigem Unheil? Wenn die Vorstellung einer jenseitigen, göttlichen Überwelt als Refugium und Belohnung der armen Seelen, die unverdient leiden, entschwindet und nicht einmal mehr in ihren verweltlichten Reduktionen verstehbar ist? Und, das ist die neue, die innerweltlich soteriologische Frage, wenn auch der verweltlichte, der irdische Fortschrittsglaube nach seinem kurzen Aufflammen mit dem Ende der bipolaren, politischen Welt, angesichts des sogenannten Kampfes der Kulturen und der desaströsen Folgen forcierten Wachstums auch erlahmt (wie schon in der Kriegs- und Zwischenkriegszeit des letzten Jahrhunderts)? Wenn der Erlösungsgedanke also, ob außer- oder innerweltlich, erkaltet? Und durch keine modernitätsgemäße Predigt zum Glühen gebracht, geschweige denn in eine chiliastische Bewegung umgeschmolzen werden kann?

Was, wenn der moderne Mensch seinen Mangel als unverfügbaren Grund bejaht und annimmt, aber sich nicht mehr als aus dem Paradies Vertriebener fühlt? Eher als Paradiesflüchtling? Wenn er seufzt und leidet und daraus nicht in einen leidenstheologischen Sadomasochismus (Dorothee Sölle) versinkt, sondern Kraft schöpft?[19] Wenn er sich nicht nur zu seiner Unvollkommenheit bekennt, sondern diese, seine Blöße, seine Wunde, sein Stigma, als Auszeichnung vorzeigt? Wenn er den Stachel in eine Waffe umformt, die Infektion zur Therapie, um im Daseinskampf zu bestehen? Und gleichzeitig erkennt, dass die Erlösungsvorstellung zu einer Art Katastrophenblindheit führt und End-Erlösungsvorstellungen und Endgültigkeitsparolen forciert? Noch mehr: Was, wenn er seine Unvollkommenheit, sein Mal, die Unaufhörlichkeit und Unvollendetheit als Herausforderung begreift, als Geschenk, als Gabe, als Auszeichnung, der man sich nicht nur zu stellen hat, sondern der man einen Sinn abzugewinnen und die es produktiv zu nutzen gilt? Was, wenn er sich mit dieser Welt versöhnt, ohne die Differenzerfahrung aufheben zu wollen.[20]

Ob der Plausibilitätsverlust der überkommenen Substanz eine Religion entstehen lässt, von der wir noch wenig wissen, aber deren Anzeichen wir erkennen und deren Geburt innerhalb der Grenzen des überkommenen Christentums ansteht, ist die Frage. Ein neuer Mensch sucht einen neuen Gott. Besser: Ein ernüchterter Mensch versucht eine neue Deutung der Botschaft Gottes. Das ist die Situation. Die Ausleerung der christlichen Gehalte lässt nicht eine neue Religion (ist doch der Mensch durchdrungen von Religiosität), sondern eine Neudeutung der Religion, präziser: eine Neudeutung des christlichen Glaubens notwendig werden. Und lässt sie auch zu! In diesem Sinne versuchen wir eine Deutung, die nicht nach den Bedingungen der Möglichkeit von Religion fragt, sondern nach ihren modernitätsgemäßen Ausformungen, und welche die darauf fußenden Glaubensvorstellungen am Wesen des Menschen misst. Eine Neudeutung vielleicht, welche an die Stelle der Erlösung nicht die Versöhnung als Stillstand, als Differenzakzeptanz setzt, sondern den Makel in ein Heilszeichen umdeutet und eine immerwährende Passion ohne endgültige Erlösung feiert. Denn es gibt einen prinzipiellen, nicht im, sondern auch außerhalb des christlichen Glaubens erfahrenen Sinn des Leids.[21]

Das Erlöschen des Erlösungswillens, der Zweifel am Heil und das Erkalten der Erlösungsbedürftigkeit verlangen also die Restitution einer neuen Religiosität, die nicht auf Erlösung, Endgültigkeit und Ewigkeit, nicht auf Frist und Finale, nicht auf Endzeit und Endlösung gegründet ist. Der christliche Glaube bleibt, so die Behauptung, lebensfähig, auch wenn ihm das soteriologische Zentrum entzogen wird. Der Zweifel an der Heilsvorstellung bereitet den Boden für eine Wiedergewinnung unter anderen Vorzeichen für ein Christentum ohne die Erlösungsvorstellung, ohne den Glauben an Erlösung, die Überwindung des Todes und das Eingehen in ein ewiges Leben. Es lässt sich ein Christentum denken, welches sich der Vorläufigkeit und nicht der Endgültigkeit verschreibt.

Solche Neudeutung verschreibt sich nicht dem modischen schwachen Denken, das bei der Hermeneutik als Hermeneutik stehen bleibt.[22] Sondern visiert eine schwache Anthropologie an, das heißt ein sich auf das gemeinsame Minimum religiösen Denkens reduzierendes Fundament, das das Provisorische, Vorläufige und Imperfekte hervorhebt und das Definitivdenken verabschiedet. Im zweiten Brief an die Korinther spricht Paulus vom »Stachel«, der ihm ins Fleisch gestoßen wurde, und sieht in ihm einen Boten Satans, der ihn, Paulus, mit Fäusten schlagen will, damit er sich nicht überhebt (2. Kor. 12,7). Ist dieser Stachel des Menschen Elend und des Menschen Triumph? In einer spätmodernen Ambivalenz? Macht er die Schwachen stark, ist er die Wehr des Menschen, die ihn zum Überleben befähigt? Wird er derzeit nicht hergezeigt, gefeiert – keineswegs nur in Love- und Gay-Paraden, diesen rauschenden Festen der Umdeutung? Sondern auch in der Herausforderung des Leids, der Kasteiung, des Defekts und der Sünde? War der Stachel ein Schlüssel, der Adam und Eva zur Flucht verhalf?[23] Ist nicht das grandiose Schauspiel der Kulturen und ihrer pausenlosen Überarbeitung letztlich eine Folge der Blöße, welche die ersten Menschen der biblischen Geschichte an sich entdeckt haben? Kurzum: Vollendet sich das Projekt Moderne in der Akzeptanz ihrer prinzipiellen und immer wieder herausfordernden und damit letztlich tröstlichen Unvollendbarkeit?[24] Ist Schuberts Sinfonie in h-moll, dieser Abgrund der Schwermut in zwei Sätzen, die willentlich unvollendet geblieben ist, die Programmmusik der Zukunft?

I. Religiosität und Erlösung

Es gibt kein Wort, das so unlösbar mit dem christlichen Selbstverständnis verbunden ist wie der Erlösungsglaube. Die Eschatologie, die Lehre von den letzten Dingen, ist im Christentum (wie auch im Judentum und im Islam) heilsgeschichtlich geprägt. Die Endzeit ist eine endgültige Zeit, unwiederholbar, final, total. Sie beendet die Unendlichkeit der Zeit. Zu glauben – das ist die Überwindung eines leidvollen irdischen Erdendaseins in einen guten, jenseitigen Himmel. Die Vervollkommnungs- und Überwindungsvorstellung prägt in kraftvoller Weise auch die nachchristliche, säkulare Vorstellung einer sich vervollkommnenden Geschichte. Sie ist Ferment auch der diesseitigen Fortschrittsvorstellungen. Welteinheit und Ganzwerdung sind ihre Formeln. Futuristische Endzeiterwartungen rücken an die Stelle endzeitlicher Erlösungsverheißungen. Ihr, das überirdische, heilsgeschichtliche Eschaton ablösender Telos ist die Perfektion der Welt und der Menschen, ihr Ziel der Himmel auf Erden.

Die Erscheinungswelt der Religionen ist ingeniös und umfasst Jenseits- und Diesseitsreligionen, pantheistische und monotheistische, Erlösungs- und Erfahrungsreligionen, Fremd- und Selbsterlösungsreligionen und so fort.[1] Die Differenzierungen sind endlos, aber ihre Mitte bildet immer etwas Heiliges, Verborgenes, Intensives, vielleicht auch Furchterregendes, ein magisch Anziehendes; ein Numen, das Räume und Zeiten, Gegenstände und Gottheiten, Worte und Handlungen umfasst, das sich, weil es das ist, was in der Welt nicht ist, uns entzieht. Auch das Wort »Religion« geht zurück auf das lateinische Wort »religare«, was sorgsam beachten –

im Gegensatz zu »negligere« – bedeutet, und zwar eine Beachtung
dessen, was heilig, von einer übernatürlichen Kraft erfüllt ist, der
man sich nur mit Vorsicht nähern darf, obwohl von einer geheimen Anziehungskraft beseelt. Die Versuche, die Religion universal
zu definieren, beschränken sich demzufolge auf diese in allen Religionen getroffene Unterscheidung in eine alltägliche und eine au-
ßeralltägliche Welt, in eine Natur und in etwas Übernatürliches.
Die Erlösungsvorstellung des christlichen Glaubens geht weit
darüber hinaus. Wer den Erlösungsglauben reduziert, um zu
einem die jüdisch-christliche Tradition übergreifenden, allgemeinen Religionsbegriff zu gelangen, versteht nicht nur das Christsein
nicht, sondern auch nicht die Genese der modernen, fortschritts-
orientierten westlichen Welt.[2]

Gleichwohl: Nicht nur die monotheistischen Erlösungsreligionen, nämlich das Judentum, das Christentum und der Islam, operieren mit einem Weltbild, mit einer Welt- und Todesanschauung,
das eine überirdische, übernatürliche, überpersönliche, transzen-
dente Welt der immanenten gegenüberstellt, eine überirdische
Welt, die als übermenschliche Liebe oder Drohung unser Leben
verklärt oder verdunkelt und (unserer Verfügungsgewalt entzogen)
das irdische Leben bestimmt und dessen Praktiken beeinflusst. Alle
Religiosität rechnet mit einem heiligen Bezirk des Anderen, der
diese, unsere Diesseitigkeit beeinflusst oder bestimmt. Der Mensch
erlebt diese Mächte manchmal als hilfreich und gnädig, dann wieder als boshaft und bedrohlich. Religiöse Praktiken sind bei einer
solch universalen Definition der Religion Praktiken, mittels derer
versucht wird, etwas von diesem Anderen zu erhaschen, den Hia-
tus, die Kluft zu überbrücken, etwas Kurzzeitiges wie in einem
Blitzlicht von dieser anderen Welt geoffenbart zu bekommen und
allenfalls die geheimnisvollen Mächte, die sich dort verbergen,
durch Gebete und Rituale, durch Opfer und Kasteiungen gnädig zu
stimmen und zu beschwichtigen.

Aber der Jenseitsbezug im Christentum ist von völlig neuer und
andersartiger Natur. Nicht das Gnädig-Stimmen ist in ihr entscheidend, sondern die Erlösung. Wir bitten nicht einen Gott um Gnade,
sondern er schenkt sie uns. Von sich aus hat der Mensch nicht die
Kraft, zu sein, was er eigentlich ist. Das Irdische ist, wie auch
unsere Geschöpflichkeit, halbiert. Erlösung zielt aber aufs Ganze: auf Überwindung, auf Identität, auf Heil und Heilung; auf eine
finale Stilllegung der Geschichte, ein Ende aller Zeit. Die Geschich-

te hat nicht nur einen Anfang, sondern ein definitives Ende. Dass die Wirklichkeit des Alltags immer vom Halbschatten ganz anderer Wirklichkeiten umgeben ist und diese eine ständige Bedrohung darstellen und entsprechend mit Sinn versehen und in einen Nomos, in eine umfassende Ordnung eingestellt werden müssen, ist auch der Ausgangspunkt der modernen, formalistischen und funktionalistischen Auffassung von Religion. Religion ist in der Tat der Versuch des Menschen, so Peter E. Berger, ein umfassendes symbolisches Universum zu konzipieren, in dem das Heilige und das Religiöse ihren Platz haben: Religion als Kosmisierung.[3] Darüber hinaus hilft sie, so das funktionale Verständnis des Menschen, Endlichkeit und Vergänglichkeit, seine Erfahrung des Leidens und des Schmerzes, der Ungerechtigkeit und der Kontingenz mit Sinn zu versehen und in eine übergreifende Ordnung zu integrieren. Schwierige Passagen im Leben, wie die Geburt und der Tod, sollen mit ihr gemeistert, mit entsprechenden Ritualen begleitet und symbolisch bewältigt werden. Religion ist in dieser Sicht eine menschliche Projektion oder Konstruktion, die in mehr oder weniger eleganter Weise jene Probleme und Schwierigkeiten zu bearbeiten weiß, die nicht so einfach verfügbar gemacht werden können und die den Einbruch des Unverfügbaren in die Lebenswirklichkeit mit Sinn versieht. Religion ist gewissermaßen die Parallelaktion zur Leidensgeschichte des Menschen.

Mit der Erlösungsvorstellung nimmt die Leidensgeschichte des Menschen indes eine völlig neue Wendung. Nicht mehr nur operieren die Erlösungsreligionen mit einer ›ontischen‹, einer endgültigen, finalen Erlösung. Denn aus eigener Kraft kann der geplagte Mensch diese sich weder erbitten noch erarbeiten. Vielmehr, so die Essenz der jüdisch-christlichen Erlösungsvorstellung, ist der gefallene Mensch aus Gründen, die mit seiner Verfehlung im Paradies zusammenhängen, nicht in der Lage, sich selbst zu erlösen. Im Unterschied zur islamischen Vorstellung, nach der Erlösung nicht aus einem sündhaften Zustand befreit und auch kein Messias erwartet wird. Wie immer der Christ nach Wegen seiner Befreiung sucht, seine Suche hilft ihm nichts – es sei denn, er findet jemanden, der ihm hilft. Dem Menschen muss geholfen werden, weil er sich nicht selbst helfen kann. Die Wunde muss geheilt werden durch das Eisen, das sie schlug (Robert Spaemann). Und nicht selbst helfen kann er sich, weil er seine Gefallenheit, sein Leiden, seine Endlichkeit und sein Sterben-Müssen selbst und, was die

Nachkommenschaft des paradiesischen Paares betrifft, auch wieder nicht selbst verschuldet hat. Die Menschheit wird ihrer Verantwortung entbunden, auch der Verantwortung, sich selbst zu erlösen. Vor dem Weltuntergang wird deshalb ein Heiland auftreten, der Erlöser. In der Lehre von der Erbsünde findet sich die Erklärung, warum dem so ist: Die Schuld wird mit der Zeugung von Generation zu Generation übertragen. Sie dringt in den Zeugungsakt ein und stört von Anfang an als Sündenbewusstsein, als Scham die Harmonie der Geschlechter. Die Frau muss unter Schmerzen gebären (Gen 3,16). Wer kinderlos ist, ist deshalb schuldlos, soll Goethe einmal bemerkt haben. Mittels der Vorstellung der Zeugungsübertragung kommt die Sünde erst zu jener universalen Wirkung. Sie breitet sich seuchenartig durch den Zeugungsakt aus und erfasst, weil alle Menschen gezeugt sind, die ganze Menschheit. Allein der Messias, der Gottessohn, der die Menschen erlöst, inkarniert sich zwar als Mensch, wird aber unbefleckt empfangen und ist mithin selbst frei von Schuld.

Die Erlösungsvorstellung tritt im Zeitraum von etwa einem Jahrtausend zunächst im Judentum, dann im Christentum und schließlich so abgeschwächt, dass der Charakter des Islams als »Erlösungsreligion« bestritten wird, auch im Islam auf. So kennt der Islam keinen gottmenschlichen Heilsvermittler, wie im Christentum Jesus Christus. Es fehlt die Ursünde, wodurch das heilsgeschichtliche Werk Gottes erst in Gang gesetzt wird. Diese Religionen werden deshalb Erlösungsreligionen (neben Offenbarungs- bzw. Schriftreligionen) genannt.[4] Die religiösen Überlieferungen Asiens rechnen nicht mit einer Erlösung durch einen Erlöser, sondern mit einer selbst veranstalteten, mühseligen, meditativen Heilsmöglichkeit. Erlösungsreligionen im jüdisch-christlichen Sinne sind radikal in ihrer Vorstellung eines Finales und eines kommenden Gottmenschen. Das gleichzeitig Erhabene wie Unheimliche des Erlösungsbegriffes lässt seine trivialen Wurzeln im Begriff des wirtschaftlichen Erlöses und des Lösegelds (vgl. 3. Mo 25ff.; Jer 32,7 etc.) vergessen. Die Erlösungsvorstellung lässt zunächst das Unverfügbare verschwinden und löst das Nebeneinander von dieser und jener Welt in einer todlos glücklichen End-Welt auf. Sie ist abgeschlossen, endgültig, total. Angstbewältigung, Kontingenzbewältigung oder das Begreifbarmachen von Unbekanntem und die Symbolisierung von Heiligem lassen sich zwar ohne Erlösungsvorstellung bewältigen. Die Welt lässt sich in mystischer Toleranz oder heroisch ertragen. Zu ertragen ist, dass man nicht oder noch nicht ist, was man sein wird oder sein könnte. Der Mensch ist unvollendet und bleibt unvollendet. Das Spezifische der christlich-abendländischen Weltauffassung tritt in solchen – sagen wir ruhig – philosophischen und soziologischen Bearbeitungen, welche die Funktion von Religion in den Vordergrund rücken, überhaupt nicht zu Tage. Und in keiner Weise wird sichtbar, inwiefern das Christentum modernitätsspezifisch die Grundlage dessen abgeben könnte, was wir Fortschritt, Progression, Modernisierung, Globalisierung und – ohne Unterton – Endlösung nennen.

Die anthropologisch fundierte, letztlich aber doch formale Religionsvorstellung, welche religionsphilosophisch seit Mircea Eliade und religionssoziologisch seit Thomas Luckmann die Religionssoziologie dominiert, kann (und will) hierzu ebenfalls keinen Beitrag leisten.[5] Sie entzieht sich durch die Versteifung auf System und Funktion einer inhaltlichen Diskussion. Für die überkommene Religionssoziologie ist Religion, vielleicht redet man besser von Religiosität, ein anthropologisches Apriori des Menschen. Mensch sein heißt, sich selbst transzendieren zu können und Bereiche zu erleben, welche die Erfahrung derart überschreiten, dass auch die Rede von Transzendieren und Konstruieren müßig erscheint. Solche Erfahrungen reichen von der Hilflosigkeit im Angesicht unkontrollierbarer Ereignisse bis zum Wissen um den Tod. Sie werden regelmäßig von Angst oder Ekstase (oder einer Mischung aus beidem) begleitet. Erfahrungen dieser Art werden in aller Regel als unmittelbare Äußerungen der Wirklichkeit des sakralen Bereichs aufgefasst. Sowohl der letzte Sinn des Alltagslebens wie auch der Sinn außergewöhnlicher Erfahrungen haben also ihren Ort in diesem anderen, heiligen Wirklichkeitsbereich.[6] Religiosität impliziert in dieser Sicht lediglich eine Zweiweltenlehre ohne Gott, ohne ›schlechter‹ und ohne ›besser‹.

Versteht man Religion nicht nur als Religiosität im Sinne einer menscheneigenen Erfahrung der Transzendenz, im Kleinen wie im Großen, beim Joggen wie in der Kirche, sondern als die Hoffnung, der Differenz zu entgehen, sie zu überwinden, sich davon zu erlösen oder erlösen zu lassen, dann scheiden Transzendenzerfahrungen aus, die nicht mit dem Willen verbunden sind, die Immanenz, das Jetzige und das Irdische zu verlassen, Erlösung anzustreben. Eine Religionstheorie, die die Erfahrung der Transzendenz als Definiens der Religion ansetzt, setzt nicht ein Grundwollen, sondern ein Grundkönnen des Menschen in eins mit Religiosität. Aber die Erlösungsvorstellung vereint ein Grundkönnen mit einem Grundwollen. Desgleichen wird die christliche Heilsbotschaft nicht erreicht, wenn Religiosität nur als Sehnsucht nach Gewissheit, nach Erkenntnis, nach dem Absoluten etc. und nicht nach Erlösung verstanden ist. In diesen Beschreibungen von Religiosität kann man in der Tat nicht nicht-religiös sein.

Der christlichen Erlösungsreligion und ihrer Weltkonzeption liegt (gegenüber dem Islam, nach dem die Taten des Menschen am Tag des Jüngsten Gerichtes gewogen werden, und gegenüber dem Judentum, nach dem der gläubige und den Geboten folgende Mensch in die ewige Glückseligkeit eingeht) insofern eine andere, eine außergewöhnliche und einmalige Konzeption des Menschen und seiner Erlösung zugrunde. Die Essenz der christlichen Glaubenslehre kommt in der Doppeldeutung von Erlösung und Sünde deutlich zum Ausdruck. Sie ist mehr als Leidensgeschichte. Die christliche Erlösungslehre impliziert eine Leidens- und Schuldgeschichte. Und sie baut keineswegs auf einer allgemein menschlichen Erlösungsbedürftigkeit auf, sondern auf dem Zusammenhang von Erlösung und Schuld. Ihre Plausibilisierung erfährt dieser Gehalt in einem Menschenbild, nach dem der Mensch sich sündhaft, als »homo peccator«, fühlt und für erlösungsbedürftig hält.[7] Dass Judentum, Christentum und Islam »Erlösungsreligionen« genannt werden, resultiert ja aus der Annahme, dass der Mensch ein endliches und unter seiner Endlichkeit leidendes, seine Erlösung erflehendes und damit erlösungsbedürftiges Wesen sei, überdies diese Kluft nicht oder nur schwer ertrage, insbesondere als unverdientes, willkürliches und ungerechtfertigtes Leiden. Der christlichen Auffassung zufolge ist dieses Leid indes letztlich selbstverschuldet, der Mensch ist ein selbstverdorbener Mensch, entzieht sich also gleichwohl seiner Verfügungskraft. Er ist nicht in der Lage, sich selbst zu erlösen. Er benötigt einen Fremderlöser, den Messias, der ihm gnädig hilft, das Andere des irdischen Lebens, das Heil zu erreichen. Während der Gottmensch Jesus Christus auf jüdische und islamische Ablehnung stößt, ist dieser im Christentum bereits erschienen – und hat seine Erlösungstat am Kreuz für die ganze Menschheit erbracht. Und der Messias wird am Ende der Zeiten wiederkommen, um über die Lebenden und Toten zu richten. Das bezeichnet die Differenz zum Islam, für den die Vorstellung, dass Gott einen Sohn gezeugt habe (er sich aus diesem Grund gestückelt und ins Pantheistische verschoben habe), ungeheuerlich ist und der darin eine Anthropomorphisierung Gottes beklagt (Koran, Sure 19). Aber es verbleibt als die Gemeinsamkeit zwischen Juden, Christen und Muslimen ihre Sehnsucht: dieses Grundwollen nach Erlösung. Diesem Grundwollen kann der Christ aber selbst nicht genügen. Aus eigener Kraft kann er sich nicht erretten.

Religiosität im christlichen Sinne liegt deshalb erst vor, wenn Sündenbewusstsein und Erlösungsbedürftigkeit handlungsrelevant werden. Wenn sie Anlass für religiöse Praktiken sind, die außerweltliches Heil nicht nur denken, sondern mittels Tätigkeiten beschwören und erbeten. Die christliche Botschaft verheißt das Heil durch Jesus Christus, dem Erlöser, der für die Gefallenen gekreuzigt und auferstanden ist. Religiöse Praktiken im Sinne der substanziellen Definition von Religion sind nicht Grenzüberschreitungen, die der Besänftigung von Göttern dienen, in denen lediglich eine andere Welt beschworen, besänftigt oder erreicht werden will. Es sind Lobpreisungen der erlösten Welt und Klagen über die unerlöste.

Das Judentum, das Christentum und der Islam verfügen nicht nur über ein supranaturalistisches Weltbild, über einen personalen, sich offenbarenden Gott, sondern beinhalten, wie gesagt, wenn auch mit Unterschieden, die Erlösungsvorstellung.[8] Dass die Menschen nicht nur in den Tag hinein, sondern über ihn hinaus leben, dass sie manchmal an dieses, manchmal an jenes denken, was mit ihrer Gegenwart nichts zu tun hat oder diese überschreitet, hat deshalb mit Religiosität in diesem strengeren Sinne nichts gemein. Ebenso wenig ist jemand sportlich, wenn er um die Möglichkeit des Sports weiß. Religiöse Praktiken sind dieser Umschreibung entsprechend Praktiken, mit denen die Grenze zwischen Immanenz und Transzendenz überschritten werden will, um die eigentliche Welt zu spüren, sie zu erinnern, ihrer Transzendenz teilhaftig zu werden. Das Tag- und andere Träumen impliziert das nicht. Es geschieht. Es handelt sich nicht um Praktiken, sondern um mehr oder minder gut erinnerbare Erlebnisse. Auch der Versuch, Religion in ihrer Funktion zu begreifen, Kontingenz zu bewältigen, als eine »Kultur des Verhaltens zu allem, was nicht zur Disposition steht« (Hermann Lübbe), beinhaltet andere religiöse Praktiken, Praktiken des Trostes und der Schmerzstillung.[9]

Bedingung von Religiosität im substanziellen Sinne der christlichen Erlösungsvorstellung ist also nicht nur, Transzendenz zu erfahren, sondern sich einer ganz spezifischen Erfahrung zu öffnen.[10] Der Erfahrung nämlich, dass das, was ist, nicht alles ist. Und damit in Kauf zu nehmen, dass Religiosität Kontingenz gerade eröffnet.[11] Religiosität im erlösungsreligiösen Sinne heißt darüber hinaus, das ewige, Seligkeit versprechende ›Alles‹ zu wollen und in es einzugehen. Das Totale ist verborgen im *toto aliter* – im ganz anderen. Erlösungsreligiöse Religiosität heißt, Hoffnung auf ein ›wirkliches‹ Leben hegen. Erlösungsreligion hat als Impetus das Erlöst-sein-Wollen von der Differenz, das Wegkommen von einer Welt, in der »der Tod nicht mehr sein wird, noch Leid noch Geschrei noch Schmerz«, und in der »alle Tränen abgewischt werden« (Off 21,4) – und nicht nur das Ansichtigwerden einer wie immer gearteten Differenz. Die Erlösungsbedürftigkeit ist keineswegs die Voraussetzung für das Phänomen Religion, sondern der einigende Grund der Erlösungsreligionen. Der Stachel will gezogen, der Infekt therapiert sein. Religion ist Hoffnung, und diese Hoffnung gründet nicht nur in der Differenz zwischen dem, was ist, und dem, was noch nicht ist, sondern in der Hoffnung, diese Differenz zu schließen: zwischen Spiritualität und Körperlichkeit, zwischen Existenz und Essenz, zwischen Gegenwart und Zukunft, zwischen Erfahrung und Vernunft, zwischen Diesseits und Jenseits – wie immer die Differenz gefasst wird.

Wird lediglich die Transzendenzerfahrung für eine Bestimmung der Religion herangezogen, dann verschwindet die Religion nie. Sie wechselt ihre Kleider, verbirgt sich hier, erscheint dort. Der Mensch ist nun einmal ein Differenzwesen und lebt in Differenzen, sei es jene von Immanenz und Transzendenz, sei es die Differenz von Gegenwart und Zukunft, sei es jene von mir zu dir. Kommt der Wille, die Differenz zu schließen, nicht in Betracht, lässt sich vielleicht von Verlagerungen der Transzendenzerfahrungen sprechen, die in der Summe indes gleich bleiben.[12] Kein Ringen um Befreiung, vielmehr Aushalten- und Standhalten-Können. Schon im mystischen Bewusstsein wird die Grundunstimmigkeit der Welt auf eine Vielheit von Göttern zurückgeführt, in der der Dienst des einen irgendwo den Dienst des anderen verletzt. Die Götter stehen unter sich in Kämpfen, die im Schicksal des Menschen zum Austrag gebracht werden.[13] Erst in der Erlösungsreligion will die Differenz überwunden werden. Und erst die erlösungsreligiösen Praktiken sind Differenzüberwindungspraktiken.

Die Aufgabe des kommenden Weltzeitalters, so schon Max Scheler, heißt Ausgleich: Er ist das moderne Schicksal.[14]

Diese Vorstellung prägt die Moderne und ihre Fortschritts- und Vervollkommnungsidee. Sie ist ihr Ferment, ihr Wohltuendes und Gefährliches. So lässt sich die Moderne nicht nur als arglose Extension der Christengeschichte denken, sondern als ihre perverse Mutation. Der Inhalt der christlichen Erlösungskonzeption und die in ihr angelegte Dynamik einer Überwindung der Welt zugunsten einer anderen, wirklichen, eigentlichen, verändert sich in einer je nach Perspektive weltfreundlichen oder heimtückischen Weise. Aus der befreienden Erlösung durch einen Messias wird Selbstbefreiung durch ein emanzipatorisch-kritisches Subjekt. Der Himmel wird auf Erden gedacht und die Erlösung dem in der Renaissance entdeckten, im neunzehnten Jahrhundert zur vollen Blüte gebrachten, neuen Subjekt der Geschichte aufgebürdet. Mit dem Verschwinden der Transzendenz beginnt die Suche in der Immanenz, mit dem Niedergang Gottes erhebt sich Gott im Menschen. Aus der göttlichen Vorsehung wird menschliche Vorsicht. Die Welt will sich selbst werden und der Mensch sich steigern, überbieten, vervollkommnen. Der moderne Mensch sucht sein Glück in der Immanenz, im Bereich des von ihm Mach- und Überblickbaren. Nicht mehr religiös-geistiges Heil, sondern materielles Heil, nicht mehr Rechtfertigung im Glauben, sondern soziale Gerechtigkeit und Ausgleich schieben sich in den Vordergrund. Das moderne Zeitalter, das global ausgreift, sucht sich seine Erfüllung im Diesseits. Die Himmelsleiter, auf der Engel auf- und absteigen, wird abgesenkt. Sie findet oben keinen Halt mehr. Sie fällt und wird zum Steg in die Zukunft. Diese ist die neue Bezugswirklichkeit. Auch die Frage, ›wovon‹ der Mensch erlöst werden wolle oder solle, erhält andere Antworten.

Aber die irdische Emanzipationsvorstellung erreicht die christliche nicht. Das Leid der Endlichkeit, die Sterblichkeit, der »inwendig fressende Nihilismus der Kreatur«, ist in den irdischen Versprechungen nicht zu überwinden.[15] Je weniger die innerweltliche Lösung oder gar Erlösung möglich erscheint, so Max Weber, desto eher will aber eine außerweltliche wahrscheinlich und sinnvoll erscheinen.[16] Ein erlösender Gott stößt in ein Vakuum und besetzt die Leerstelle. Aber auch umgekehrt: Je irrealer, obskurer und fremder sich die außerweltliche Erlösung darstellt, umso mehr – so ließe sich, Max Weber weiterdenkend, sagen – schiebt sich jeweils die innerweltliche in den Vordergrund. In der verweltlichten, der innerweltlichen Erlösungsvorstellung versteckt sich eine Variation der außerweltlichen – wie vielleicht die außerweltliche eine Kompensation nicht erfüllter innerweltlicher Ansprüche ist.

Die außerweltliche, die himmlische Erlösungsvorstellung ist noch als Lippenbekenntnis, vom Glaubensbekenntnis bis zum »Vaterunser«, vom Messopfer bis zu den liturgischen Symbolen und Handlungen, in einer entleerten, hüllenhaften Form präsent: Himmel und Erde, Glaube und Erlösung, Passion und Auferstehung. Die drei Hauptinhalte einer jenseitigen Erlösung, die Max Weber genannt hat: die Freiheit von dem physischen oder seelischen oder sozialen Leid des Erdendaseins; die Befreiung von der sinnlosen Unrast und Vergänglichkeit des Lebens und die Befreiung von der persönlichen Unvollkommenheit, werden verweltlicht und als irdisch zu lösende Probleme gedeutet.[17] Die Religion ist, so sinngemäß Karl Marx, der Seufzer der bedrängten Kreatur, das Gemüt einer herzlosen Welt, das Opium des Volkes.[18] Vielleicht hätte er hinzufügen sollen: der Erlösungsreligion. Und vielleicht hätte er auch sehen müssen, dass das Seufzen sich in der Leidensgeschichte der Moderne fortsetzt und sich in Träumen von einem Paradies, einem Garten Eden, einem zukünftigen Reich, einem Gottesstaat einnistet und vergisst: in einem entropischen Zustand des Gleichgewichts. Die letzte Welt, die derzeit sichtbar wird, ist, nach dem Verblassen der technischen und sozialen Utopien, eine freie Weltendgesellschaft, in der alles Leid und alles Seufzen ein Ende finden soll. Und der letzte Mensch, der antizipiert wird, ist der vervollkommnete, der vollkommene Mensch.

Die eschatologische Sicht des Neuen Testaments hat den Blick auf eine innerweltliche, künftige Erfüllung innerhalb des geschichtlichen Lebens freigemacht[19] – wenn auch ohne den Messias, den Fremderlöser. Sie transformiert die Erlösungsvorstellung in die Emanzipationsvorstellung. An die Stelle des *Deus salvator* erhebt sich der *Homo emancipator*. Die eschatologische Sicht temporalisiert und futurisiert die Superunterscheidung zwischen Immanenz und Transzendenz. Und sie überantwortet den Menschen der Selbsterlösung. Die Zukunft wird zum temporalisierten Jenseits im Diesseits. In ihr soll über die Aufklärung eine vernünftige Welt hergestellt werden, eine Harmonie des Ganzen: die eine Welt. Zwar scheint die Evolution der Geschichte und die Vervollkommnung der Vernunft bislang wie blockiert zu sein. Seit dreißigtausend Jahren versucht die menschliche Natur bei der ihr gemäßen, vernünftigen gesellschaftlichen Form anzukommen – doch sie erreicht sie nicht.[20] Und: Auf jeder Stufe der Menschengeschichte finden sich vergebliche Anstrengungen, eine solche Gesellschaft zu erzeugen.[21]

Während die Offenbarungsreligionen die Last einer ersichtlich unerfüllbaren Aufgabe zu nehmen versprachen, lädt die weltliche Erlösungsvorstellung uns diese gnadenlos auf: statt Fremderlösung Selbsterlösung, statt Vorsehung Vorsicht, statt Erlösung Erleuchtung. Die Erlösungsmodi erhalten neue Bezugswirklichkeiten und nehmen eine unbarmherzige Gestalt an. Die Erlösungsvorstellung leuchtet nicht mehr gnädig, sondern irrlichtert und zwingt vorwärts. Das Prozessuale, die Überwindung der Kluft zwischen dem, was ist, und dem, was sein könnte, zwischen Erfahrung und Vernunft, zwischen Immanenz und Transzendenz wird rationalisiert: Gebote und Verbote, die Zeitordnung, Rationalität, Selbstreflexion, Selbstanklage, Selbstdisziplinierung und methodische Buchführung über sich selbst und für sich selbst.[22]

Das Besondere der christlich-abendländischen Religion ist demnach weder allein der Monotheismus noch die Etablierung einer methodischen Lebensführung noch die Entzauberung der Welt. Diese Merkmale werden erst sinnvoll in der Verbindung mit dem Begriff der Erlösung. Das Christentum als sublimierte Erlösungsreligion, als eine Religion also, die dem Gläubigen Erlösung durch den Tod von diesem irdischen Leben in einer anderen Welt verspricht, eröffnet keineswegs einfach eine Differenz zwischen zwei Welten. Die beiden Welten sind ungleich gewichtet. Die eine ist die wirkliche Welt, die andere eine episodale. Die eine ist das ewige Reich, die andere das vorüberfliehende.

Es kommt, um die Grundidee der christlichen Erlösungskonzeption zu sehen, wie sie in Religionsbüchern, in Dogmatiken, Traktaten, Liturgien, Kirchenliedern und Predigten vorkommt, zwar auch auf die Überlegungen zur gängigen Trichotomie ›Geist – Seele – Körper‹ an und darauf, welcher Teil des individuellen Leibes unsterblich, welcher sterblich ist,[23] kurz: darauf, wovon und wozu man im Einzelnen erlöst werden möchte. Wichtiger allerdings ist die Frage, wer die Erlösung bewerkstelligt. Die Besserstellung jener Welt, in die man hinein erlöst werden möchte, gegenüber der anderen, derjenigen, in der man lebt, und die Konzeption einer Fremderlösung rücken die Welt, in der wir leben, gegenüber der Welt, in die wir kommen, in eine untergeordnete Rolle. Die Erlösungsreligionen verneinen, so Max Weber, die Welt – im Unterschied zum Konfuzianismus oder zum Taoismus.[24] Sie wollen diese asketisch überwinden wie im Mönchtum und okzidentalen Christentum, sie flüchten und fliehen vor ihr wie im Hinduismus und Buddhismus, sie beherrschen und pressen sie aus wie der Protestantismus, manchmal auch, so Max Weber, schicken sie sich heroisch in die Welt wie das antike Judentum oder das Urchristentum. In der systematischen Behandlung der Kulturreligionen überwölbt der Erlösungsgedanke die Erlösungsreligionen. Ob innerweltliche oder außerweltliche, ob Selbst- oder Fremderlösung, Erlösung ist das dauerhafte und dominante Moment der Erlösungsreligion. Unabhängig davon, wer die Erlösung zustande bringt, ob ein Gott, ob ein Stellvertreter Gottes oder der Mensch selbst.

Indem die Erlösungsreligionen an einer Erlösung der Welt von ihrem unverdienten Leid, ihren Ungerechtigkeiten, ihrer Endlichkeit und Unvollkommenheit festhalten, kompensieren sie Leid und Tod des irdischen Lebens. Das hat nicht nur Karl Marx dazu bewogen, von der Religion als dem Opium des Volkes zu reden. Solange sie jedenfalls außerweltlich operiert und die Gnade Gottes über die Selbstbehauptung des Menschen stellt. Die Voraussetzung der Erlösungsvorstellung und der Marx'schen Religionskritik ist indes auch die Leidensvorstellung. Allerdings ist dieses Leid historisch begründet. Die Erlösungsbedürfnisse werden geschürt durch soziales Leid als historisch bedingte Deprivation und nicht durch das immerwährende Bewusstsein der Endlichkeit, durch die allüberall spürbare Unrast und Unruhe, durch eine *Conditio humana*, die auf Leid angelegt ist.[25]

Die Verweltlichung und Immanentisierung verwandelt auch diese Begrifflichkeit in ein weltliches Vokabular. Der religiöse Überbau wird abgetragen. Die überkommenen Begriffe des Erlösungsglaubens, nämlich Sünde, Schuld, Gewährung der Gnade und Eingang in ein ewiges Leben, werden transformiert. Es kommt zu einer Diskussion von (transzendentem) Heil und (immanentem) Glück, von Schuld und Scham. Die großen Inhalte des Erlösungsgedankens sind keineswegs gegenstandslos geworden, sie finden Anwendung auf die Welt, in der wir leben, und ihre innerweltlichen Beziehungen. Schuld und Vergebung trennen und verbinden jetzt nicht mehr Gott und die Menschen, sondern die Menschen untereinander. Das kommende Reich ist von dieser Welt. Die Heilserwartungen wandern ab in zwischenmenschliche Konstellationen. Den Heilsbotschaften werden neue Felder zugewiesen. Neue Heilslehren samt Evangelisten erscheinen und Armeen marschieren auf. Die westliche Gesellschaft hat eine Symbolik hervorgebracht, mit der der Sinn ihres Fortschritts interpretiert wird und die nichts anderes als die auf die Erde gefallene religiöse Symbolik darstellt. Die Gesellschaft erhellt sich selbst durch Neuformulierungen der Endzeit, des Paradieses, des Erlösers. Aus dem Reich der Notwendigkeit geht es ins Reich der Freiheit, in die *eine* Welt – das Individuum als letzter, sich selbst erlösender Gott. Neben der Utopie entsteht eine Intopie, eine Verzeitlichung ins Innere des Menschen, wo es – ein verborgener innerer Schatz – auch gesucht werden will.

Es erfolgt eine Re-Divinisierung der Gesellschaft, nicht als Wiederaufleben einer polytheistischen Kultur und schon gar nicht als Wiederaufblühen des Jenseitsglaubens, sondern in der Hineinblendung des Paradieses in die Zukunft und in dem Hervorkommen häretischer, messianischer und parareligiöser Bewegungen, die ihre eigenen heiligen Räume, Orte und Zeiten und ihre eigenen Propheten installieren. Die »Wiederkunft« und ein »Religious Revival«, die »Wiederkehr der Transzendenz« wird angemahnt.[26] Die moderne Gesellschaft generiert einen Supermarkt von religiösen Angeboten, die allesamt innerweltliche Erlösung versprechen.

Auch der konterreligiöse Monismus der Aufklärung, der, wenn die Temporalisierung der Erlösungsvorstellung in die Zukunft mitbedacht wird, eigentlich ein Dualismus ist, mit dem Ziel einer Weltvernunftgemeinde, war in diesem Sinne erlösungsreligiös. Teilwissenschaften werden selbst zu Sektenbewegungen mit gepachteter Wahrheit, Propheten und prophezeiten Himmeln auf Erden. Neue Konfessionskriege sind solche zwischen innerweltlichen Heilsfraktionen, zwischen Marxisten und Marktisten, zwischen Linken und Rechten, zwischen Ökonomen und Ökologen. Teilbereiche der Natur werden sakralisiert und Tiere zu unseren nächsten, Menschenrechte einklagenden Verwandten erhoben.[27]

Jedenfalls: Der Himmel will auf Erden errichtet werden. Man will lebendigen Leibes der ewigen Seligkeit teilhaftig werden. Befeuert von Revolutionen, der französischen, der russischen, der nationalsozialistischen, erfolgt jene totale Mobilmachung, die wir unter immer neuen zeitgemäßen Titeln erleben. Und immer neue, auserwählte werden auserkoren, wenn die alten ermüden oder ihr Zipfelchen am Paradies erobert haben. Nach der fortschrittlichen Bourgeoisie das revolutionäre Proletariat, nach der Arbeiterbewegung das faschistische Kleinbürgertum, nach dem Kleinbürgertum die *Global Players* und eine offensive Unternehmerschaft.

Ein stetiger Strom von Heilslehren und Erlösungsbewegungen begleiten das Schauspiel der westlichen Progression. Alles wird in einem seltsamen Steigerungswillen neu erfunden, eine Steigerungsvorstellung, die recht eigentlich unbegreiflich wäre, würde Erlösung nicht mitgedacht. Natur- und Geisteswissenschaften entwerfen in rascher Folge Methoden und Rezepte zur Vitalisierung und Beschleunigung. Ganz zweifellos also gehört zu jener Verkettung von Umständen, die dazu geführt haben, dass gerade auf dem Boden des Okzidents – und nur hier – Kulturerscheinungen auftraten, die nicht ihresgleichen finden: auch, ja vor allem der Erlösungsgedanke. Die moderne Gesellschaft greift in ihrer Symbolik, in ihrer Selbstdeutung und in ihren Praktiken auf Implikate der christlichen Erlösungsvorstellung zurück. Offen bleibt aber die Frage, ob die Gestaltung der Welt, die Globalisierung nicht nur das Wesen des Christentums mittransportiert, sondern ohne dieses Fundament im luftleeren Raum schwebt.

Noch sind die Anstrengungen, unter denen der Globus ächzt, die allüberall angesagte und durchexerzierte Revolte gegen die bestehende Weltordnung, die Hoffnung auf ein gelobtes Land, eine friedliche Welt, eine Lichtung im Dunkel in der alt gewordenen modernen Welt groß, und jeder Weltgipfel beschwört diese erneut. Alles will überarbeitet, fast alles neu erfunden werden: die Dinge, die Strukturen, die Prozesse, die Mitmenschen, ihre Möglichkeiten, die Welt. Überall werden grundlegende Reformen angemahnt, begleitet von einer Flut von Schriften und Pamphleten, einer Vielzahl von Autoren mit Weltgesundungsideen und diesseitigen Erlösungsvorstellungen, ein Ideengewimmel und eine Kommunikationswut sondergleichen, eine geradezu verzweifelte Anstrengung, was jeden Tag geschieht, auch im Reich des Geistes, zu deuten, zu redigieren, zu korrigieren, und in Begriffe, Paragraphen und Verfassungen zu gießen, die Welt zu schließen. Weltpolitik, Weltwirtschaft und Weltethos, diese Trias ist und wird die moderne Dreifaltigkeit, die am Himmel glänzt und auf Erden installiert werden will.

Was am Himmel glänzt und auf Erden installiert werden will,

ist indes nicht mehr und nicht weniger als eine kulturspezifische Auslegung eines uralten Traums vom wirklichen Leben als einem großen, gleichmäßigen, differenzlosen und immerwährenden Wohlbefindens. Das erfordert Endzeitheil und Endzeitfrieden von Meer zu Meer, mit weltdemokratisch inthronisierten Friedensfürsten (vgl. Jes 9,5ff.). Ein Traum, der auch, je weniger er sich zu verwirklichen schien, die Religionen erzeugte, jedenfalls in einer konstruktivistischen Perspektive. Wie der Mensch nicht allein Medium der Gesellschaft, sondern die Gesellschaft auch Medium des Menschen ist, und wie der Mensch nicht nur ein Geschöpf Gottes, sondern Gott auch ein Geschöpf des Menschen ist, jedenfalls in der Perspektive des Konstruktivismus, ist das Himmelreich auf Erden vielleicht noch nicht machbar, aber zu machen. Und darüber hinaus und ebenso wichtig: Was am Himmel glänzt oder auf Erden installiert werden will, sind Seufzer einer von Leid und Endlichkeit bedrängten Kreatur. Träume vom wirklichen Leben und die Erfahrung der irdischen Vorläufigkeit und Nichtigkeit – das ist Religiosität. Aber ist der Mensch nicht das Medium dieser eigenartigen und einzigartigen Verfasstheit? Ist diese seine Verfasstheit nicht der Ursprung aller kulturellen Anstrengungen, aller profanen und religiösen Praktiken und vielleicht das einzig tragfähige Moment der Globalisierung und Modernisierung? Und nicht seine Erlösungsbedürftigkeit?[28]

2. Erlösungsmüde Welt

Die Erlösungsreligionen haben außerweltliches Glück mittels der Erlösung von der Welt in Aussicht gestellt. Aber die erneute Wiederkehr des Messias ließ auf sich warten. Die Vorstellung einer tausendjährigen Herrschaft Christi auf Erden konnte sich, angesichts endlosen Unheils, schwerlich halten. Die Moderne hat die außerweltlich gerichteten, jenseitigen Erlösungshoffnungen verweltlicht und futurisiert. Das Jenseits im Diesseits, der Himmel auf Erden – die christliche Heilsbotschaft wird weltliche Frohbotschaft. Der Erlösungsgedanke wird auf die Erde gezwungen: Emanzipation, so die theologische Sicht, ist die Immanenz der Erlösung, wie die Erlösung die Transzendenz der Emanzipation ist.[1] Nach dem Leerfegen des Himmels, dem Fall der Himmelsleiter auf die Erde und der Futurisierung des Heils geht es nicht mehr um die Erlösung von der Welt, sondern um die Erlösung in ihr. In einem aus der christlichen Heilsvorstellung resultierenden Glauben an eine Totalerlösung der Welt und des Menschen gilt es, die Welt aus ihrer Zerrüttung herauszuführen und die Menschen vom Bösen zu befreien. Seien es wehmütig erinnerte idyllische Clans, totale Kommunikationsgemeinschaften oder klirrende Roboterwelten, die Welt und die Menschen in ihr sind zu verbessern, ihre Konzeption ist zu verändern und die unvollkommene Menschennatur ist zu vervollkommnen. Aufklärung, Erziehung, Belehrung, Disziplinierung der Leidenschaften. Kein Warten mehr auf den Messias, kein Hoffen mehr auf eine gnädige Fremderlösung. Es herrscht der Glaube an unbegrenzte Vervollkommnungsfähigkeit – selbst vorangetriebene und in die Hand genommene Transsubstantiation.

Dem Spannungsverhältnis zur Welt und zu ihrem irdischen Treiben will nicht entgangen werden, die Welt wird nicht mehr geflohen, sondern ins Auge gefasst. Sie will als Ganzes und mit ihren Menschen zu einem glücklichen Ende einer innerweltlichen Ekklesiae kommen.

Der ungeheure Schwung fortschrittsbeseelter Aktivitäten resultiert nicht nur aus einem verweltlichten christlichen Ferment. Das übernatürliche Weltbild des Christentums hat dem vorgearbeitet, insofern es durch die Errichtung eines ewigen Gottesreiches in einer anderen, außerweltlichen Welt diese Welt von Dämonen und Geistern gereinigt hat.[2] Die Erlösungsreligion stiftet mit der Errichtung eines supranaturalistischen Weltbildes und der gleichzeitigen Entzauberung des Diesseits (was selten genug gesehen wird) die geheime Voraussetzung der Modernisierung. Aber entfacht wird die Tatkraft des Menschen erst richtig mit der Emanzipation aus der Vorsehung Gottes. Zwar hat ihn dieser gottebenbildlich geformt.[3] Der Mensch der Moderne aber muss und will sich selbst vorsehen. Er bricht auf, um seine Geschichte selbst zu machen und die Welt einem heilsgeschichtlichen Endzustand entgegenzutreiben. Denn die Moderne setzt dem Supranaturalismus zwar ein Ende, behält aber die Vorstellung, dass die Geschichte einem Kulminationspunkt, einem Definitivum zustrebt – oder gewaltsam zu einem Finale gezwungen werden will. Die Vervollkommnung des Menschen und die Vervollkommnung der Vervollkommnungsvorstellungen werden Programmpunkt aller zeitgenössischen, weltlichen Erweckungsbewegungen, seien es nun politische, pädagogische oder technische. Das Kommen eines jenseitigen Reiches, auf das über tausend Jahre gewartet wurde, will beschleunigt werden durch dessen Verlegung ins Diesseits.

Getrieben von einer mysteriösen Endglück- und Vollkommenheitsvorstellung werden die Menschen tagtäglich weltweit mobilisiert und auf die Zukunft verwiesen. Überall Marschbefehle. Die Freiheit wird vorangetrieben, die Zukunft der Vergangenheit und der Gegenwart entgegengesetzt. Früher, von Thomas Morus bis zu Karl Marx und Karl Mannheim, als Utopien; heute, von Anthony Giddens bis zu Ulrich Beck, als friedliche Weltgemeinschaft, als Kosmopolis. Erhofft bleibt ein Endheil, etwas Universales, Ganzes, Perfektes, etwas Letztes, wo Leben und Tod, Entscheidungen und Schicksale ihre Aufhebung finden – wie es schon der christlichen Erlösungsvorstellung eingeschrieben ist. Das Endheil wird als totalisierende Gesamt- und Endlösung auf die Erde herabgezogen, in die Zukunft hineinprojiziert und auf den Boden der Selbstverwirklichung, der Mitmenschlichkeit, der Welteinheit gestellt.[4] Das Zentralereignis ist die Hebung des Wertes des Einzelnen, die Behauptung seiner Autonomie, die Geburt des Subjekts, seine Selbstsalbung und Selbsterlösung. Die theologisch inspizierte Spannung zwischen Gott und der Welt wird zur aufklärerisch aufgearbeiteten Spannung zwischen der Welt und einem Menschen, der sich zum Emanzipator aufschwingt. Der *Homo peccator* verschwindet und wird ersetzt durch das strahlende Bild des *Homo emancipator*. Im gleichen Zug, wie die Welt an den Rand des Weltalls gerät, stellt sich der Mensch in den Mittelpunkt.

Diese Lesart der Geschichte erscheint derzeit aktueller denn je – insbesondere mit Blick auf die historische Lektion, die der Westen dem Rest der Welt zu erteilen gewillt ist. Denn kraftlos schiene eine Globalisierungsvorstellung, die ohne einen kryptotheologischen Hintergrund operierte. Es ist deshalb notwendig, nicht nur diese Voraussetzungen herauszustellen und kritisch zu befragen, sondern auch die Folgen. Die Erlösungsvorstellung birgt nämlich, und zwar weit mehr als die monotheistische Gottesansicht, in ihrer Endgültigkeit einen unterschwelligen Schrecken, gerade dann, wenn ihre Wörter, in denen die Überlieferung des Glaubens spricht – ›Sühne‹, ›Schuld‹, ›Opfer‹ –, dunkel geworden sind, und gerade dann, wenn die Erlösungsvorstellung auf der Erde beheimatet und politisch gewendete Theologie wird.[5]

Nicht nur werden, im Rückgriff auf die Bild- und Symbolvorräte der jüdisch-christlichen Tradition, innerweltliche Hoffnungen auf diesseitige Reiche mit Götterbildern entfaltet, die, partikularisiert und nationalisiert, neue heilige Orte, Zeiten und Reiche imaginieren. Ihnen entsteigen auserwählte Völker, weltliche Messiasse, Freund und Feind. Dies gilt keineswegs nur für Lateinamerika, wo die Spaltung zwischen einer außerweltlichen und einer innerweltlichen Erlösung als Verhältnis von Erlösung und Befreiung innerkirchlich polarisierte. Andererseits erhebt der Bruderbegriff der Erlösung, die »Endlösung«, ihr Haupt – ein Wort, das so missbraucht und korrumpiert ist, dass man es, seiner christlichen Heilsbedeutung beraubt, nicht mehr gebrauchen will.

Aber Erlösung ist nun einmal Endlösung. Die Endzeit Endkampf und die Emanzipation eine Totalemanzipation. Die letzte Welt ist eine definitive. Aber nicht mehr nur für die christliche

Religiosität ist es charakteristisch, dass sie ein Definitivum schafft, das sich der Mensch angesichts seiner Prekarität nicht zu schaffen vermag. Dies lässt sich auch für die Fortschrittsreligiosität feststellen. Nur sind die Letztpunkte nicht mehr außerhalb der irdischen Wirklichkeit gelegene Stützpunkte, sondern innerweltliche, futuristische. Die weltlichen Endreichvorstellungen verdanken sich nun einmal den christlichen Erlösungsvorstellungen. Auch wenn das Heil sich in Unheil verkehrt! Denn Erlösung erfolgt am Ende der Zeit. Die Geschichte tritt in diese Endzeit ein. Sie durchzittert die Zeit vor einem Finale. Himmel und Hölle werden auf Erden eingerichtet, das Jüngste Gericht exerzieren politische Messiasse mit ihren Einteilungen der Welt in Gut und Böse. Gemäß der christlichen Heilsgeschichte leben wir schon in dieser Endzeit.

Dementsprechend lassen sich Endzeitfragen und -praktiken leicht aktivieren. Das derzeitige ›Übermaß‹ an Geschichte, die Überreizung mit Katastrophen, Verzweiflungen und Flüchtlingsströmen erzeugt die Sehnsucht nach einem Zustand völliger »Stilllegung« der Geschichte.[6] Die Endzeit und ihre Erwartung unter apokalyptischen Vorzeichen ist eine schwere Zeit, eine Zeit der Prüfungen. Und so wird sie auch in ihrer verweltlichten Form den Menschen beliebt gemacht: als Tal der Tränen, als zu durchschreitende Wüste. Die Endzeit ist deshalb schon im Begriff eine Angst machende Zeit. Offenbart wird das nahe Weltende. Apokalyptik beherrscht die Zeit, Ahnungen kommenden Unheils und Grauens. Umso großartiger erscheint dann das Ende der Zeit, die Ewigkeit, welche die endlose Unendlichkeit der Zeit, die Zeit des Hoffens und Harrens, die Zeit der Angst und des Schreckens überführt in eine himmlische und ewige Glückseligkeit und Stille. Gleichwohl erweckt auch die Vorstellung der Endgültigkeit Angst. Die Erlösung spart nichts aus, sie ist umfassend, definitiv. Sie ist gegenüber dem Menschen totalitär. Sie treibt in eine Angst machende Mobilmachung, in ein fiebriges Nacheinander von Steigerung und Erschöpfung. Erst das Ende der Zeit beruhigt.

An die Stelle des Utopismus rückt deshalb, und nicht nur wegen der topologischen Schließung der Welt, der Globalismus als neue seinssprengende Vorstellung. Und an die Stelle des räumlichen Nirgendwo rückt die zeitliche, die futuristische Variante.[7] Der Globalismus, wie er gegenüber dem Prozess der Globalisierung abgehoben wird, behält den theologischen Restbestand der Globalisierungsvorstellung: der Bezug der Fortschrittsgeschichte auf den

individualisierten Einzelnen, der einer totalen Erlösung harrt und
sie gleichzeitig vorantreibt, gleich welcher rassischen, nationalen
oder politischen Zugehörigkeit. Die Hoffnung auf eine ganze, friedliche, geeinte *eine* Welt ist selbstverständliche Voraussetzung jeder
Weltverbesserungsdiskussion: Kosmopolis. Weltstaat. Differenzlo-
sigkeit. Einebnung der Unterschiede. Vollkommene Systeme von
Institutionen. Immerwährende Prosperität. Der Globalfuturismus,
wie man den irdischen Globalismus und den christlichen Futurismus in einem Kompositum zusammenziehen könnte, ist mit dem
Zusammenbruch der alten Bipolarität von Staatssozialismus und
Privatkapitalismus neu entfacht worden. Die *eine* Welt, sie wurde
jene Vorstellung, die von der alten Internationalen der Linken und
der neuen Internationalen des Marktes gemeinsam angestrebt und
ausgerufen wurde: die Errichtung einer internationalen Ordnung.

Alle Kulturen, ein Blick in die Zeitung genügt, sind in den Sog
der westlichen Welt- und Menschenverbesserungsvorstellung geraten. Alle sind mitgerissen in einem reißenden Strom. Alle sind
Treiber und Getriebene. Überall auf der Welt wollen die Menschen
jenem weltgesellschaftlichen Endzustand entgegengeführt oder,
wenn sie sich weigern, entgegengezwungen werden, der als Substi-
tut eines überirdischen ewigen Reiches wartet. Überall hat die Vorstellung eines lichten Endes, einer erlösenden Endlösung eine
eigentümliche, nur aus der langen Prägung durch das Christentum
erklärbare Anziehungskraft. Nach dem Ende von Marxismus und
Staatssozialismus und anderer aktivistischen Varianten der weltlichen Heilsgeschichte erscheint der Globalismus (die Zielvorstel-
lung der Globalisierung) als modernste Ausprägung des christlichen Messianismus. Eine globale Zivilisation wird geträumt, eine
große Kommunion, die unter dem Gebot des Friedens, der Liebe
und der Versöhnung steht. Eine weltumfassende Gemeinschaft von
Gläubigen in den politischen, wirtschaftlichen und intellektuellen
Eliten glaubte und glaubt an eine Art weltlichen Heilsplan, eine
geschichtliche Ökonomie der Erlösung, die sich mittels der Tatkraft
des seine Geschichte selbst in die Hand nehmenden Menschen
vollziehen soll. Stufe um Stufe arbeitet sich die Menschheit einer
geheimnisvollen, der Weltgeschichte innewohnenden Teleologie
folgend, aus einem Naturzustand der Unvollkommenheit und der
Unfertigkeit zur Kultur hinauf. An deren Ende, gleichviel ob es
marktistisch oder sozialistisch oder durch eine Veredelung des
Erbmaterials über eine offene oder über eine geplante Gesellschaft

erreicht werden soll, steht eine Erfüllung, eine Vollendung, eine todlose Zeit, ein Himmel auf Erden, etwas Absolutes, die Erlösung, ein Heil.

Der Ersatz der christlichen Heilsgeschichte, in der die Menschen durch die weltliche Fortschrittsvorstellung auf der Himmelsleiter in ein anderes Leben gelangen wollen, führt zu jener Dynamik von Zerstörung und Emanzipation, die zur Genüge beschrieben ist. Um schnell vorwärtszukommen, ist der Mensch, der in Ketten liegt, zu entfesseln. Die Mächte, die ihn knechten, gilt es zu zerstören. Aus den festen Verwurzelungen der Tradition, des Standes, der Verwandtschaft, der Familie und schließlich – absehbar – des Geschlechts hat er sich herauszuarbeiten. Einer geheimen Teleologie folgend, gewinnt er Stufe um Stufe der Erleuchtung. Nie darf er sich hinsetzen wie der Benjamin'sche Engel der Geschichte, mit geschlossenen Flügeln und dem Rücken zur Zukunft. Damit er nicht in die Zukunft hinein zerschmettert wird, will er sich flugtauglich machen, zukunftsfit und marktgerecht werden. Gleichzeitig muss er Vergangenheit und Gegenwart in all ihren Beständen und all ihren Sphären andauernd umwälzen und reformieren; Varianten der Steigerung des Bestehenden entwickeln, alles innovieren und neu machen. Es beginnt das beispiellose Schauspiel der Multioptionsgesellschaft, in der es glitzert und rauscht. In der missioniert, erzogen, bekehrt, versprochen und aufgeklärt wird. Überall Schleusen, überall neue Operationsräume. Ob man durch Warenhäuser schlendert, sich in Menükarten vertieft, an Auktionen teilnimmt, Ferienpläne schmiedet, das abendliche Fernsehprogramm studiert, in Sammelbänden über Gegenwartsdiagnosen stöbert, im Internet flaniert oder am Abend vor dem Einschlafen seine Gedanken wandern lässt: überall dasselbe Bild. Weniger Steigerungsspiel als Steigerungswut![8] Ob man sich über Partnerschaften, den globalen Heiratsmarkt, die zeitgemäßen (nämlich technischen!) Möglichkeiten, Kinder zu bekommen, oder über die interaktiven Grabsteine in Santa Barbara/Kalifornien entsetzt: überall ein wildes Durchprobieren von Möglichkeiten.

Die rhetorische Kraft des westlichen Fortschrittsprojekts erscheint, jedenfalls in den USA und im noch jungen Osteuropa, ungebrochen – wie immer derzeit Reformen scheitern, die Differenzen sich vergrößern und Weltpolitik unmöglicher zu werden scheint. Fast meint man, es werde umso verbissener am Endsieg festgehalten, je weiter er in die Ferne rückt. Kriege sind gerecht, wenn sie legitimiert sind, und legitimiert sind sie, wenn sie die abendländisch-westliche Vorstellung vom freien Menschen, von Demokratie und von Markt, die ein Endreich herbeiführen, stützen und der Welt die Freiheit versprechen. Die Vorstellung einer Zukunft, in der alle Menschen frei und ein Herz und eine Seele sind, löst die christlichen Heilsvorstellungen ab. Die Zukunft saugt die vom himmlischen Jenseits abgezogenen Hoffnungen in sich auf. Wenn der Papst Geld will, so ein Sprichwort, bevölkert er den Himmel, wenn die Internationale der Progressisten Geld will, bevölkert sie die Zukunft.

Diese allüberall expandierende Vielfalt, dieser so offensichtlich und überall sich anpreisende Variantenreichtum ist aber nicht nur das Ergebnis eines entfesselten Durchprobierens der neuigkeitswütigen, neophilen Gesellschaft. Die Modernisierung brilliert als Entfesselungskünstlerin. Die Freisetzung des modernen Menschen erfolgt simultan aus territorialen, zeitlichen und sozialautoritären Bindungen und Verhältnissen. Dieser derzeit in Ländern wie der Türkei von innen durchgesetzte, in Afghanistan oder im Irak von außen oktroyierte Vorgang wird seit der Aufklärung als Emanzipation bezeichnet, als Befreiung aus nicht selbstgewählten Abhängigkeiten, als Befreiung von unzumutbaren Autoritäten und tradierten, nicht rational begründeten und demokratisch erzeugten Gewissheiten. In diesem epochalen, in der Renaissance in den Künsten, in der Aufklärung philosophisch angestoßenen und in der Französischen Revolution politisch ratifizierten Prozess verwandeln sich die Pflichten und Vorgaben in Aufgaben, und Zug um Zug geraten Gott und die Welt, die Verhältnisse, die Gegenstände, die Theorien, der Sinn – und zu guter Letzt das eigene Leben – zur aufgegebenen Unternehmung. Alles ist zu verändern, zu verbessern oder gar neu zu erfinden: die Welt, die Nation, das Recht, die menschenunwürdigen Verhältnisse, die Familie, die Mitmenschen, die Strukturen und Prozesse – und letztendlich das Selbst. Nicht nur die Enttraditionalisierung löst dieses menschengeschichtlich einmalige Machen-Wollen aus – dessen Ergebnis jenes historische Maximum an Lebens-, Denk- und Handlungsmöglichkeiten ist, in dem wir leben –, sondern auch ein säkularer Traum von einem künftigen Reich, von kommenden Dingen, eine Endzeit, die freilich selbst herbeizuführen ist.

Aber die Entfesselung entfesselt nicht nur Nebenfolgen.[9] Die Daten über den Weltzustand zeigen keine Verbesserungen mehr

an. Die Orientierungskraft des wissenschaftlichen Erkenntnisfort-
schrittes nimmt ab. Die Apokalypse als jene Zeit, in der sich das
Kommende zeigt, enthüllt nicht die Zipfel der Vollendung, der
ewigen Seligkeit, den Vorhang vor der Unendlichkeit, sondern alte
und neue Lasten von Verschuldungen, von Verhängnissen, von
Ungewissheiten und Kontingenzen, die sich ja derzeit ins Planeta-
rische steigern. Unterdrückung im Namen des Fortschritts, Krieg
im Namen des Friedens, Vernichtung im Namen der Beschleunigung zwingt die irdische Erlösungsgeschichte zu Parusie, zur endlosen Verzögerung, zum Abwarten.

Entscheidender und gleichzeitig geheimnisvoller ist etwas anderes: Die Entfesselung stößt auf etwas Hartes. Ihr enthüllt sich ein
geheimnisvoller Stumpf, ein Rest, etwas Unverfügbares. Etwas, was
die christliche Heilsbotschaft mit dem Kommen eines Messias, der
gnädig erlöst, beachtet hat, was die weltliche Erlösungsvorstellung
mit ihrer Selbsterlösungsvorstellung jedoch unterschlägt. Die weltgeschichtliche Anlage des Fortschrittsprozesses ist deshalb eine
unvollständige Kopie der christlichen Erlösungsgeschichte. Diese
nämlich ist auch eine Schuldgeschichte und beinhaltet die rückwir-
kende Erlösung der Vergangenheit. Nicht nur wird in der irdischen
Erlösungsvorstellung die Geschichte halbiert in eine vergangene
(und zu vergessende) und eine künftige, sondern auch in eine
Sieger- und eine Leidensgeschichte. Die Abspaltung der Leidensgeschichte wie auch ihre Delegierung an die Feinde der Aufklärung
und des Fortschritts und auch die Immunisierung der Erlösungsvorstellung durch ihre Dialektisierung sind gegenüber der christlichen Erlösungsvorstellung unvollständig, ja schwach.[10] Das gilt
schließlich auch für die angesichts eines unzuverlässigen Subjekts
vorgenommene Rettung der Emanzipations- und Fortschrittsgeschichte in subjektlose Geschichtsprozesse, eine geheime Teleologie menschenunabhängig waltender Weltgeister, von denen im
Streit der Evolutionisten und Kreationisten gerne wieder die Rede
ist. Auch damit lässt sich, wie Metz bemerkt,[11] den supponierten
transzendentalen Geschichtssubjekten folgenlos die »Nachtseite
der Emanzipation«, die Schuldgeschichte nämlich, zuschlagen,
während die Siege, die Fortschritte »auf der Erde« bleiben und dem
emanzipatorischen Tun der Menschen zugerechnet werden.
»Emanzipationsgeschichte ohne Erlösungsgeschichte entlarvt sich
so als abstrakte Erfolgsgeschichte, als abstrakte Siegergeschichte –

sozusagen als halbierte Freiheitsgeschichte mit einem perfekten Rechtfertigungs- und Entschuldigungsmechanismus für den Homo emancipator als Geschichtssubjekt.«[12]

Wenn nun aber sichtbar wird, dass die Emanzipations- und Fortschrittsgeschichte nicht nur in eine Unterdrückungs- und Leidensgeschichte gespalten werden kann, sondern der Fortschritt gerade im Namen der Freiheit unweigerlich nicht intendierte Konsequenzen hervorbringt, die dann unter dem Titel ›Preis der Freiheit‹ registriert und abgelegt werden, und wenn zu Tage tritt, dass die Globalisierung der Freiheit die Unabsehbarkeit der Zukunft größer werden lässt, die Parusie sich wieder und wieder verzögert, dann ist der Punkt noch nicht erreicht, wo das irdische Fortschrittsprojekt selbst erlahmt und erneut die göttliche Antwort sich aufdrängt. Denn in seiner Mitte agiert ja ein schuldloser, transparenter, vervollkommnungsfähiger Mensch. Die Errichtung des Himmels auf Erden, der aus der Erschütterung des Glaubens an ein Jenseits resultiert, erscheint nur mehr als eine Frage der Zeit: bis die Guten die Mächte des Bösen vertrieben haben. Nicht mehr wie die alte Aufklärung durch ein furchterregendes Erdbeben, sondern durch harte Arbeit an der Vervollkommnung des Menschen, allenfalls mittels neuer Bevormundungen und Unterdrückungen, auferlegter Entbehrungen und neuer Kriege, neuer Beschleunigungspläne und neuer Abkürzungen um des erhofften geschichtlichen Endzustandes willen.[13]

Aber der Mensch müsste sich selbst eliminieren, um diesen Zustand zu erreichen. In ihm ist etwas, was sich nicht meliorieren lässt, vielmehr der Anlass seines Strebens ist. Das Paradies ist die Abwesenheit der Menschen, so Emil Cioran. Es sei denn, er könnte sich definitiv vervollkommnen. Statt die Welt in eine vollkommene zu verwandeln, statt also die Konzeption der Welt zu verändern, wäre die Menschennatur zu bearbeiten.[14] Selbstsein, Selbstverwirklichung, Selbstverschmelzung sind, wie auch Identität, Umschreibungen der neuen Seligkeit. In der Tiefe, im Inneren ist das neue Absolute. Der Zimmermann bearbeitet das Holz, der Jäger spannt den Bogen, der Weise bearbeitet sich selbst (Buddha). Wenn die Zumutungen der Globalisierung tagtäglich die Vorstellungen von einer lichten Zukunft strafen, beginnt das innere Paradies zu leuchten. Man will sich selbst und formt, diszipliniert und kasteit sich. *Inquietum est cor nostrum* – bis es ruht in sich. Die wahre

Revolution ist die Revolution der Seele. Im gleichen Maße, wie die raumzeitlichen Paradiese sich verdunkeln und unsichtbar werden, beginnen innere Lichtungen zu leuchten. Die Seele selbst wird topologisch gedacht als Land der Entdeckungen, als Kontinent, in dem das Göttliche wartet, entdeckt und herausbefreit zu werden. »Dort liegt Gott, dort ruht die verborgene Perle [...]. Dort sind die Augen aufgeschlagen.«[15]

Offensichtlich gehen diese Vorstellungen einher mit einer Re-Divinisation, das heißt einem Wiedererstarken der polytheistischen Kultur, deren Ende ja erst durch den christlichen Monotheismus eingeleitet wurde.[16] Der Gnostizismus, jene häretische Begleiterscheinung des Christentums, welche mit der Möglichkeit der individuellen Selbsterlösung spekuliert hat, erwacht und erscheint in vielfältigster Form wieder. Und wird, wie andere Spiritualismen, dann als »Wiederkehr« der Religion avisiert. Dabei handelt es sich zwar sichtlich um eine Wiederentdeckung von Gefühl und Spiritualität und nicht um die Wiederkehr der christlichen Erlösungsvorstellung. »Liebet euch selber aus Gnade – dann habt ihr euren Gott gar nicht mehr nötig, und das ganze Drama von Erlösung und Sündenfall spielt sich in euch selber zu Ende.«[17]

Die Moderne lässt sich in der Anlage ihrer erstrebten Seligkeiten und Lichtungen charakterisieren. Mit oben und unten und innen und außen ist die Spannweite beschrieben, in der sich abendländische Existenz denkt.[18] Während die erste Moderne als immanentisierter christlicher Futurismus es ernst meint mit der Temporalisierung des Jenseits und seiner Verlegung in ein künftiges Diesseits, und alle Kräfte frei macht für den Aufbau einer Weltzivilisation, welche auf den Einsatz die Prämie der Erlösung, des inneren Friedens, des Glücks setzt, und damit das »wahrhaft großartige Schauspiel« (Eric Voegelin) der weltlichen progressiven Gesellschaft erzeugt, arbeitet die Postmoderne an der Glättung und Vervollkommnung des Ich. Denn der weltliche Futurismus hat zwar die Welt geographisch geschlossen, dabei aber umso schärfer das Bild eines endlos und verzweifelt nach dem Paradies, der Erfüllung strebenden Individuums hervorgebracht. Die Schließung der Welt führt die Defizite des offenbar nicht mitgekommenen Subjekts umso drastischer vor Augen. So tritt zur Welteschatologie die innere Eschatologie, zur Weltschließung der Gedanke der Selbstschließung.[19] Und die Enttäuschung über die Welt führt zur Flucht aus der Verantwortung für die Welt, in ein spirituell-mystisches Zentrum, das vom Leid im Tal der Tränen unberührt ist. Die Energien, nach vorn an immer neue Fronten geworfen, retardieren und werden buchstäblich innerweltlich: innerpsychisch.

Die Messianisierung des Ich resultiert aus dem Verbringen der Transzendenz in die Immanenz und der Ermattung der Vorwärtsbewegung. Diese Begleiterscheinung der Postmoderne hat viele Facetten: Nicht nur die Gnosis verspricht ein Erlösungswissen, das die Seele aus der heillosen Welt des bösen Weltschöpfers herausführt.[20] Das Reich in sich. Der innere Gral. *Unio mystica* mit sich selbst. Ichfetischismus. »[W]ir suchen das Heil im eigenen Selbst, sei es, dass man für permanente Fitness sorgt, sich an den körpereigenen Endorphinen berauschen, ja Urin trinkt; hierher gehören auch alle Formen der Selbstmedikation.«[21] Ein Fetisch hat nicht nur die Funktion, durch einen mit ihm verbundenen Zauber schützend oder schädigend zu wirken. Er meint auch die stellvertretende Verehrung eines Gegenstandes, der einer geliebten Person zugehört, und zwar keineswegs nur als sexuelles Begehren oder gar als sexuelle Perversion! Denn in der Liebe ist jeder mehr oder weniger Fetischist.[22] So auch in der Gottesliebe: der heilige Franziskus, der den Corpus Christi innig küsst; die Anziehungskraft und Verehrung des Schweißtuches der Veronika. »Berührt an den Gebeinen des heiligen Alois«, gut erinnere ich mich an dieses Andachtsbildchen im Messbuch. Verschwindet die Reliquiengläubigkeit mit der Gläubigkeit im Allgemeinen und tritt die Selbstliebe an die Stelle der Gottesliebe, wird Gott im eigenen Körper verehrt, er wird zur inneren, zur wachen Reliquie, angebetet und verehrt.

Gott wird also in der gnostischen Innenwendung in die menschliche Existenz hineingezogen, in den Menschen selbst verbracht. In einer Art individueller Re-Divinisierung wird er in der Körper-Monstranz eingeschlossen. Die erste Moderne schließt die Welt, die zweite verschließt die Seele. Das Jenseits wird ins Diesseits und das Diesseits ins Inseits gebeugt. Nicht mehr Zukunft nur, wie in der ersten Moderne, ist das Jenseits im Diesseits. Erlischt deren Strahlkraft, vereinigen sich Zukunft und die in den Menschen verbrachte und eingeschlossene Seele. Daraus erwachsen die Vorstellungen von einem das »Paradies« in sich suchenden Menschen. Gnosis ist, so schon Eugen Rosenstock-Huessy, »heute über die ganze Welt verbreitet. Die Kirchen selbst sind voll von ihr.«[23] Die Entzauberung der Welt hat zur Errichtung eines Himmels geführt; die Schließung des Himmels zu einer Re-Divinisierung der Welt und der Seele.[24]

Die Innenwendung ist Folge einer Vorwärtsbewegung, in der alles immer gleich weit entfernt scheint. In der nach jedem erreichten Horizont neue Horizonte auftauchen. In der aktivistischen Variante der Immanentisierung, der politisch gewendeten Theologie, entfernt sich das Glück in gleichem Maße in die Zukunft, wie wir auf sie zuschreiten. Es glänzt wie eine schöne, ferne, fette Insel. Ein Spiegel, gleißend und glatt poliert, ein glücksverheißendes Dort. Eine feuersichere und untergangsresistente Arche. Deshalb ja wurde und wird das Diesseits einem Jenseits im Diesseits entgegengetrieben. Das Beste, was sich die Menschen über ihr Dasein ausdenken können, wird nicht mehr in ein hypostatisches Jenseits projiziert, sondern in eine hell leuchtende Zukunft. Deshalb gilt es diese, koste es was es wolle, zu erreichen. Aber die Zukunft ist, der Volksmund weiß es, unterdessen auch nicht mehr, was sie war. Sie ist immer gleich weit weg. Noch mehr: Sie ist verdunkelt. Kein Licht am Ende des Tunnels, sondern Schwärze. Auch die irdischen auf Weltverbesserung gerichteten Erlösungsbemühungen ermüden.

Deshalb hat die Weltrevolution der Seele, die Eroberung des Ich und die innengewandte Selbsterlösung gegenüber den aktivistischen Varianten an Boden gewonnen. Obwohl es eine Vielzahl von gnostischen Häresien gab und neben der christlichen eine jüdische, eine heidnische und eine islamische Variante verzeichnet wird,[25] und obwohl die gnostische Revolution sich manchmal der Seele, manchmal des Körpers annimmt, ist ihr kleinster gemeinsamer Nenner weiterhin die Suche nach Erlösung. Gott hat sich in die Seelen zurückgezogen. Anstelle der Utopie tritt die Intopie. Dort will Gott gesucht und gefunden werden. Seine Herauslösung ist gleichbedeutend mit der Selbsterlösung. Der Rückzug in die eigene Subjektivität erfolgt nicht nur, um sich den Härten, Gewissheiten und Verantwortlichkeiten der Außen- und Mitwelt und ihren endlosen Rumprobierereien zu entziehen. Eine Welt ist nicht genug, und die andere Welt lässt sich, wenn die Zukunft nicht mehr leuchtet, sondern sich schwarz färbt, auch innerlich exponieren. Wenn der Glanz der Zukunft abnimmt, zieht sich diese in die Inkunft zurück. Die Wahl dieser Heimstätte erfolgt, weil eine dunkle Welt Gott keinen Heimplatz anbietet. Es gilt, mit ihm sich selbst zu erretten und zu verbessern und das Paradies in ihm, in sich zu erreichen. Alles wird gut – aber nicht mehr in der Anstrengung, die Welt oder die Menschen, sondern in der, sich selbst zu verbessern.[26]

Aber auch die Innenwendung erlahmt. Das ist das Entscheidende. Je mehr man sich selbst begegnet, umso mehr verliert man sich auch. Die Möglichkeiten der Selbstvervollkommnung, Selbstverbesserung und Selbstverwirklichung sind zwar ingeniös. Aber in der zunehmenden Selbstvergegenwärtigung erhebt sich das unkorrigierbare Selbst und zeigt dieses Etwas, was nicht zu beherrschen ist. Nicht als selbstmächtiges Subjekt, sondern als malträtiertes, blessiertes, Leiden gewohntes. Die Kraft vergangener Zeitalter, den Körper in eine elegante Ordnung zu zwingen, mindestens in seiner Außenansicht und in seinen Bekleidungshüllen, ist vorbei. Zug um Zug, Hülle um Hülle wurden und werden die alten Ordnungen durchbrochen und Kleidervorschriften abgeschafft. Was wir früher nur zur Walpurgisnacht im Harz und zur schweizerischen Fasnacht in den toggenburgischen Dörfern gesehen haben, nämlich Hexen und Dämonen, Feen und Geister, tummelt sich heute auf jedem Open-Air-Festival.

Auch die gnostischen, sich nach innen wendenden Formen der Vervollkommnung bleiben Varianten des irdischen Futurismus, Sklaven der christlichen Heilsvorstellung. Die Spannung zwischen Diesseits und Jenseits wird nicht nur ins Diesseits hineingezogen, sondern ins Ich. Gott ist im Menschen verborgen. Dort muss er gesucht und gefunden werden. Gott leidet und zeigt sein Leid in der Passion, als gegeißelter Heiland, als Gekreuzigter. Nun zeigt der Mensch, weil niemand mehr stellvertretend für ihn leidet, sein Leiden triumphierend her und deutet es um. Selbst die Anstrengungen Nietzsches, in einem erweiterten Selbst Erlösung zu suchen, sind so zu verstehen. Nietzsches Philosophie von der Erlösung des Menschen von sich selbst lässt sich als Erlösung von der Sünde deuten, die keine mehr ist.[27] Der Mensch wird Übermensch, gottähnlich, indem er sich gegen den alten Adam wendet und diesen zum Untergang verurteilt. Das Neue kann erst erblickt werden, wenn das Alte ausgelöscht ist, und das Alte ist der alte, gezeichnete, blessierte, der stigmatisierte Mensch.[28]

Max Weber folgend ließe sich von einer Wiederverzauberung der Welt durch die Ideologisierung und Verzauberung ihrer Menschen reden. Alles läuft im Menschen zusammen. Alles spitzt sich auf ihn zu. Die Welt wird nicht mehr, wie in archaischen oder totemistischen oder polytheistischen Kulturen, von diesseitigen, verborgenen, magischen Kräften beherrscht. Sondern diese sind in die Menschen selbst hineingezogen und hineinverbracht. Deshalb ist die Erlösung des Menschen von sich selbst erforderlich. Es handelt sich um eine Art simultane Weltablehnung und Weltbejahung, Selbstablehnung und Selbstbejahung, Ichzuwendung und Ichablehnung zugleich. Die Spannung gegenüber der Welt, wie sie insbesondere in der puritanischen Ethik zum Ausdruck gekommen ist, verwandelt sich in eine Anspannung gegenüber sich selbst.[29] Es ließe sich sagen, dass der radikale Gegensatz von innerweltlicher, auf Bändigung und Beherrschung der Welt gerichteten Askese und weltflüchtiger Kontemplation kulminiert in der Erlösung vom Körper. Der ja der Sitz dieses Etwas ist, das sich sperrt.[30]

Aber wie in den aktivistischen, das Jenseits in der Zukunft temporalisierenden Varianten des Futurismus gerät die Selbstbefassung in eine endlose Auseinandersetzung und in eine endlose Jagd mit den gesehenen und versprochenen Möglichkeiten. Das Selbst löst sich nicht wie ein Kreuzworträtsel auf, sondern bleibt sich selbst rätselhaft und wird sich, je tiefer es exploriert und ausgespäht wird, umso geheimnisvoller. Das Ich wird zum unentwirrbaren Knäuel, der die Wucherungen der zivilisatorischen Errungenschaften spiegelt. Je hartnäckiger die Welt gemanagt und gemacht werden will, desto kontingenter, verzweigter, unvorhersehbarer wird sie. Und je fester das Ich sich selbst zu managen versucht, desto mehr entgleitet es sich. Wenn über diese Aporien hinaus der Begriff der »Unverfügbarkeit«, dieses geheimnisvoll weltentrückte und den Menschen aus den Händen gefallene Wort, überhaupt einen Sinn hat, dann nur in der Unverfügbarkeit über das Verfügen-Wollen, über das endlose Begehren nach Veränderung und Verbesserung, über das Bedürfnis nach Endgültigem, nach seligem, immerwährendem Glück.[31] Der Glaube an den Fortschritt, der die Machtentfaltung des Westens durch die Jahrhunderte getragen hat, verfällt in den Zentren, von denen er seinen Siegeszug angetreten hat. Braucht der Mensch die Vorstellung des Fortschritts? Dieses Fortschritts? Die Vorstellung einer Frist, eines Endes, einer Endlösung? Ist das was treibt, die Sehnsucht nach Erlösung? Wird ihn die Krise des Fortschrittsdenkens gar wieder zur Anrufung einer außerweltlichen Erlösung bewegen, wird sie Stimulans einer christlichen Wiedererweckung?[32]

Bei aller Beschwörung einer Wiederkunft der Religion – eine Wiederentdeckung und Beglaubigung der christlichen Heilsbotschaft ist nicht zu erwarten. Zwar stößt die auf die Erde heruntergezwungene Erlösung des Menschen, die von ihm selbst zu bewerkstelligen ist, auf einen Rest, der sich nur um den Preis des Menschseins selbst aufheben lässt. Dieser Rest, an dem der Spaten sich zurückbiegt und der das Substrat jener »schwachen Anthropologie« bildet, das die gemeinsame Grundlage aller Religionen bildet, ist jederzeit und überall erleb- und spürbar. Er ist Besitz aller Menschen. Er gehört zu dem, was Menschsein ausmacht. Er lässt sich unterschiedlich benennen: als Stachel, Schmerz, Trauer, Melancholie, als Stimmungsabhängigkeit, als unverhofftes Glück, als grenzenloses Leid, als Bewusstsein der eigenen Zerbrechlichkeit und Vergänglichkeit, in der letztlichen Todesbedrohtheit. Diese Implikate des Menschseins sind die Bedingungen der empirischen, der irdischen Emanzipationsbestrebungen. Sie unterbrechen den alltäglichen Lauf der Dinge, sie entbergen Störpotenzial, sie lassen merken, dass es da etwas gibt, dem man weder durch Befehle noch durch eine Umwälzung der Verhältnisse entgegentreten kann. Nur der Tod befreit.

Aber gerade er ist das Paradebeispiel für das Etwas, jenen nicht zu erledigenden und nicht erlösbaren Rest (vgl. Kap. 6). Sein Stachel reicht aus dem Jenseits ins Diesseits. Der Tod ist schließlich der Sünde Sold (Röm 6,23). Er ist und bleibt in alle Zukunft hinein unverfügbar, unbesiegbar. Wie immer das menschliche Emanzipationsbestreben in eine soziale, ökonomische und politische Endglückssituation, in der alle gleich, reich und mächtig sind, münden sollte, es bleibt die Herausforderung des Todes, die an den Seelen frisst.[33] Die Positivierung des Todes und der Frist als Akzeleration der Emanzipationsbestrebungen – sie wäre die einzige Möglichkeit, den Menschen zu retten, ohne ihn abzuschaffen.

Das Endreich als Himmelreich auf Erden wäre dann eine Welt ohne Menschen (oder nur mit Engeln) und gliche sich damit dem Himmelreich im Himmel an. Emanzipation auf Erden ist Immanenz der Erlösung ohne Erlösung des Menschen von seiner Schuld und damit von sich selbst. Der christlichen Soteriologie ist damit ihr zentrales Merkmal entzogen. In ihr geht es ja keineswegs nur um die Emanzipation von Bevormundung, Unterdrückung und Unterprivilegierung einzelner Gruppen der Gesellschaft, ihr geht es auch keineswegs nur um die Abschaffung der Verhältnisse, in denen der Mensch ein geknechtetes, seufzendes Wesen ist. Die christliche Erlösungsvorstellung beinhaltet gegenüber der aufklärerischen Freiheitsvorstellung etwas ganz Anderes. Die Autonomie des Einzelnen ist begrenzt (durch die Sünde der Väter). Eine Selbstbefreiung kann deshalb nie gelingen. Für das aufklärerische Denken sind – vielleicht – die überkommenen Verhältnisse, von denen er sich zu emanzipieren hat, nicht von ihm verantwortet. Verantwortet wird aber die Zukunft. Diese kann in neue Gewalt- und Unterdrückungsverhältnisse ausarten, in denen, wie derzeit bei der weltwirtschaftlichen Freiheitsgeschichte, den globalisierten Unternehmen neue Leidensgeschichten und Abhängigkeiten entstehen.

Dies führt, so Johann Baptist Metz, freilich nicht zu einer Zurücknahme eines »zu hoch, zu abstrakt angesetzten Emanzipationsbegriffs«, sondern zur Hilfskonstruktion einer »Dialektik der Emanzipation«.[34] Diese Dialektik »entschärft nicht etwa das Totale und Kompromisslose am Emanzipationsbegriff, sie macht ihn im Gegenteil unangreifbarer, undurchlässiger, immuner gegen externe Bestreitung, indem sie die im Emanzipationsprozess auftauchenden gesellschaftlichen Widersprüche selbst noch einmal in ihn aufzunehmen sucht«.[35]

Der christliche Erlösungsgedanke lässt sich deshalb auch als Überbietung und Vervollkommnung des Emanzipationsgedankens lesen.[36] Und nicht als Transzendenz der Emanzipation! Man könnte auch sagen: Die christliche Erlösungsvorstellung befreit nicht nur von den Verhältnissen, in denen der Mensch ein geknechtetes Wesen ist, sondern auch von einem Menschen, der immer wieder diese Verhältnisse schafft. Insofern ist die menschliche Leidensgeschichte auch eine Schuldgeschichte, in der der Mensch ja andauernd wiederum jene Verhältnisse verschuldet, von denen er sich befreien und emanzipieren will. Die christliche Heilsbotschaft antizipiert so eigentlich ein Heil ohne Menschen, weil ja diese immer als Unruhestifter und Störfaktoren auftreten.

Aber, das ist die Frage, braucht der Mensch diese Erlösungsvorstellung? Der moderne Mensch? Ist es ihm nicht selbstverständlich, dass er immer auch Anstoß erregt, Leid verschuldet, Probleme verursacht? Muss er wirklich seine geschichtliche Verantwortung halbieren – sie für die Emanzipation auf sich nehmen, und sie gleichzeitig für die Verhältnisse, aus denen er sich emanzipieren will, ablehnen? Entwickelt er trickreich die Kunst, es nicht gewesen zu sein? Und hat er in den Versuchen, sich total zu emanzipieren, nicht immer wieder das Vergebliche und Theoretische seiner Versuche einsehen müssen? Und hat er nicht zu guter Letzt auch seine Versuche, sich und die Welt zu vervollkommnen, auf etwas in sich zurückführen müssen, das er ja nur um den Preis dieses Vervollkommnungsgedankens preisgeben könnte, nämlich seine unverbesserliche Verbesserungsattitüde?

Jedenfalls zeigt es sich, dass der Mensch nur durch die Erlösung von sich selbst auch jene vollkommene Welt schaffen könnte, welche die irdische Emanzipations- und Befreiungsgeschichte für ihn vorsieht. Aber damit wäre die Fortschrittsgeschichte am Ende. Der letzte Mensch, der am Ende der Fortschrittsgeschichte stünde, wäre kein Mensch mehr mit seiner Geschichte von Freud und Leid, von Glück und Begehren, von Gut und Böse. Aber was, so könnte man fragen, wäre denn der Sinn der rastlosen Aufopferung eines langen Lebens? Wäre es wirklich leer »wie Fechten in der Luft«?[37] Der Mensch sucht Ruhe. »Ruhe«, so Sören Kierkegaard, sucht »der Mensch, aber siehe, es wechseln Tag und Nacht, Sommer und Winter, Leben und Tod; Ruhe sucht ja der Mensch, aber siehe, es wechseln Glück und Unglück, Freude und Sorge; Ruhe und Beständigkeit sucht ja der Mensch, aber siehe, es wechseln die Glut des Vorsatzes und der ekelhafte Nachgeschmack der Ermattung, die grünenden Wälder der Erwartung und die welke Herrlichkeit der Erfüllung; Ruhe sucht ja der Mensch, wo suchte er sie nicht, sogar in der Unruhe der Zerstreuung; wo suchte er sie nicht vergebens, im Grabe sogar! Aber sucht er sie in einer ewigen Seligkeit? In einer Zeit, die alles löscht, was war?«[38]

3. Hervortreten des Mals

Die Frage nach der Zeitgemäßheit und Plausibilität der Erlösungsvorstellung erfordert einen Rückgang auf den Menschen selbst.
Unfertig und unvollendet, so die christliche Anthropologie, will er
ja einem erlösenden Heil zugeführt werden. Im Rückgang auf ihn
zeigt sich dieser eigentümliche Rest. Etwas wehrt sich gegen die
Meliorierung, Verbesserung und Vervollkommnung. Wie ist dieses
Etwas zu behandeln, zu bearbeiten, zu deuten? Sind andere Möglichkeiten zu bedenken, mit den daraus resultierenden Beschränkungen fertig zu werden, als sie zu bekämpfen oder auszumerzen?
Oder kommt es gerade durch das Erlahmen des Fortschrittsglaubens zu jenem Revival der Religion, wie es allüberall verkündet
wird? Aus der endlosen und endlos das Endheil in die Zukunft
verschiebenden irdischen Anstrengung, die Welt zu verbessern,
resultiert doch ein Stagnationsbewusstsein, das derzeit mit Blick
auf die aufsteigenden asiatischen Kulturkreise noch verstärkt wird.
Springt eine wie auch immer definierte Religion in die Lücke und
überfällt die schwachen, an ihrer eigenen Besserungsunfähigkeit
verzweifelten Ungläubigen?[1] Lichtet sich die düster aussehende
Zukunft im Angesicht einer Religion, die Gnade und messianische
Erlösung verspricht?

Die biblische Sichtweise des Menschen hat indes auch die zeitgenössische (philosophische und kulturwissenschaftliche) Anthropologie und ihre Menschenbilder zutiefst geprägt und die Fort-
schritts- und Vervollkommnungsvorstellung in deren Semantik
umgeformt. Die weltliche Fortschrittsvorstellung ist ohne sie gar
nicht denkbar. Wie immer es eine theologiefreie Deutung des

Menschen im Christentum gar nicht geben kann, sie folgt auch in den modernen, aufklärerisch bestimmten Perspektiven der durch die theologische Anthropologie vorgezeichneten Sichtweise. Und zwar nicht nur in der philosophischen Anthropologie des zwanzigsten Jahrhunderts, sondern auch in den Verstehensvoraussetzungen der aufklärerischen, auf Vervollkommnung des Menschen zielenden Philosophie. Fern ist ihnen der Gedanke, dass jede Generation von vorne beginnt und keine weiter als die andere kommt, wie dies Kierkegaard gedacht hat.[2]

Für eine theologische Anthropologie, die den Menschen von Gott her bestimmt, ist eine entsprechende, den Mangel des Menschen betonende Sichtweise selbstverständlich, wie immer auch sein Subjektsein betont wird.[3] Die in der biblischen Sicht des Menschen implizierte theologische Anthropologie ist in einem ganz prinzipiellen Sinne eine Art Gottesanthropologie: eine (positive) Theologie Gottes und eine (negative) Anthropologie des Menschen. Anthropologie sucht die Wahrheit des Menschen wie Theologie die Wahrheit Gottes ergründet.[4] Das anthropologische Substrat der Unvollkommenheits- und der daraus resultierenden Heilserfahrung ist ›Abfallprodukt‹ der theologischen Gottesdeutung. Diese Sichtweise betrifft insbesondere die Deutung des Menschen als eines unvollkommenen Menschen, eines Sünders, der sich durch seinen Abfall von Gott schuldig gemacht hat und sich von dieser Schuld (als Sünde!) nicht selbst befreien kann, sondern durch einen Erlöser erlöst werden muss. Der Mensch ist, seit diesem Verstoß, mit einem Makel versehen. Er ist in einem existenziellen Sinne chronisch krank, er trägt ein Zeichen, einen Abdruck, ein Stigma, das er zwar verbergen oder herzeigen, aber nicht loswerden kann – jedenfalls nicht durch seinesgleichen. Sondern erst durch einen Messias aus einer anderen Welt, einen extraterrestrischen Erlöser. Denn dieses Mal hat Gott dem Menschen beigebracht, nachdem dieser seine Gebote übertreten hat. Es ist Abdruck einer Strafe, Zeichen der Sünde und Schande. Die christliche Heilsbotschaft verspricht dem Menschen davon Erlösung. Befreit und geheilt von Sünde – und damit einhergehendem Leid – wird er aus dem irdischen Jammertal eingehen in ein Reich Gottes, wo ewiges Leben seiner harrt.

Wie immer diese Heils- und Schuldvorstellung erkaltet ist, die philosophische Anthropologie, jene mit Namen wie Max Scheler, Arnold Gehlen und Helmuth Plessner verbundene zeitgemäße

Lehre vom Wesen des Menschen, die den Menschen in Abgrenzung vom animalischen Bereich bestimmt, ist von Anfang an durch
diese Sünden-, Schuld- und Heils-Theologie geprägt.[5] Der Mensch
ist gefährdet, geht nicht im Hier und Jetzt auf, lebt nicht in der
Mitte, hat Schwächen, ist unvollkommen, ein Mängelwesen, das,
um sich im Dasein zu halten und seinem Druck zu widerstehen,
eines Haltes bedarf. Wie die weltliche Fortschrittsgeschichte ein
Fortsatz der christlichen Heilsgeschichte geblieben ist, liegt auch
die Anthropologie, die Lehre vom Wesen des Menschen, wie immer sie die »Weltoffenheit« und »Exzentrität« hervorhebt, an der
Kette christlicher Vorstellungen vom Menschen. Und wie immer
die biologischen Mängel gerade jene geistig-kulturellen Leistungen
erst hervorrufen, die den Menschen auszeichnen: Am Anfang steht
der Mangel an Angepasstheit und Instinkt, die Primitivität der Or-
gane. Der Mensch ist, so Plessner, »ortlos, zeitlos, im Nichts ste-
hend, konstitutiv heimatlos«.[6] Es ließe sich, Karl Löwith paraphrasierend, sagen, dass die Vorstellungen vom Menschen als einem
exzentrischen Mängelwesen genauso »entlaufene Sklaven« der
biblischen Heilsgeschichte sind wie die verweltlichten Vorstellungen einer Heilsgeschichte.[7] Der Mensch ist ein Entlaufener oder,
wie Herder sagt: Freigelassener der Natur. Er führt auch in der
philosophischen Anthropologie jene gebrochene psychophysische
Doppelexistenz, zu der ihn der Sündenfall verurteilt. Die Überlegungen zum Wesen des Menschen, wie sie von der zeitgenössischen Anthropologie angestellt werden, sind und bleiben Mängel-
Anthropologien.

Nicht eingepasst in eine ›artgerechte‹ Umwelt und instinktre-
duziert und instinktverunsichert ist der Mensch der Wucht der
Reize und der Mannigfaltigkeit der Orientierungsmöglichkeiten
ausgesetzt. Selbst die Weltoffenheit oder, wie Plessner sie nennt,
die Exzentrität, nämlich die Möglichkeit des Menschen, in ein
reflexives Verhältnis zu sich und zur Mit- und Umwelt eintreten zu
können, lässt sich ja gegenüber der animalischen Fertigkeit und
der göttlichen Vollkommenheit als Mangel deuten. Der Mensch ist
nicht Herr im eigenen Haus. Und wird es nie sein. Wie immer er
neuerdings in *life sciences* und Biopolitik, in Gen- und Reproduk-
tionstechnologie seinen Körper gestaltbar macht, nicht unter Kontrolle bringen lässt sich die expressive und vitale Eigenlogik des
Leibes.

Wie die außerweltliche Heilsvorstellung indes auf eine erlösungsreligiöse Befindlichkeit und Verfasstheit, ein anthropologisches Substrat der Heilsbedürftigkeit des Menschen bauen muss, ist auch die innerweltliche Glücksvorstellung an eine entsprechende Befindlichkeit und an die Erfahrung der Fraglichkeit und Zerbrechlichkeit des eigenen Selbst gebunden. Die theologische Anthropologie versieht den menscheneigenen Mangel und Makel mit einer dem Menschen inhärenten Bedürftigkeit und Sehnsucht, den Makel loszuwerden und von ihm erlöst zu werden, sich zu vervollkommnen und eins zu werden mit Gott. Das muss nicht sein. Theologisch-christliche Theologie ist demnach aber christliche Futurologie.[8] Die zeitgenössische, die philosophische Anthropologie ersetzt die Erlösungsvorstellungen durch aufklärerische Bildungs- und Vervollkommnungsvorstellungen, durch Konstruktion von Absolutheitszuständen und die Produktion von Utopien. Nicht das Himmelreich im Himmel, sondern weltliche Derivate dieser Heilsvorstellung werden ausgesonnen. Aber auch die innerweltliche Heilsvorstellung muss, wie die außerweltliche, auf eine entsprechende Befindlichkeit bauen. An die Stelle der religiösen, auf ein Jenseits gerichteten Erlösungsvorstellung tritt deshalb die aufklärerische Vervollkommnungsvorstellung.

Von irdischer Vervollkommnung kann indes (wie auch von überirdischer Erlösung) nur sinnvoll die Rede sein, wenn deutlich gemacht wird, von was der Mensch loskommen, was denn überwunden werden will und wohin und wozu er vervollkommnet werden soll: nicht nur, ob in einen Himmel oder in einen Himmel auf Erden, sondern ob von der Welt oder von sich selbst, von Begehrlichkeiten des Körpers oder von seelischem Leid? Endlos sind denn auch – dem aufklärerischen Gestus entsprechend – die Darstellungen von Imaginationen des Kommenden.[9] Einem fernen Ziel, einer wahren Natur, einem Reich der Freiheit, einem vollkommenen Zustand. Endlos sind auch die (korrelierenden) Kennzeichnungen des Menschen als eines unvollkommenen, leidenden und seufzenden, sündigen, dezentrierten, orientierungs- und ruhelosen Wesens.[10] Der moderne Mensch mit seinem Zug nach vorn sieht sich gerade derzeit angesichts der miserablen Weltverhältnisse infrage gestellt. Unüberwindlich ist der Gedanke, dass, wenn es in der Welt nicht stimmt, etwas mit ihm nicht stimmt. Wohl ist die Rolle, die der Mensch in der Erlösungskonzeption zu spielen hat, unterschiedlich beantwortet: je nachdem, wie geschichtsträchtig und autonom er gesehen und wie handlungsmächtig Gott eingeschätzt wird. Sei es die Befreiung vom Samsara, dem ewigen Kreislauf von Tod und Wiedergeburt im Buddhismus, handle es sich um den mittleren Weg des Tao bei Laotse oder die Befreiung der Menschen vom Zwang der Gestirne in der Gnosis, sei es die Erlösung der Menschen von der Erbsünde im Christentum oder das Streben der Kabbalisten.[11]

Die Vorstellung einer geheimen Teleologie, in die der Mensch hineingelegt und auf die hin er manchmal als Demiurg, als Akteur, der vorwärts strebt, manchmal als Geschöpf und Getriebener in der göttlichen Vorsehung oder in einer sich selbst verwirklichenden Geschichte treibt, spiegelt die Mächtigkeit eines Gottes, der sich in Verwandlungen im geschichtlichen Prozess inkarniert. In der Moderne nimmt sich der Mensch zwar aus jeder Vorsehung heraus und muss sich selbst vorsehen, sich selbst erlösen und der (ihm gnädigen) Erbsündenvorstellung entbehren. Immer aber bleibt der Mensch, was er alle Zeit war: ein Wesen, das unzufrieden ist mit sich, das verstrickt ist mit der Mitwelt und der Welt. Ein Wesen, das über sich hinaus will. Das verschwunden ist und nur, weil es überhaupt verwundbar ist, vom Schicksal anderer berührt sein kann.[12] Das eine konstruktive Schwäche hat und deshalb auch für den katastrophalen Zustand der Welt verantwortlich gemacht wird. Aber nicht immer will der Mensch das loswerden. Dieses ›Etwas‹ wird kulturell unterschiedlich gefasst und mit unterschiedlichen Lesarten versehen.[13] Es wird kulturell bearbeitet, von den Religionen umkreist und von den Glaubensvorstellungen mit Sinn versehen. »Weltoffenheit« lässt sich als Auszeichnung, als zu kultivierender Vorteil deuten.

In christlicher Sicht indes ist der menschliche Makel ein Resultat seines Abfalls, seiner Sünde. Würde er als Vorteil, als Gabe, als Geschenk, aus der die kulturelle Kraft des Menschen resultiert, gesehen, würde er ihn nicht loswerden wollen. Um zurückzukehren in einen endgültigen, erlösten, paradiesischen Zustand! Die Vorstellung einer Sünde, gar einer Erbsünde, ist der Moderne obsolet, obwohl Kompensationen wie die Gene an deren Stelle treten. Mit großer Selbstverständlichkeit aber werden heilsgeschichtliche Zustände in die moderne, die gottlose Fortschrittsgeschichte implantiert. Utopie ersetzt die Eschatologie. Ohne ein Endziel wären die weltlichen Fortschritts- und Emanzipationsvorstellungen vielleicht nicht sinnlos, aber weniger fordernd. In der christlichen Erlösungsvorstellung kann sich der Mensch indes nicht selbst aus

seiner Bedrängnis erlösen. »Wie nun durch *eines* Sünde die Verdammnis über alle Menschen gekommen ist, so ist auch durch
eines Gerechtigkeit die Rechtfertigung zum Leben für alle Menschen gekommen« (Röm 5,18) – mittels des Messias, wie immer
dieser zu den Menschen kommt. In der Moderne kehren die Paradiese also als weltliche wieder: als glücksverheißende letzte oder
dritte Reiche, als globale Weltgemeinschaft, als Kosmopolis, als
friedliches Ende der Geschichte – allesamt verweltlichte Derivate
der christlichen Heilsgeschichte. Auch weltliche Messiasse treten in
modernen Gewändern auf. Aber sie bleiben Prothesen missglück-
ter Selbsterlösung.[14]

Die ausgemachten, erhofften, phantasierten und mehr oder
minder deutlich ausgemalten Heilszustände sind also Korrelate
einer wie auch immer definierten oder angenommenen Erlösungsbedürftigkeit. Die Erlösungsvorstellung, ob sie nun auf einen Heiland oder auf den Menschen selbst baut, setzt Erlösungsbedürftigkeit, in welcher Form auch immer, voraus. Der Erlösungsvorstellung liegt letztlich, sei sie nun außerweltlich oder innerweltlich
gefasst, das Bild eines Makels, eines Stigmas, eines Stachels, eines
Mals zugrunde, das man loswerden will. Diesen Makel hat der
Mensch nicht nur zu bearbeiten, zu deuten oder zu bedenken –
sondern herauszuoperieren. Das Mal lässt sich zwar weiterhin, was
gar nicht mehr selbstverständlich ist, als Verletzung oder Auszeichnung, als Resultat eines Fehltritts oder als Heilszeichen deuten. Entsprechend ergeben sich natürlich unterschiedliche Formen
des Umgangs mit ihm. In der Erlösungsvorstellung seufzt der
Mensch unter der Last seines Lebens, unter seiner Unwissenheit,
seinem Leid, seinem Sterben-Müssen. In der Vervollkommnungsvorstellung leidet er unter seiner Begehrlichkeit, seiner Neigung
zum Übermaß, seiner Konkupiszenz. Der sündhafte Zustand ist in
christlicher Sicht ein durch die Erbsünde verursachter Mangel an
ursprünglicher Heiligkeit und Gerechtigkeit. Dieser Zustand
herrscht von Geburt an und ist nicht eine persönliche Tat (woraus
ja wiederum folgt, dass der Mensch sich auch nicht selbst davon
befreien kann). Die aufklärerische Sicht ist demgegenüber evoluti-
onär: Der Mensch steckt noch in den festen Überzeugungen einer
Vormoderne, die ihn knechtet und in seinen Emanzipationsbestrebungen niederhält.

Endlos reihen sich derart theologische und philosophische Ad-
jektivierungen des unvollendeten, provisorischen Menschen anein-

ander: als entthrontes (B. Pascal), verderbtes (J.-J. Rousseau), böses
(C. Schmitt), verkehrtes (S. Weil) oder exzentrisches (H. Plessner)
Wesen, als das kranke Tier (F. Nietzsche), als Störfall (J.B. Metz),
Seinsverlassener (M. Heidegger), Fremdling (E. Cioran) oder eben
Mängelwesen (A. Gehlen). Etwas stimmt nicht mit ihm. Er steht im
Nichts. Er führt eine prekäre Existenz. Eine Existenz, bei der er es
nicht belassen will. Die Vielfalt der weltlichen Erlösungsvorstellungen – Erlösung von der Ungerechtigkeit und Unvollkommenheit
der sozialen Ordnung, von politischer und sozialer Knechtschaft,
den Zwängen und Pressungen der Rationalität, von der unverbes-
serlichen Macht der Dummheit oder überhaupt von der irdischen
Welt des Leidens und der Pein – bedingen unterschiedliche Span-
nungsverhältnisse zur Welt, ihren Ordnungen und zu sich selbst. Es
erwachsen daraus Weltflucht, Weltablehnung und Welt- und Kör-
perüberwindungsvorstellungen, Orte der Seligkeit und des Friedens,
die sich als bunter Strauß in den modernen religiösen und weltlichen Programmen und Bewegungen finden. Aber die religiös bedingte Distanz zur Welt als einer Stätte unverdienten Leidens, als
Ort der Sünden und der Verderbtheit zehrt von der Imagination einer erlösten vollkommenen Welt und eines erlösten vollkommenen
Menschen. Insofern ist, wie Ludwig Feuerbach es fast ein Jahrhundert vor der philosophischen Anthropologie behauptet, die Anthropologie das Geheimnis der Theologie, insofern nicht der Mensch
gefallen, sondern Gott seine vollkommene Projektion darstellt.[15] Die
Jetztwelt gerät unter das Joch einer künftigen Welt. Die Zukunft
wirft ihren Schatten auf die Gegenwart. In der Mitte der Erlösungsvorstellung steht also nicht nur die Vorstellung eines wie immer gearteten Mangels, sondern die Hoffnung, diesen zu überwinden, von
ihm erlöst zu werden.

Aber doch nur, wenn das Mal als Defekt, der Stachel als stö-
rend, der Makel als plagend und die Unvollkommenheit als Schande gilt. Mit dem in den Vordergrund rückenden Ich, das sich des
ihm vermeintlich in seiner personalen Dignität bedrohenden christlichen Vorsehungsgedankens entledigt und sich aus ihm herausar-
beitet, erscheint aber dieses in neuer Beleuchtung. Das neuzeitliche
Ich beobachtet sich und sieht seinen Mangel. Es bemerkt, dass der
Mensch gerade aus seinem Mangel heraus frei ist. Dass die Freiheit
zugleich sein Mangel ist, seine Offenheit und sein Transzendenz-
vermögen sogar Folge des Mangels ist. Aus diesem Mangel resultiert doch die ungeheure Fülle der Kultur: Aus dem Mangel heraus

schafft er sich eine zweite Natur; eine Kulturwelt, die ihn vor der Natur schützt, in die er nicht zurückgebettet sein will. Der Mensch hat sich in seiner Geschichte faktisch, nicht theoretisch, immer gegen die Natur entschieden, auch gegen seine eigene. Immer hat er an sich herumprobiert und korrigiert. Die Geschichte ist eine Geschichte seiner Korrekturen. So wird der Mangel in seiner Doppelgesichtigkeit erkennbar: als Bedrohung, aber auch als grandioser Ursprung kultureller Vielfalt.

Die Anthropologie gerät damit in einen eigentümlichen Widerspruch: Sie hebt einerseits die Autonomie und Geschichtsmächtigkeit des Menschen hervor und betont andererseits gleichzeitig seinen unseligen Zustand. Sie erörtert den Mangel und lässt die Schaffenskraft und die Kultur gleichzeitig aus dem Mangel erst hervorgehen. Sie will den Widerspruch futurologisch aufheben und sieht in ihm gleichwohl das Agens, immer wieder etwas aus sich zu machen, die eigene Existenz kulturell zu gestalten. In der theologischen Anthropologie, in der Anthropologie, die den Menschen von Gott her denkt, ist der Mensch endlich und sündig. Er hat sich ob des Sündenfalls seiner Nacktheit zu schämen. Der Schurz, den er sich zur Bedeckung seiner Blöße verfertigt, ist gleichzeitig die Abkehr vom Naturdasein und der Übergang in ein kultürliches. Er leidet und muss arbeiten. Arbeitend schafft er indes das großartige Schauspiel der Zivilisation. Im christlichen Weltbild ist der Mensch im Vergleich zu Gott unvollkommen und nichtig – der *Homo peccator*. Aber er muss sich nicht selbst erlösen. Ein allmächtiger und allgütiger Gott hilft ihm dabei. Aber indem er sich zu ihm herablässt, indem er sich auf die Ebene des Menschen begibt. Verschwindet Gott, muss der Mensch sich selbst helfen. Gerade die Selbsterlösungskonzeption führt zu jenem gigantischen Aufwand, den luxurierende Multioptionsgesellschaften betreiben. Er will sich selbst vervollkommnen. Göttlich werden. Kontrastiert doch seine Sündigkeit und Begehrlichkeit, seine Gottesferne, Verlorenheit und Sterblichkeit in der biblischen Anthropologie mit der Vollkommenheit Gottes, in der biologisch-philosophischen mit der Fertigkeit des Tieres oder mit Wunschvorstellungen vom perfekten Menschen. Und kollidiert doch seine Aggressivität mit himmlischer Güte, seine Lieblosigkeit mit romantischer Liebe.

Insofern nehmen die biologischen und die philosophischen, die nicht explizit biblischen Anthropologien die Eckpunkte der christlichen Vorstellung und damit der theologischen Anthropologie in vielfacher Hinsicht auf. Die Deutung des Menschen als unfertiges, unvollkommenes, mit einem artspezifischen Mangel oder Makel stigmatisiertes Wesen einerseits, das Festhalten an der Vervollkommnungsvorstellung in einem diesseitigen Jenseits andererseits. Die Welt gilt es nicht mehr zu verlassen, sondern zu bessern. Schwach, aus zu krummem Holze, als dass er je wieder gerade werden kann, muss er an sich arbeiten. Die gewonnene Autonomie, diese selbstherrliche Selbstmachtsteigerung des Menschen, der sich selbst in die Hand gibt und das Drama von Schuld und Erlösung »in sich selber« zu Ende spielen muss (Nietzsche), zieht angesichts der offenkundigen Vergeblichkeit der Versuche jene Ernüchterung nach sich, von der so viele Zeugnisse berichten.[16] Aber weiterhin nur unter der Voraussetzung, dass er in sich eine Erlösungsbedürftigkeit spürt, dass sein Erleben mit der Erlösungsvorstellung korreliert.

Solche Umbesetzung des Mangels findet sich in der klassischen Kulturanthropologie immer wieder. So grenzt Arnold Gehlen seine Anthropologie explizit gegen Versuche, den Menschen von einem Jenseits der Welt her zu verstehen, ab.[17] Unter Rückgriff auf Herder, der hundert Jahre vor Gehlen im Mangel das konstitutive Element der menschlichen Existenz vermeint zu sehen, sieht er den Menschen gleichwohl als Mängelwesen und hält es für vertretbar, diese »überprägnante« Ausdrucksweise zu verwenden. Ob der Mensch, wie Rousseau meint, ursprünglich instinktsicher und vollkommen war, und diese Sicherheit durch seine Zivilisierung verloren hat, sei dahingestellt. Gehlen zufolge wäre jedenfalls ein Zurück zur Natur eine Programmatik, die das Menschsein und seine Kultürlichkeit völlig verfehlt.[18] Dass das Tier keinen Mangel hat und auf seine Weise vollkommen ist, heißt nicht, den Menschen zu vernatürlichen. Für Gehlen ist der Mensch ein Wesen, das die ihm mangelnden Instinkte durch Kultur kompensieren muss. Gehlen verweltlicht damit die theologische Auffassung vom Menschen, der seine Unvollkommenheit an der Vollkommenheit Gottes misst und zu einem desaströsen Ergebnis kommt. Kultur ist weiterhin das Resultat des Herausgefallenseins des Menschen aus Natur und Welt. Kultur ist Ausdruck der fundamentalen menschlichen Ungesichertheit, aus der immer neue Gestaltungen des Denkens, des Arbeitens, des Lebens hervorgehen.

Der Mensch ist weniger, wie Nietzsche es genannt hat, ein missratenes, sondern eher ein entfesseltes Tier. Er ist nicht festgelegt, nicht eingespannt in bewusstlose, instinktgeleitete Handlungsketten. Es fehlen die angeborenen Programme. Der Verlust der Instinktsteuerung führt zu einem Antriebsüberschuss, zu einer Entbergung und einem Sich-Öffnen zum Sein, zur Welt, zum Anderen und auch zu sich selbst. Gewiss auch zu einer Entdifferenzierung und Enthemmung. Die Weltoffenheit ist nicht per se, wie im heutigen Sprachgebrauch, etwas nur Positives, sondern treibt Menschen und Menschheit immer wieder zu zerstörerischen Aktionen an. Deshalb gibt er sich Institutionen und Strukturen, die dem Leben eine Form geben und ein Gleichgewicht verbürgen. Seine offene Plastizität, seine Unzufriedenheit mit dem, was ist, verbürgt die ungeheure und grandiose Vielfalt an Kultur. Die Einsicht in die Offenheit und Entscheidungsfreiheit, in die Unergründlichkeit und Nichtfixiertheit und die dadurch ermöglichte kulturelle Vielfalt mit ihren großartigen Leistungen leitet eine andere Bewertung des Mangels, des Mals ein.

Der Mangel als Stärke! Das ist die Kurzformel. Eine Deutung, die für die Erlösungsvorstellung Probleme birgt, weil diese im Mangel eine Behinderung sieht. Aber warum soll der Mensch sich davon erlösen, wenn er nur kraft dieser Gefährdung leben kann? Die Herauslösung des Individuums aus der Artgebundenheit, die Abschüttelung des »Umweltbannes«, wie es Max Scheler genannt hat, ist Aufgabe und Chance.[19] Der Mangel wird in solcher Lesart zur Herausforderung, das Mal bedarf der Bearbeitung. Die Herauslösung aus Natur und Umwelt ist nicht Folge eines Vergehens gegen Gott, sondern macht den Menschen erfinderisch. *Homo inveniens. Homo ludens.* Vom *Homo peccator* zum *Peccator felix.* Das ist seine Metagestalt. Das in der düsteren Färbung der Erbsündentheologie gehaltene Menschenbild wechselt die Farbe. Die fundamentale Ungesichertheit der menschlichen Existenz bedeutet gleichzeitig die Möglichkeit, sich zum Sein, zum Leben, zur Welt, zum Anderen und zu sich selbst zu verhalten und zu entscheiden. Der Abfall von Gott oder der Herausfall aus der Natur hat den Menschen nicht nur befreit, sondern frei gemacht für unterschiedliche Umgänge mit sich selbst.

Seine Unbestimmtheit emanzipiert ihn nicht nur von Klima, Raum und Milieu.[20] Er schafft sich nicht nur seine Heimaten, konstruiert sich seine Wohnstätten, erzeugt seine Beziehungen. Seine biologische Schwäche ist seine Stärke, seine Wurzellosigkeit ist gekoppelt mit dem ingeniösen Vermögen, im Überall Wurzeln zu schlagen. Kultur ist immer auch Entbergung, nicht nur Verdeckung, immer auch Demonstration, Zeigen. Diese Umdeutung des Mals macht dem Menschen die Welt von einem Jammertal zu einer Aufgabe. Der Mensch, ein exzentrisches Wesen, ortlos, zeitlos, ins Nichts gestellt, muss das Nichts, sein eigenes und jenes der Welt, zu Kultur umarbeiten. Eine vielfältige Begrifflichkeit umschreibt den Menschen als oszillierend zwischen Körper-Sein und Körper-Haben, zwischen Seele und Geist, zwischen unabhängig und abhängig, zwischen unbedingt und bedingt. Im Christentum wird das Bedingte zum Unbedingten, der Körper zum Geist, die durch die Sünde kontaminierte natürliche Ordnung in eine übernatürliche umgeschrieben. Die Menschengeschichte ist eine Geschichte der endlosen Versuche, aus dem Unbestimmten Bestimmtheit und Bestimmung zu machen. Der Mensch will entdecken, erschließen und erfinden, er muss sich in ein Gleichgewicht bringen, er muss eine künstliche Existenzform als Komplement der verlorenen Natürlichkeit schaffen. Aber er muss das nicht als seinen Nachteil betrachten. Seine fundamentale Ungesichertheit ist sein Vorteil. Endgültigkeit, Gewissheit, Totalemanzipation gewähren allenfalls Religionen: »Wer nach Hause will, in die Heimat, in die Geborgenheit, muss sich dem Glauben zum Opfer bringen. Wer es aber mit dem Geist hält, kehrt nicht zurück.«[21]

Die biologische Anthropologie öffnet sich, zwar anders als die philosophische, diesem Denken. Adolf Portmann hat, in Abgrenzung von Gehlens Konzeption, darauf verwiesen, dass der »relativen Schwäche der Instinktorganisation« beim Menschen eine »gewaltige Steigerung anderer, zentraler Antriebssysteme« gegenüberstehe, hervorgerufen durch die Steigerung der »Masse der Hirnrinde und ihrer Bahnen«.[22] Diese Steigerung steigert das menschliche Vermögen. Dass der Mensch durch die Ausbildung von Sprache, Kultur und Technik seine Mängel und Nachteile in Vorteile verwandelt, verwandeln kann, ist zwar der philosophischen Anthropologie nicht selbstverständlich. Schon der Begründer der philosophischen Anthropologie, Johann Gottfried Herder, hat darauf hingewiesen, dass der Charakter der menschlichen Gattung zunächst aus »Lücken und Mängeln« bestehe. Das neugeborene Menschenkind sei im Vergleich zu den Tieren das »verwaisteste Kind der Natur. Nackt und bloß, schwach und dürftig, schüchtern und unbewaffnet«.[23] Aber: Die Natur stieß ihn aus, damit er sein eigenes Nest bereite.[24] Darüber hinaus allerdings ist der Mensch für Herder mit einem Richtungssinn ausgestattet. Er möchte, so Herder, und wieder erklingt die theologische Sicht, Gott ebenbildlich werden. Damit entgeht der Mensch dem »mörderischen Ungefähr«: »Den Thieren gabst du Instinct, dem Menschen grubest du dein Bild, Religion und Humanität in die Seele: der Umriss der Bildsäule liegt im dunkeln, tiefen Marmor da; nur kann er sich nicht selbst aushauen, ausbilden. Tradition und Lehre, Vernunft und Erfahrung sollten dieses thun, und du ließest es ihm an Mitteln dazu nicht fehlen.«[25] Claude Lévi-Strauss sieht im Menschenaffen ein regressives, befangenes, dem Menschen unterlegenes Wesen.[26] Hermann Friedmann taxiert den Affen als verpfuschten Menschen, ist doch bei ihm die Gesichtsentfaltung zu weit gegangen. Die Natur erlaubte dem »Affengesicht die Tendenz zur Augenannäherung zu übertreiben und dann den verpfuschten Kopf auf die Brust zurückzusinken. Der Affe ist ein Kopfhänger.«[27] Wie immer die theologische Abkunft der anthropologischen Vorstellungen, die den Herder'schen Vorstellungen noch eingeschrieben sind, abgeschwächt ist – ihre Überlegungen bleiben noch den modernen Fortschrittstheorien eigen.

Die Anthropologie hat, so die Überlegungen, die Frage nach dem Wesen des Menschen gestellt. Seit der Aufklärung wird der Wert des Menschen, seine Emanzipation von Gott und der göttlichen Vorsehung in den Vordergrund gerückt. Aber die Aufklärung bleibt weltliche Erbin der theologischen Sicht des Menschen, so wie die Aufklärung die weltliche Erbin der christlichen Heilsgeschichte ist. Das Fortdauern der extremen Dezentrierung des Menschen wird in der biblischen Heilsgeschichte als Geschichte der Vertreibung aus dem Paradies, der Erbsünde, des Sterbens und des Todes – und auch der Erlösung – fortgeschrieben. Wenn Niklas Luhmann sinngemäß argumentiert, dass die Erbsünde ein »bisher kaum erreichtes, geschweige denn übertroffenes Schema der Selbstbeobachtung« sei, weil es auf kommunikativer Ebene zur moralischen Selbstverurteilung gezwungen und zur Mäßigung moralischer Kritik aufgerufen habe, so wendet auch er die Erbsünde ins Menschliche, ins Menschengnädige.[28] Ein vergangenes Ereignis macht den Menschen einerseits frei, denn möglich ist diese Geschichte nur unter der Voraussetzung, dass Gott den Menschen mit einem freien Willen ausgestattet hat. Andererseits ist dieser freie Wille infolge von nicht selbst getroffenen Entscheidungen für alle Zeiten eingeschränkt und bleibt der Verfügungsmacht entzogen –

oder in die Peripherien der Umwelten verschoben. Der Mangel, an
dem der Mensch leidet, wird auch in der zeitgenössischen Psychologie und Soziologie immer wieder der menschlichen Verantwortung entzogen. Der Mensch erlangt nicht einmal über sich voll-
ständige Klarheit. Er besitzt sich nie vollkommen. Er braucht, so die
christliche Vorstellung, deshalb einen Erlöser. Aber nur unter der
Voraussetzung, dass er vollkommene Klarheit, auch über sich,
erreichen will. Dadurch würde indes der Mäßigungsvorstellung der
Boden entzogen.

Um auch die Mäßigungsvorstellung in Kraft zu halten, sind an
die Stelle der christlichen Unschuldsvermutung zeitgemäße Kom-
pensationskonstrukte getreten, die im Prinzip, wie die genetische
Ausrüstung oder die frühkindliche Prägung, vergleichbar gnädige
Funktionen haben. Unterschiedlichen Disziplinen zufolge sind wir
nicht oder nicht nur verantwortlich für uns und unser Tun und
Lassen. Die Bedingungen für das Leben sind in ihrer Entstehung
unsicher, nicht einmal sicher in diesem Sonnensystem entstanden.
Unser Leib ist nicht nur ein Produkt der Erde, sondern wir bewah-
ren in ihm Spuren von uralten Ereignissen im Kosmos auf.[29] Die
Menschwerdung, wie sie die Evolutionsgeschichte deutet, schleppt
Reste der tierischen Vergangenheit mit, die in Praktiken wie in der
mit Sexualität verbundenen Fortpflanzung, in kultürlichen Über-
formungen noch prinzipiell mit Animalischem verzahnt sind. Die
biblische Annahme, in der Fortpflanzung werde die Erbsünde wei-
tergegeben, ist in dieser Sicht eine volksnahe Erzählung. Diese
Doppel-Verfasstheit des Menschen, die Tatsache eben, dass wir
Mensch und Tier, Geist und Leib sind, führt zu endlosen Auseinandersetzungen, in der Jugend mit den Trieben, im Alter mit den
Gebrechen. Die christliche Erlösung will genau genommen von
dieser Entlastung entladen, obwohl allen genannten Erzählungen
eigen ist, dass sie dem Menschen gnädige Geschichten sind, Geschichten, die ihn von der vollen Last der Verantwortung und der
Freiheit entlasten. Weil er einen Makel hat, für den er nichts kann,
kann er diesen Makel auch nicht selbst beseitigen. Dieser Makel
reicht in die Vorgeschichte der Menschen zurück, eine Vorgeschichte, die dem menschlichen Vermögen unerreichbar ist.

Moderne Geschichten, insbesondere jener Wissenschaften, die
das Tun und Lassen der Menschen aus ihrer Umwelt oder Mitwelt,
ihrer Biographie oder ihren Erlebnissen erklären wollen, lassen
sich deshalb ebenfalls als moderne Abwandlungen der biblischen

Geschichte verstehen. Sie betten das gottverlassene Subjekt in seine Herkunft, seinen Kontext, die gesellschaftlichen Verhältnisse ein und nehmen ihm damit die Last der Verantwortung ab.[30] Wie Theologie den Menschen vom Kulturwesen zum Geschöpf Gottes erhoben hat, wird der Mensch in den modernen Wissenschaften vom Kulturwesen zum Sozialwesen herabgestuft. Aber hier wie dort, wo immer Nöte und Schwierigkeiten auftauchen, versucht man, sie gemäß dem biblischen oder eben jetzt dem sozialwissenschaftlichen Wirklichkeitsverständnis durch »eine Veränderung dieser Umstände zu beheben«.[31] Das in der Aufklärung gnadenlos entbettete und freigesetzte Subjekt versichert sich der noch verbliebenen Ersatzdecken, seiner Herkünfte, seiner Biologie, seiner natürlichen Verfasstheiten. Will der Makel beseitigt, das Stigma zum Verschwinden gebracht werden, resultiert eine eigentümliche Aporie. Die Befreiung vom Makel befreit von der durch ihn, wie immer er ausgelegt wird, implizierten Entlastung. Werde er nun in der Herkunft, den gesellschaftlichen Verhältnissen, Leib- und Triebresten gesehen.

Die Seele ist eine kleine Gestalt, ein kleiner Engel mit Flügeln, der aus dem Körpermund der Sterbenden herausschießt und davonfliegt.[32] So die traditionelle Ikonographie. Ihre Stelle nimmt nun modernitätsgemäß das Subjekt ein. Die aufklärerische Wissenschaft will tätig werden, um das Subjekt zu befreien: von Vorurteilen, tradierten Gewissheiten, überkommenem Autoritätsglauben und Frömmigkeit. Auch vom Körper, der hinderlich dem Intellekt und dem Geist entgegensteht. Insofern ist die Erfindung des selbstverantwortlichen Subjekts gnadenlos. Denkmöglich ist indes ein anderer Umgang mit dem Mangel, eine andere Anthropologie. Der Mangel wird umgedeutet in einen Vorteil. Das Mal wird zur Auszeichnung. Der Körper wird, wie Jean-Luc Nancy sagt, »entschrieben«, seine Wunde hergezeigt.[33] Dem Elendskörper entwächst eine Forderung. Der Entscheid gegen die Natur und gegen die eigene Körperlichkeit wird rückgängig gemacht. Der Stachel will nicht gezogen, sondern als Energiespender gepflegt sein. Der Infekt ist keine Krankheit zum Tode, sondern Spender des Lebens. Instinktreduktion als Steigerung der Reflexion! In der Zeugung wird nicht eine Krankheit übertragen, sondern neues, neugieriges Leben. Das Ende der Erlösungsvorstellung bedeutet nicht das Ende der Heilsbotschaft, sondern leitet eine Neudeutung ein. Nicht der gekreuzigte und begrabene, sondern der auferstehende Christus, der seine Wundmale triumphierend herzeigt, rückt ins Zentrum.[34] Zum Schlüsselereignis wird nicht die Passion, sondern die Inkarnation des Fleisches und die Auferstehung des Leibes. Hat Christus mit der Annahme der unvollendeten menschlichen Natur nicht einer unvollendeten Geschichte das Wort geredet?[35]

4. Stigma als Heilszeichen

In radikaler Verkürzung lässt sich die Menschengeschichte als Geschichte lesen, die zwischen Verbergen und Zeigen, zwischen Verschließen und Öffnen oszilliert. Gleich wie benannt wird, was zu verdecken oder zu demonstrieren ist, als Mal, als Defekt, Blessur, Mangel oder als Stigma; schon in ihrem selbst gegebenen Titel ›offene Gesellschaft‹ bekennt sich die moderne Gesellschaft zur Transparenz, zur Öffnung, zum Zeigen. Öffnung und Offenheit sind, gegenüber Verschließung und Verschlossenheit, in der Moderne in jeder Hinsicht privilegiert. Gezeigt und nicht mehr verborgen werden wollen nicht nur die Triumphe und Siege, sondern auch die gesellschaftlichen und persönlichen Defekte, die Schwierigkeiten, Unstimmigkeiten, Unwägbarkeiten. Aufklärung hieß und heißt immer auch Aufklärung und Sichtbarmachung von Not und Leid der Menschen; und Freiheit bedeutete immer auch den Versuch, von Not und Abhängigkeiten zu befreien.

Die Christusgeschichte ist in dieser Hinsicht durchaus doppeldeutig. Alles hat, auch in ihr, seine Zeit. Zeit für Heil, Zeit für Unheil. Jetzt ist Zeit nicht für das Gehen, sondern das Kommen des Herrn.[1] Gott lässt sich zu den Menschen herab und lebt ihr Leben. Zu sehr vielleicht steht bislang die Passion Christi, sein Leiden und Sterben im Mittelpunkt der Heilsbotschaft. Rückt das Kommen des Herrn in den Vordergrund, rückt die Bedeutung der Leidens- und Grabesgeschichte in den Hintergrund. Dass sie, die Auferstehungsgeschichte, trotz großartiger Darstellungen in der bildenden Kunst seit dem neunzehnten Jahrhundert erst Kontur gewinnt, hat verworrene Gründe. Es ist schwer zu sagen, ob es eher

theologische oder eher soziologische sind. Die Theologie oszilliert
ja zwischen Gott und der Welt und legt das Gewicht manchmal
mehr auf die eine, manchmal mehr auf die andere Seite. Nach dem
Ersten Weltkrieg wird die Gottheit Gottes betont, nach dem Zweiten die Weltlichkeit der Welt. Das dritte nun angebrochene Jahrtausend versucht, diesen Gegensatz zu überwinden und bemüht sich
um eine Korrelation von Diesseits und Jenseits, von Heilsgeschichte und Menschen- bzw. Weltgeschichte. Das ist ja auch der Ausgangspunkt dieser Überlegungen. Die Wirklichkeit Gottes und die
Wirklichkeit der Welt stehen nicht additiv zueinander, sondern
wollen aufeinander bezogen sein.[2] Die in den Vordergrund rücken-
de Wirklichkeit der Welt, als Selbst- und Realitätsverhältnis des
modernen Menschen, öffnet Welt und Menschen und kulminiert
in der ›offenen‹ Gesellschaft.

Dementsprechend wird die überkommene Erlösungs-Semantik
in Zweifel gezogen. Der Einspruch gegen die theologische Spaltung
des Menschen in einen sündigen Leib und eine heilfähige Geistig-
keit wird in der Lebenspraxis des modernen Menschen offenbar.
Der Leib wird in der Welt und bei Gott in seiner Bedeutung für das
Menschsein und für die Menschwerdung Gottes gesehen. Ohne auf
die Ehrfurcht gebietende Fülle theologischer Bemühungen über die
Bedeutung des Leibes einzugehen und auch ohne die Feinheiten
einer Aufspaltung der Konkupiszenz in eine ursprüngliche, jeder
schuldhaften Begierde vorausliegenden, menscheneigenen und
unverschuldeten Neugierde zu bemühen, lässt sich sagen, dass im
christologischen Zyklus der Leib bzw. der Körper (eine Unterscheidung, die merkwürdigerweise theologisch irrelevant ist) Ausdruck
unterschiedlicher religiöser Inhalte ist.[3]

Ganz offenkundig hat sich indessen in der Moderne eine Wandlung vom leidenden, geopferten, erpressten und gemarterten Leib
zu einem aus und mit seinem Leid lebenden, seine Nacktheit und
seine Stigmata herzeigenden, öffentlichen Leib abgespielt. Gewiss,
die Auferstehung des Leibes in Kunst und Literatur und seine Zurschaustellung in Wissenschaft und sensationellen Ausstellungen
hat viele Facetten. Wie ein von innen her beleuchteter Astralleib
erhebt sich, etwa bei Matthias Grünewald im Isenheimer Altar,
Christus und zeigt seine überirdisch leuchtenden, stigmatisierten
Hände her. Zwar ist schon die Nacktheit, der Auslegung der Para-
diesgeschichte gemäß, unzüchtig und heidnisch. Die Scham ist
bibelgemäß Folge der ersten Sünde. An der endemischen und sich

selbst überbietenden, exaltierten Zeigefröhlichkeit von künstlerischen Darstellungen – bis hin zur Pornographie – wie auch an der ans Licht der Medien drängenden Umwertung des Schmerzes in bestimmte Szenen (wie etwa der Sadomaso-Szene[4]), ganz zu schweigen von der Veröffentlichung und Verfilmung von extremen Misshandlungen und Marterungen, lässt sich das zunehmende Hervortreten des Leibes von Jahrzehnt zu Jahrzehnt, von Jahr zu Jahr verfolgen.[5] Auch, natürlich in seinen grausamen Seiten. Dass im Zuge dieser Befreiung und Entstigmatisierung der Sexualität auch der Geschlechtsakt, der ja theologisch einerseits durch die Weitergabe der Erbsünde im Zeugungsakt belastet ist, andererseits aber zu einer Mäßigung der Selbst- und Fremdkritik zwingt, in selbstverständlicher Weise veröffentlicht und beobachtet wird, ist hinreichend beschrieben, wenn auch nicht in seiner kathartischen Wirkung bezüglich der Erbsündenlehre gesehen.

Aber das ist nur die in die Augen springende Oberfläche. Das Hervortreten des Zeigens gegenüber dem Verbergen ist Ursache und Folge des Selbstgeständnisses, sich nicht selbst erlösen zu können. Im Verlaufe der Emanzipationsbestrebungen hat sich der Mensch zwar Zug um Zug aus den Abhängigkeitsverhältnissen herausgelöst. Gleichzeitig hat er sich seine Unvollkommenheit und die Unmöglichkeit einer Selbstvervollkommnung eingestehen müssen. Es lassen sich, so Sören Kierkegaard, zwei Formen der Verzweiflung unterscheiden: sich abstrampeln in Notwendigkeiten oder sich abstrampeln in Möglichkeiten.[6] Kierkegaard selbst hat sich der Verzweiflung und ihres Grundes zu vergewissern versucht. Denn in den Formen der Verzweiflung enthüllt sich die eigentliche Verfasstheit des Menschen. Zum Vorschein kommt jene Unvollkommenheit und Ungesichertheit, von der nicht nur in der theologischen Lehre vom Menschen, sondern auch in der überkommenen Anthropologie die Rede ist. Der sich aus den alten Gewissheiten herauswindende Mensch erkennt sich und erkennt die Notwendigkeit, sich und die Welt zu bearbeiten.

Aber das heißt nicht, dass er seine Unvollkommenheit, sein Nicht-zufrieden-Sein mit sich selbst zu verbergen hat! Und schon gar nicht endgültig, total überwinden und erledigen muss! Die Erlösungsreligion impliziert, dass der Mensch immer und jederzeit seiner konstitutiven Schwäche entkommen möchte – wenn auch, weil er es nicht aus eigener Kraft schafft, mit Hilfe eines Erlösers. Auch die verweltlichte Heilsvorstellung, in der das Jenseits im

Diesseits angesiedelt ist, in der es nicht um eine Flucht aus der Welt, sondern um eine Flucht mit der Welt nach vorn geht, zehrt zunächst von dieser Verfasstheit. Je stärker sich indes der Eindruck darstellt, dass, wo immer das Dort gesucht wird, die erlösende Bewegung in eine endlose Dynamik hineingerät und die Kluft zwischen Hier und Dort vertieft wird, desto mehr verstärkt sich die Auffassung, dass das Stigma, das Mal, der Makel und die aufgegebene Unverfügbarkeit nicht, wie heilsgeschichtlich suggeriert, trotzig überwunden, sondern anerkannt werden kann.

Im Unverfügbaren wird seit je ein Grund für die Wiederkunft der Religion gesehen. Je unüberbrückbarer sich die irdischen Spannungen und Differenzen herausstellen, desto mehr tritt, so noch einmal Max Weber, das Bedürfnis nach außerweltlicher Erlösung hervor. Je unvollkommener, ungerechter und letztlich sinnloser sich die Welt erweist, desto entschiedener drängt sich das Bedürfnis nach Erlösung in einer anderen Welt auf. Aber ist nicht auch die Abkehr von der Hoffnung auf Erlösung denkbar? Lässt sich die Erlösung als erlösendes Anerkennen eines Nicht-erlöstsein-Könnens deuten? Ein entsprechendes Umdenken des menscheneigenen Zustandes muss doch keineswegs in Gleichgültigkeit und Apathie führen. Probleme wollen weiterhin gelöst, bearbeitet oder mit Sinn versehen, aber nicht mehr ultimativ, ein für allemal erledigt werden. Das bedeutet keineswegs das Ende einer Religion, die ihre Stärke aus einer ›erlösenden‹ Bearbeitung des Makels zieht. Sondern ihre Neugeburt.

Für die Religion, die Unsterblichkeit, Erlösung vom Makel und unendliche Einheit, Eindeutigkeit, Harmonie und Identität verspricht, ist diese Denkmöglichkeit eine ernste Herausforderung. Wer stolz auf seine Blöße ist, braucht sich nicht zu verstecken und zu schämen. Wer seinen Überschuss als Geschenk ansieht, als Kapital, aus dem es etwas zu machen gilt, braucht ihn nicht niederzuhalten. Wer die Kultur nicht als tragische Kompensation eines Mangels betrachtet, sondern als triumphale Konzeptualisierung und Objektivierung eines menscheneigenen Wollens und Könnens, entwickelt ein anderes Verständnis seines wie immer auch schmerzlich empfundenen Mangels. Wenn die Spannung also nicht nach dem Pol der Immanenz (wie durch die Diesseitsreligionen) oder der Transzendenz (wie durch die Erlösungsreligionen) aufgehoben werden will, sondern überhaupt nicht, wo bleibt dann Platz für die Wiederkehr jener Religion, die Erlösung verspricht?

Wer seine Unzufriedenheit nicht loswerden will, braucht schließlich keine Erlösung. Wenn nun also die Rückkehr der Religionen angesagt ist, wird man fragen müssen, welchen Platz sie einzunehmen hat – besser: wo ein Platz für sie frei ist.[7]

Der Mangel wird ja zunächst angesichts auch der diesseitsreligiösen Veranstaltungen, die zwar Räume und Lichtungen erzeugen, in der religiöse Hoffnungen ihren Platz finden, aber in die Begegnung mit dem eigenen Selbst einmünden, sichtbar. Man wird ihn so wenig los, wie man sich selbst los wird. Die Psychokulte, die diesseitige Erlösung andienen, fallen hinter die Sinngebungen der Hochreligionen, in denen gerade die diesseitige Erlösung verneint und dafür die jenseitige angeboten wird, zurück. Denn unüberwindlich ist alles Handeln, auch die Hingabe und Liebe über sich selbst hinaus an andere, in die gleiche Schuld, ins gleiche Leid verstrickt. Die Erlösungsvorstellung entsteht, wenn Lösungen unmöglich erscheinen. Das Gottesmal, wie man die Blessur der Menschen nennen könnte, ist mit einer nicht zu bändigenden, nicht abzutötenden Energie versehen. Auch wenn die Evolution des Menschen abgeschlossen wäre, so strömt diese Energie täglich hunderttausendmal (an den Geburten abgerechnet) in die Welt. Eine Energie, die gerade dem Mangel entspringt. Damit macht das Mal, der Mangel, das Stigma einen Funktionswandel durch, der auch die christliche Heilsbotschaft verwandelt. Ausgreifende Arbeiten sind über die Techniken ihrer Verbergung und ihrer Bewältigung geschrieben worden. Staunenswert sind in der Tat die Anstrengungen, die Stigmatisierten mit Bewältigungstechniken zu versehen. Die Innovationskraft der Technik ist geblieben – aber nicht nur, um das Stigma zu verbergen, sondern dieses zu veröffentlichen und zu zeigen. Es ist Mode geworden, nicht nur sein Leid, sondern auch seine Defekte zu outen.

Die Christologie lässt sich deshalb nicht nur als eine Propädeutik zur Soziologie sozialer Ordnung lesen. Die Soziologie lässt sich in ihrer Behandlung des Stigmas umgekehrt auch als Veranschaulichung der Christologie beiziehen. Während im alltäglichen Sprachgebrauch die ursprüngliche Bedeutung von Stigma als körperliches Mal, als Narbung der Haut, als Brandwunde etc. durchaus präsent ist, sind in Sozialpsychologie und Soziologie Stigmatisierungen Ergebnisse sozialer Definitionsprozesse.[8] Sie dienen der Erhaltung der Identität durch Ausgrenzung von Einzelnen und Gruppen, die sich durch abweichendes Verhalten auffällig gemacht haben. Es handelt sich um eine Praktik der Ausgrenzung, die seit dem Altertum mittels physischer Kennzeichnung, durch das Einbrennen eines Zeichens, das Abschneiden von Körpergliedern, durch Tätowierung und anderes mehr zum Ausdruck gebracht worden ist.

Die Stigmatisierung hat schon immer die Möglichkeit eingeschlossen, die Male in Zeichen des Heils oder in eine Gottesgabe umzugießen. Außenseiter, Häretiker, Revolutionäre, besonders auch Charismatiker waren immer willens und häufig auch in der Lage, ihre Stigmatisierung in charismatische Sendung, in Prophetentum oder politisches Führertum zu verwandeln. Und insbesondere Selbststigmatisierer versuchen, den »Spannungsbogen von sozialer Abweichung, sozialmoralisch zugeschriebener Schuld und resultierender Ächtung heroisch zu durchbrechen«.[9]

Stigmata gehören darüber hinaus wie Visionen, Offenbarungen, geistliche Brautschaften, Bilokationen und Levitationen, Unverwundbarkeit und Unverweslichkeit zu den (katholisch-)kirchlich anerkannten charismatischen Phänomenen. Das Wort Stigma erscheint in diesem Zusammenhang zuerst im Neuen Testament innerhalb des Corpus Paulinum (Gal 6,17). Paulus schreibt dort, dass er die Stigmata Jesu an seinem Leib trage. Gemeint ist das (periodische) Erscheinen der fünf Wunden Christi, der Nagelmale an Händen und Füßen und der Speerverletzung an der Brust. Der erste nachbiblische, stigmatisierte Heilige ist Franz von Assisi, der am 14. September 1224 am Monte La Verna stigmatisiert wurde. Einen Monat zuvor hatte er zu fasten begonnen. Am Tag der Feier des Heiligen Kreuzes, am 14. September trug es sich der Legenda Aurea zufolge zu, »dass Franziskus auf dem Berge Alverno weilend mit innigster Liebe den gekreuzigten Heiland betrachtete, und wie er glühend vor Sehnsucht sich zu Gott erhebt im Gebete, erscheint ihm eine Gestalt, gleich einem Seraph am Kreuze hangend. Zwei leuchtende Flügel waren über sein Haupt erhoben, zwei waren zum Fliegen ausgespannt, zwei umhüllten den Körper. Als der Heilige diese himmlische Gestalt schaut, ergreift Wonne und Schmerz zugleich sein Herz: er sieht leuchtende Strahlen auf seine Seite, seine Hände und Füße niedersinken und in diesem Augenblicke empfängt er die Wundmale Jesu an seinem Leibe.«[10]

Die christologische Deutung des Stigmas und der Stigmatisierung enthält einen in der Stigmatisierung des Franz von Assisi bereits angelegten, gegenüber der interaktionistisch-soziologischen

Auffassung freilich entschieden veränderten Sinn. Im christologischen Modell, prototypisch in der Passion Christi, werden in den
drei Tagen von der Anklage, der Geißelung, der Kreuzigung bis zur
Auferstehung die Schmerzensmale in Zeichen des Heils verwandelt und in der Auferstehung feierlich hergezeigt. Das Herz Jesu,
seine Hände und Füße. Voller Ehrfurcht und Bewunderung wir die
Stigmatisierung auf den Fresken von Giotto in der Basilika des
heiligen Franziskus in Assisi dargestellt. Die Stigmata des heiligen
Franziskus werden andachtsvoll betrachtet und begutachtet. In
einer Szene hebt ein Mitbruder den Rock von Franz und schaut
gebannt auf die Brustwunde, die, so die Legende, schön und rot,
wie eine blühende Rose war.[11] In der Leidenspassion erfolgt eine
eigentliche Umkehrung des Rosenmotivs: Das vierfache Leiden an
Händen, Füßen und der Brust verwandelt sich in herrliche Rosen.[12]

Gegenüber dem geheimnisvollen Auftreten der Wundmale
Christi, die in der Stigmatisierung, wie in vielen Andachtsbildern
dargestellt, von Jesus Christus Blitzen gleich in die Körper der
Stigmatisierten gesenkt werden, impliziert Erving Goffmans Lesart
(in der nur Strategien der Verbergung behandelt sind) eine eigentümliche Verkürzung der Problematik. Stigmamanagement heißt
(nicht nur für Goffman!) ausschließlich Verbergen, Geheimhalten,
Verdecken. Dass sich Identität im Gegenteil manifestieren kann,
wird nicht angesprochen. Gegenüber der Befassung mit Stotterern,
Blinden, Bein- und Zahnlosen, die in der Tat staunenswerte Techniken des Versteckens und Verbergens ihrer Gebrechen entwickelt
haben, führt das christologische Modell auf diese andere, für die
Wiederkunft der Religion relevante, aber in der Goffman'schen und
anderen Befassungen mit Stigmata nicht berücksichtigten Dimension hin: dem massenhaften und offensiven Auftreten von Selbststigmatisierungen und ihrem triumphalen Herzeigen. Durch
Selbststigmatisierung, durch das Bekennen und Zeigen der Stigmata, wird versucht, die eigene Identität und Individualität zu
steigern. Stigmatisierung erhält damit eine aktive Bedeutung, eine
Bedeutung, die mit den gesellschaftlich erwünschten Selbstdiffe-
renzierungs- und Selbstverwirklichungsvorstellungen korreliert.
Und natürlich mit der nach dem Tode Gottes erwünschten Selbsterlösung! Kein Messias mehr, dem Male beigebracht werden und
der uns in seinem Leid erlöst. Unser Leid ist selbst die Erlösung.
Jeder ist sein eigener Messias und spielt das Drama der Erlösung in

sich zu Ende – indem er sich erlöst in der Akzeptanz seiner Unerlöstheit.

Die Selbststigmatisierung ist für die Re-Definition des Stigma-
begriffes von fundamentaler Bedeutung. Nicht nur wegen der immer wieder betonten Nähe zum durch Stigmatisierung erreichbaren Charisma, sondern in ihrer Funktion der Selbstbezichtigung
und damit der »Schuldumschuldung«. Das freiwillige Auf-sich-
Nehmen von Schuld verbringt Selbststigmatisierer in die Nähe des
Helden. Das Aufkommen der Selbststigmatisierung geschieht zeit-
gleich mit der übersteigerten Individualisierung, deren Voraussetzung es ja ist, gerade Eigentümlichkeiten und Absonderlichkeiten
zu outen und als Zeichen für Besonderes herzuzeigen. Selbststigmatisierung erfolgt mit dem Zweck, Stigmatisierung umzudrehen.
Aus Stigmata werden Ruf-Zeichen, Signale.[13] Dieser Wandel von
der Neutralisierung und Verbergung von Stigmata zur offensiven
Demonstration, zur Selbststigmatisierung und Selbstbrandmar-
kung (zum »Rebranding« seiner selbst) öffnen auch den Weg zu
einer Neudeutung der Christologie. Es geht in ihr nicht um ein wie
immer geartetes Ganz-Werden. Sondern um ein Ganz-Werden
durch Akzeptanz des Nicht-ganz-werden-Könnens. Deshalb will
und muss die Unvollkommenheit gezeigt werden. Die gesellschaftlich geforderte Häresie und Abweichung, das sich auf den eigenen
Körper und auf das eigene Ich zentrierende Kontingenzbewusst-
sein versucht sich solcherart zu redefinieren. Immer noch ist es
schwer zu ertragen, so zu sein, wie man ist. Man möchte gleichzeitig anders sein, als man ist (Identität), und anders sein als die anderen (Individualität). Mit der Selbststigmatisierung tritt die Individualität auf Kosten der Identität in den Vordergrund. Individualität
fordert heute nicht nur ein Anderssein als die anderen, sondern
auch ein Anderssein als man selbst ist – also Selbstinszenierung.

Die Christologie lässt sich derart als eine Propädeutik zur Soziologie der sozialen Ordnung, Abweichung und des revolutionären
Wandels lesen. Dabei ist die Transformation des Stigmas, ob
fremd- oder selbstverschuldet, keineswegs alleinige Angelegenheit
des Christentums. Häresie und Orthodoxie finden sich in allen
Kulturen, auch die Neigung, defektive Stigmata (das heißt Stigmata, die nicht selbst verantwortete Defekte darstellen) in kulpative
Stigmata (selbst verantwortete) umzudeuten und die Träger solcher
Stigmata aus der Gesellschaft herauszudrängen. Steigt der Anteil
der Stigmatisierten, klettern die Kriminalitätsziffern, nimmt Suizid

zu und versagen die etablierten Mechanismen sozialer Kontrolle, entlastet sich die Gesellschaft durch Umdrehung der Krankheiten in vom Stigmatisierten selbst zu verantwortende Sachverhalte.

Anders die individuelle Transformation von Stigmata in Zeichen des Heils. Gewiss lässt sich das Herzeigen von Verletzungen und Beschädigungen, von Wundmalen und Narben als individueller Versuch einer Gegenstigmatisierung deuten. Die Schuld wird dadurch abgeschüttelt, dass man sie »leugnet, abwehrt und zurückgibt an die stigmatisierende Erstinstanz«.[14] Selbststigmatisierer sind in diesem Sinne in der Tat Schuldumschuldner, so der Ausdruck von Wolfgang Lipp.[15] Sobald sie aber Schuld nicht nur neutralisieren und internalisieren, sondern in Gnade verwandeln, liegt ein zusätzlicher, in eine Diagnose der Moderne als eines Zeitalters der allgemeinen Häresie passender Schritt vor. Lipp nennt Charismatiker Personen, die begnadet seien, weil sie schwer an Schuld tragen: »Sie lassen Stigmata, für die sie büßten – Wundmale sozialer Züchtigung – nicht als Mängel und Makel, sondern als Zeichen des ›Heils‹ – als ›Vollkommenheit‹ – erscheinen und haben die Gabe, von Schuld auch mitbetroffene Dritte – ›Gefolgschaften‹, das ›Publikum‹ – freizusprechen.«[16]

Max Weber hat Charisma durch Heiligkeit und Heldentum charakterisiert – sowie durch Reinheit und einen rational schwer erklärbaren Ursprung. In der ethnologischen Forschung bezeichnet Charisma die übernatürlichen und außeralltäglichen Fähigkeiten, welche etwa Magier und Schamanen bei der Ausübung ihrer Praktiken vorzeigen. Der Selbststigmatisierer verfügt nicht über Charisma in diesem Sinne. Es ist keine übernatürliche, persönliche, unerklärliche Gabe. Seine Größe erreicht der Selbststigmatisierer gerade dadurch, dass er durch eigene Verdienste erworbene, nicht vererbte und nicht erbliche Macht besitzt. Diese erwirbt er in der Herausforderung des eigenen Lebens, in der Versuchung des Todes. Der Abenteurer, der das Rennen Paris-Dakar mitmacht, Reinhold Messner mit seinen Himalaya-Expeditionen, die Weltumflieger und Atlantiküberquerer im Kajak, sie sind die Abkömmlinge der Helden von André Malraux und Joseph Conrad. Freilich mit dem Zusatz, dass sie mit Hilfe der modernen Medien das dazutun, was dazugehört: das Herzeigen der Wundmale als Zeichen des Heils.

Während die Helden von Malraux oder Conrad, Scott und Amundsen, Stanley und Livingstone noch getrieben waren, die

Weltkarten neu zu zeichnen und dort ihre Spuren einzuschreiben, zeichnen die Selbststigmatisierer ihre Spuren in den eigenen Körper: Male der Einsamkeit, des Hungers, der Schlaflosigkeit, der Anorexie, der Folterungen. Bilder, die rühren und berühren. Vittore Carpaccios »Sogno die Orsola«, die Pantöffelchen vor dem Bett, das weiße Tüchlein, das am Fußende unter der Bettstatt hervorlugt [...][17] Die Körpermale sind darüber hinaus Beweise für die abgestorbene, alte Identität und das Hineingeboren-Werden in einen neuen, prestigeträchtigeren Status. »Ich habe genug Geld, um mir ein neues Gesicht aufpflanzen zu lassen«, sagte der nach seinem schweren Unfall entstellte Niki Lauda in einem Interview, »aber ich werde so bleiben, bis ich sterbe.« Indem plastochirurgische Eingriffe, die zumindest ein weniger entstelltes Gesicht wiedergeben könnten, abgewiesen werden, demonstriert Laudas Schicksal das intuitive Gespür für den Mythos, den symbolischen Wert, der einem gezeichneten Gesicht beigemessen wird.

Vielerlei Ergänzungen wären hier notwendig: der heilige Franz von Assisi, der sich nackt im Schmutz wälzte und den Tod als seine Schwester begrüßte; die Unentbehrlichkeit der Unreinheit für die Vorstellung von Reinheit;[18] der allgemeine Funktionswandel von Verletzungen und Heimsuchungen und das Herzeigen von Verletzungen nicht mehr als Ausgrenzung, sondern als Eingrenzung in eine Weltmenschheit von Individualisten. Wenn alle versuchen, auf ihre je eigene Art Individuen zu sein, zeigt sich noch einmal der Funktionswandel der Stigmatisierung: Der Defekt wird normalisiert, aber nicht indem man ihn heilt oder aufhebt, sondern darbietet und zeigt.

Rückblickend lässt sich vielleicht behaupten, dass die Passion Christi einseitig gedeutet ist, wenn sie hauptsächlich Passion, das heißt Verwundung, Tod und Erlösung als deutenswerte Ereignisse hernimmt. Wird die Auferstehung ins Zentrum gerückt, so zeigt sich ein Auferstehender, der einen »verherrlichten« Leib mit den Stigmata herzeigt. Immer noch trägt er nämlich, der Auferstandene, seine Wunden, und später wird der ungläubige Thomas seine Hand in sie legen, um zu glauben (wie auf dem Titelbild dieses Buches zu sehen). Alle späteren Stigmatisierten, von Franz von Assisi bis zu Padre Pio, trugen diese Male als Auszeichnung. Ehrfürchtig werden diese, schon auf Giottos Freskenzyklus in Assisi, am heiligen Franz auf dem Totenbett von seinen Ordensbrüdern bestaunt. Die Stigmatisierung ist schon in der mittelalterlichen

Ikonographie keineswegs eine strafende Kränkung, sondern eine ehrende Auszeichnung. Auf den Kreuzigungsbildern sind, von den drastischen Szenerien im Mittelalter, wo Christus mit wahren Bluttrauben am Kreuz hängt, bis hin zu den Fotoinszenierungen von Serge Bramley und Bettina Rheims, die heimlichen Verwandlungen der Wunden in Male des Heils zu beobachten.[19] »Seht an meinen Händen und Füßen, dass ich es selbst bin [...]. Mit diesen Worten zeigte er ihnen seine Hände und Füße.« (Lukas 24,38-39; Joh 20,20) In seine Seitenwunde hatte der ungläubige Thomas seine Hand zu legen (Joh 20,25). Die Auferstehung geschieht nicht mit heilem Leib – zu ihr gehören die Wunden. Aber in der Auferstehung beginnen sie zu strahlen. Auferweckt wird in Glanz, in Kraft – ein geistiger Leib (1. Kor 15,43-44). Zum Glanz gehört die strahlende Wunde.

Das prinzipielle Stigma, das der Mensch trägt, indem er eine ungesicherte und unvollkommene Existenz lebt, durchläuft einen ähnlichen Wandel. Angesichts der Tatsache, dass der Mensch unvollendet ist, nicht ist, was er ist, dass er gegen alles und sich selbst revoltiert, dass er gespalten ist in Existenz und Essenz, dass er von immer neuen Möglichkeiten träumt, dass er sich einholen will, dass er sich selbst nicht genug ist, dass ihm eine Welt nicht genug ist – ist er prinzipiell, chronisch stigmatisiert. Aber will er den Makel, wie es die christliche Heilsbotschaft vorsieht, der Makel, der ihn erst zum Menschen macht, loswerden? Will er erlöst werden davon? Oder können die gezeigten Beschädigungen auch in ein Anerkennen einer prinzipiellen Verletzung münden? Die Blessur als Zeichen des Heils? Das Stigma Vehikel der Erfahrung! Und lässt sich der anthropologische Riss nicht nur in der Erlösung überwinden, sondern in der Offenlegung, Anerkennung und Akzeptanz? Und dass das prinzipielle Stigma über die Individualisierung und Selbststigmatisierung wieder und wieder zum Vorschein kommt und sich deshalb die Frage stellt, ob es erneut verdeckt, verborgen, in der Vorwärtsbewegung verloren oder im Deutlich-Werden der Endlosbemühungen und Endlosanstrengungen nach oben getrieben und anerkannt werden wird, dass die religiöse Bearbeitung des Leids und des Verfügbaren entfällt? Wäre das eigentlich, angesichts des christologischen Zyklus, nicht jene Stigmatisierung, die Christus und seine Stigmatisierten selbst durchlaufen haben?

5. Skala des Zeigens

Der Pfau zeigt seine Federschleppe und der Affe seine Wangen-
wülste her. Das Zeigen hat beim Tier, anders als beim Menschen,
eine ererbte Auslöserqualität.[1] Im Vordergrund stehen die optischen Auslöser: grelle Farben, gebänderte Prachtkleider von Vö-
geln, Fischen und Schmetterlingen oder auffallende Gehörne,
Zähne und Mähnen bei Säugetieren. Aber auch akustische Signale
– Gesänge, Pfeifen, Brüllen und Krächzen – sowie Gerüche und
Düfte, die wir, wie die optischen Auslöser, auch in der Pflanzenwelt
antreffen. Beim Menschen ist das ererbte Zeigeverhalten durch
erlerntes überlagert. Eine Entdifferenzierung der Auslöser tritt im
Verlaufe der Evolution ein. Angeborene Auslöser spielen kaum
mehr eine Rolle, sondern werden überformt und kultiviert von
einer Fülle neuer und angelernter, von der ererbten Auslöserqualität allerdings zehrenden Reize, einem bunten Strauß von Attrakto-
ren und Attrappen, die Auslöserqualität annehmen. Die Liebeslyrik
lässt, so Arnold Gehlen, »von den Haaren bis zu den Zehen nichts
unbesungen, die ganze Körperoberfläche lässt sich mit Freud als
›erogene Zone‹ auffassen«.[2] Alle Launen und Einfälle der Sitte und
Mode, von den Tätowierungen angefangen bis hin zu den mitge-
tragenen Accessoires, nützen diese Eigenschaft aus.

In modernen Gesellschaften lässt sich seit der Romantik ein ins
Außergewöhnlichste gesteigertes und dem tierischen Leben völlig
fremdes Zeigen und Exponieren des Innenlebens samt seiner Verstrickungen und Krisen, Störungen und Neurosen beobachten.[3]
Und die Gegenwart wartet nicht zuletzt mit Hilfe des Internet mit
einer exaltierten Subjektivität, einem forcierten Zeigereigen, einem

Crescendo von Möglichkeiten, einer tempogesteigerten Überbietungsmanie auf, an der Millionen weltweit gleichzeitig Teilnehmer und Zuschauer, Treiber und Getriebene sind. Demonstriert wird besonders hinsichtlich der gezeigten Gewalt und Pornographie, ein provokantes Angebot, das gleichzeitig schockiert und irritiert, aber nichtsdestotrotz Anzeichen eines fundamentalen Wandels darstellt. Das Netz befördert dieses Durchbrechen der Schamgrenzen und Tabuschranken. Das Private wird dabei öffentlich wie nie zuvor.[4] Und, besonders stoßend, aber auch ganz entschieden menscheneigen, erscheint das Herzeigen von Wunden und Verletzungen, nicht nur um sie zu behandeln, sondern als Zeichen bestandener Proben und Taten, überwundener Gefahren und Versuchungen.

Die Geschichte demonstriert einen Wechsel von Verbergen und Zeigen, von Schließen und Öffnen. Die christliche Geschichte hat sich, nach einer, nach allem, was wir wissen, insgesamt zeigefreudigen (römischen) Antike, dem Verbergen verschrieben und dieses mit dem Zusammenhang von Leid, Schmerz, Sünde und Strafe legitimiert. Der moderne Exhibitionismus ist Endpunkt einer seit der Renaissance sich durchsetzenden Entwicklung vom Verbergen zum Zeigen. Der Verlust der Intimität und der Aufstieg des Zeigens ist für die christliche Weltanschauung einerseits ein Problem. Andererseits freilich haben indessen gerade Calvinismus und Protestantismus die Zeigefreudigkeit befördert. Ist doch das Zeigen beruflichen Erfolges eine Selbstvergewisserung des Gnadenstandes, der infolge der Prädestinationslehre im Dunkeln liegt.

Die in der christlich-abendländischen Geschichte sich durchsetzende Umwertung des Heimlichen und Sündigen zum Normalen und Natürlichen ist auch in einer obskuren, weil verdeckten oder verheimlichten Form im Leben Jesu Christi impliziert. Im neu erarbeiteten Katechismus der Katholischen Kirche findet sich in der Erläuterung des Glaubensbekenntnisses auf die Frage, in welchem Zustand sich der auferstandene Leib Jesu befinde, die Antwort: »Sein auferstandener Leib ist derselbe, der gekreuzigt worden ist, und trägt die Spuren seines Leidens. Doch er hat bereits Anteil am göttlichen Leben und besitzt die Eigenschaften eines verherrlichten Leibes.«[5] Der »verherrlichte« Leib trägt mithin Wundmale, die in den Auferstehungsbildern triumphierend hergezeigt und als Stigmata von Heiligen, die diese Male periodisch empfangen, durch die Kirchengeschichte transportiert werden.

Die Inkarnation des Leibes ist die christologische Metapher für einen Vorgang von Tragweite für die Erlösungsthematik selbst. Nicht mehr nur Leiden also steht im Mittelpunkt, sondern seine Wertschätzung, Offenlegung, ja Verherrlichung des Leidens und des Leids. Der Vorgänger des jetzigen Papstes, Johannes Paul II., hat mit der Veröffentlichung seines Leidens und Sterbens diese Deutung bewusst oder unbewusst bekräftigt. In der Passionsgeschichte ist nicht nur der Tod für die Menschen erlösungsrelevant: Die Auferstehung nimmt den göttlichen Heilsplan apokalyptisch voraus und ist gleichzeitig Metapher für eine Menschwerdung, die Leid zeigt.

Leiden, Tod und Auferstehung Jesu Christi bestimmen das christliche, das geistliche und das kirchliche Leben. Schon im Mittelalter konkurrieren die Kreuzigungsdarstellungen in der abendländischen Kunst mit Auferstehungsbildern. Es erfolgt insbesondere im Barock ein sukzessiver Umschwung von der Leiddarstellung zur jubilierenden Auferstehungsszene.[6] Die Auferstehung Christi weist Jesus erst als Sohn Gottes aus, wäre er nicht auferstanden, wäre »unsere Predigt vergeblich und ist auch euer Glaube vergeblich« (l. Kor 15,14). Die erlösende und rettende Bedeutung der Leiden und des Todes des Gottessohnes färbt die Anschauung der Wundmale: manchmal sind sie Blüten, manchmal Blumen, Rosen. In der Auferstehungsdarstellung, besonders glanzvoll bei Hans Holbein, werden die Wunden zu leuchtenden Symbolen. Die erste Enzyklika Benedikts XVI. (»Deus Caritas est«) erwähnt, dass die Betrachtung der Wunden des Durchbohrten heiße, sich in die Dynamik der Liebe Gottes hineinnehmen zu lassen.[7] Die Verweltlichung der Heilsvorstellung und ihre Einprägung in die europäische Fortschrittsgeschichte, der Entzug des Zentralereignisses, nämlich des Messias (der dennoch weltweit die Zeitrechnung halbiert in eine Zeit »vor« und eine Zeit »nach« Christus), und die Annahme der Gottesmenschlichkeit des Menschen selbst wird in der verweltlichten, der »menschlichen« Heilsgeschichte kopiert und komprimiert wiederholt.

Die Neudeutung des christologischen Zyklus korreliert und resultiert aus einer gesellschaftlichen Entwicklung, die ihrerseits eine Folge der Enttraditionalisierung sowie Individualisierung und Subjektivierung ist. Das Hervortreten des Subjektiven, des Inneren des Menschen selbst, das, wie Jakob Burckhardt es eindringlich ausgeführt hat, im Mittelalter wie unter einem Schleier lag, erhebt sich in der Renaissance, wird Subjekt und erkennt sich als solches.[8]

Zug um Zug wird das Innere separiert, gehoben und nach außen gestülpt und wie ein lange verschollener Fund hergezeigt: die Verletzlichkeiten, die davongetragenen Wunden, die Obsessionen, die Versuchungen und Erlösungsversuche. Gewiss hat die zunächst stockende, dann alle Bereiche der Gesellschaft durchdringende Transsubstantiation zu Tabubrüchen und Angst machenden Verletzungen geführt. Die allgemeine, sich mit der Subjektivierung und Individualisierung ausbildende Tendenz zur Entblößung und Exaltation, zu intimen Geständnissen und öffentlichen Beichten, kulminiert in Selbstverletzungen und Selbststigmatisierungen, die, zuerst im Theater, dann im Leben der Menschen selbst zur Schau gestellt und öffentlich vorgenommen werden. Nicht mehr nur buchstäblich wird der Leib des Menschen beständig gekreuzigt und gepeinigt. Das Drama von Sünde und Erlösung wird ins Herz verlegt und, wie Nietzsche einmal formuliert hat, auf der Bühne zu Ende gespielt.[9]

Die Reflexion dieses Vorganges hat gleichwohl nicht Schritt gehalten mit der nachchristlichen Entwicklung. Auch die gängigen Zivilisierungstheorien führen nicht weiter. Subjektivierung und Individualisierung erforderten in der modernen Gesellschaft eine neue Form der Selbstsicht und Selbstreflexion und – wie schon erwähnt – ein Herausstellen und Zeigen der eigenen Individualität. Im Zeigen des beruflichen Erfolgs sieht Max Weber den Beginn einer Wandlung, die seit der Renaissance im aufkommenden Zeigen von bislang Verborgenem begann. Angesichts der unerhörten und tragischen Vereinsamung, in die der gläubige Calvinist, so Max Weber, durch die Prädestinationslehre gestoßen wurde, wird das ostentative Herzeigen des beruflichen Erfolgs zur Lebensstrategie. Im Zuge der Individualisierung wird dann die wirtschaftliche und berufliche Skala des Zeigens Zug um Zug erweitert: Nicht mehr nur der Erfolg, sondern auch der Misserfolg, nicht mehr nur die Kraft und die Herrlichkeit, sondern Verletzung, Leid, Mangel, Elend werden öffentlich.

Der Abbau der Schamschwellen in der modernen Gesellschaft steht in einem direkten Zusammenhang mit dem Ende der christlichen Schuldkultur. Die christliche Schuldkultur hat Sünden, als wurzelnd in einer Ursünde, der individuellen Verantwortung gnädig entzogen.[10] An ihre Stelle tritt die Möglichkeitsgesellschaft, in der es gilt, aus eigener Kraft zu realisieren, was man als wünschenswert ansieht. An die Stelle der Schuld tritt Scham. Man schämt sich, wenn Taten hinter den Worten, wenn die eigene Existenz hinter der Essenz des Lebens zurückbleibt. Je mehr Möglichkeiten, die erreicht werden wollen, umso mehr Scham. Die Moderne ist gleichsam auf Scham abonniert, diese hat ihre vorwärtstreibende Logik, insofern das ›Sich-Schämen‹ vermieden werden will.

Während Schuld als Erbschuld durch den Messias abgetragen wird, lässt sich die Scham, die aus den nicht erreichten Erwartungen rührt, durch ihre Veröffentlichung rehabilitieren. Scham wird normalisiert durch das offene Zeigen von Scham und den Anlass der Scham. Die kompensatorische Verringerung der Distanz zwischen Wirklichkeit und Möglichkeit nimmt der Scham ihren Schrecken. Die allerorten in die Augen springende Schamlosigkeit, gerade was die Sexualität betrifft, treibt nur noch älteren Semestern die Schamröte ins Gesicht. Die Schamlosigkeiten, denen wir auf Schritt und Tritt begegnen, lösen vielleicht Befremden, vielleicht auch Schuld oder stille Verachtung aus – aber kein Sündenbewusstsein. Gewiss hat Scham, zumindest in unserem Kulturkreis, auch mit Schuld zu tun. Man hat sich im Beichtstuhl für allerhand geschämt und doppelt geschämt, wenn man das, wofür man sich zu schämen glaubte, jemandem mitteilen musste. Eingeständnis zur Sünde, zum Beispiel unkeuschen Denkens oder der Selbstbefriedigung, war schlimmer als das Imaginieren und die Tat selbst!

Wenn also Scham ein Gefühl ist, das sich einstellt, »wenn jemand konfrontiert wird mit der Tatsache, dass er – jenseits und vor allem Wollen – nicht der ist, der er gern wäre, zu sein glaubte oder zu sein vorgibt«[II] so heißt Erlösung von Scham nicht nur Anerkennung dessen, dass man nicht der ist, der man sein möchte oder der man zu sein vorgibt. Sondern die Erreichung eines Zustandes, in dem es keine Scham gibt, weil alles erreicht ist. Anerkennung seiner selbst, die Entdeckung, dass man nicht Herr im eigenen Haus ist, ist sie aber wirklich eine Beschämung des Menschen? Gar eine Kränkung? Kann sie nicht anders, nämlich als reflexiver Vorteil gesehen werden? Heißt das, dass die Schamschwellen hinfällig werden müssen! Oder handelt es sich nicht um das Ende des Schamgefühls, sondern um den Versuch, dieses durch Objektivierung zu »bannen«? Wer nicht Herr im Haus ist, muss sich darob nicht schämen, wenn er dies zugibt. Nur wer dauernd so tut, als sei er es! Inwiefern eine gelingende Sexualität gerade Scham und Verhüllung braucht, ist eine andere Frage. Autonomie heißt Selbstgesetzgebung und enthält die Forderung, sich selbst in die Hand zu nehmen. Gegen sich selbst kämpfen (wenn die äußeren Mächte wegfallen), heißt auch gegen Erlösungs- und Endlösungsbegehrlichkeiten, gegen Allmachtsphantasien und machselige Träume kämpfen. In diesem Sinne lässt sich auch das »zeigende« Stigmamanagement deuten. Stigmamanagement heißt nicht mehr nur Beanspruchung von Techniken der Vermeidung und der Verdeckung. Es wird letztlich Passionsmanagement: Leid muss sein und lässt sich nur um den Preis des Menschseins aus der Welt schaffen. Management von Leid heißt nicht Stilllegung des Leids, sondern Offenlegung.[12]

Es ist vielleicht übertrieben zu behaupten, der Leidensweg Christi, seine Passionsgeschichte sei ins Gedächtnis einer gegenüber der christlichen Herkunft gleichgültig gewordenen Gesellschaft in veralltäglichter Form zurückgekehrt. Malitätsbonisierung, wie man diese Lesart, Odo Marquard folgend, nennen könnte, ist jedenfalls rundum zu beobachten.[13] Der Leidensweg Christi ist in vielen vorchristlichen Mythen und Erzählungen vorgeprägt: der an den Felsen geschmiedete Prometheus, dem täglich die nachwachsende Leber von einem Adler weggefressen wird; das Tragische, die Verderbtheit, eine unüberwindliche Schuld und Zwietracht, gegen die die jüdisch-christliche Offenbarungsreligion die Erlösung setzt. Aber nicht nur hat sich in der Moderne das Erlösungsbewusstsein in einer augenfälligen Weise aufgelöst, und nicht nur wird die Passionsgeschichte des Fremderlösers außerkirchlich massenhaft in Szene gesetzt: von Extremalpinisten oder Atlantikschwimmern, auf dem Laufsteg und in den Szenen, das *Tattooing, Piercing, Self Branding*. Die Gesellschaft, die sich – wie man sagen könnte – über tausend Jahre geglättet, gereinigt und mit einem steifen Kleid verhüllt hat,[14] ihre Antriebskräfte und Begierden domestiziert und unter christlichem Purpur verborgen hält und, was hervorbrach, glattgestrichen oder glattgeköpft hat, wird wie von innen heraus durchwachsen und zerrissen. Statt eines glatten Kunstrasens entsteht ein wilder Garten mit exotischen Pflanzen und eine Gesellschaft, auf die sich tagtäglich ein Funkenregen von Einfällen herabsenkt, der in der Nacht erneut aufgeschäumt wird. Eine Oberfläche, aus der millionen- und milliardenfach Stigmata ragen, Schicksale offenbar werden und Existenzen sich zeigen, die sich in ihrer Blöße herausstellen.

Neu ist mithin nicht nur die radikale, sich selbst in der Endlichkeit und Kontingenz reflektierende Individualisierung (im Unterschied zur einfachen Individualisierung, der es um die Herausstellung der Einzigartigkeit, Gottähnlichkeit oder Gottebenbürtigkeit ging), neu ist in der nachchristlichen Gesellschaft die Umdeutung der Erlösungssemantik. Mit der Entleerung des Himmels und dem Abbau des supranaturalistischen Weltbildes wird der Erlösungsgedanke in der Moderne immanent, innerweltlich gewendet. Aber nicht nur. Das Festhalten an einem früher oder später erreichbaren Jenseits im Diesseits und die Vergegenwärtigung des Erlösungsgedankens kommt mit dem Erkalten der Erlösungsbedürftigkeit selbst in Schwierigkeiten.[15] Angesichts der unlösbaren Probleme nämlich, in die sich die Moderne verirrt hat, und angesichts der radikalen Immanentisierung der Existenz als Resultat der Preisgabe einer letzten, jenseitigen Welt, hat sich die Erlösungsvorstellung in einen futuristischen, am temporalisierten Jenseits im Diesseits festhaltenden Zweig (wovon die genetischen Träume von der Herstellung eines vollkommenen Menschen nur der modernste Ausdruck sind) und einen intopischen, Selbstverwirklichung und Identität anziehenden gnostischen geteilt. Und aus der Auflösung des Jenseits bzw. seiner Inkorporierung ins Diesseits resultiert jene Wiedergeburt einer polytheistischen Kultur, mit weltlichen Göttern und Symbolen, Messen und Ritualen sowie der breiten Skala von diesseitsreligiösen Angeboten, von der vorher die Rede war. Aber der ganze Aufwand wird nicht mehr erlösungssemantisch geheiligt. Idole und Ikonen werden Mode und bilden Stile. Auch die Musik dient »als Mittel der Ekstase oder des Exorzismus oder apotropäischer Magie, Zauberer als heilige Sänger und Tänzer [...], Tempel und Kirchen als größte aller Bauten [...], Paramente und Kirchengeräte aller Art als kunstgewerbliche Objekte [...]«. Die Religion wird zu einer »unerschöpflichen Quelle künstlerischer Entfaltungsmöglichkeiten einerseits, der Stilisierung durch Traditionsbindung andererseits«.[16] Gaultier bedruckt seine Badeanzüge mit dem Turiner Grabtuch, Madonna bringt ihr Label »Immaculata« heraus und tauft ihr Kind »Maria Lourdes«! Aus dem Bilderverbot des Alten Testamentes wird ein die Lebenswelt durchdringendes Bildgebot.

Und während schließlich die überkommenen Festigungspraktiken das Individuum eintauchten in seine Herkunft, in Region und Nation, in Volk und Kollektiv (die den Menschen in seiner Bewegungsfreiheit zwar beengten, aber auch festigten) und die Gesellschaft sich zur Wiederholung dessen, was immer war, nötigte, will sich das radikal individualisierte Individuum im Zeichen der Emanzipation begierig selbst unternehmen, seine Kräfte mobilisieren, aus sich selbst heraus handeln, auf seine inneren Ressourcen zurückgreifen, kurz: sich selbst werden und selbst sein.

Keineswegs ist dieser epochale Vorgang als »Selbstverschlie-ßung«, als Versiegelung einer Seele, die ihr Fenster zur Transzendenz verdunkelt, zu sehen.[17] Im Gegenteil: Die Seele öffnet sich nach allen Richtungen, nach vorwärts und nach oben, nach innen und nach außen. Das Evangelium der persönlichen Entfaltung trägt zur oben genannten Verschiebung im Stigmamanagement bei und transformiert die überkommene Erlösungssemantik. Das Schwinden aufsehender Disziplinarmächte macht den Handelnden zum Verantwortlichen seiner selbst und schiebt, gegenüber dem Lassen und der Passivität, Tun und Aktivität in den Vordergrund. Eine Erwartung nicht erfüllt zu haben heißt heute nicht: eine Norm oder ein Tabu zu verletzen, sondern vielmehr handlungsunfähig zu sein. Bestraft wird nicht, wer nicht gehorcht, sondern wer nur gehorcht. Diese Verschiebung von der Disziplin zur Autonomie, von der Gleichheit zur Differenz, von der Normalität zum Nonkonformismus, desgleichen die massenhafte Anstiftung zur Häresie, der »häretische Imperativ«, wie Peter L. Berger ihn nennt,[18] und der moderne Imperativ, Nonkonformist zu sein oder zu werden,[19] erzwingt jene Formen der Selbstdifferenzierung und Selbststilisierung, deren lautester Ausdruck derzeit Love- und Gay-Paraden sind.

Dieser Vorgang lässt sich deuten und in seiner letztendlichen Funktion, nämlich der Infragestellung jenseitsreligiöser oder außerweltlich gewandter Systeme, richtig einschätzen, wenn die beiden prinzipiellen Möglichkeiten des Stigmamanagements auseinandergehalten werden. Ob es sich um die anthropologische Stigmatisierung des Menschen als Gezeichneten, als Mängelwesen in seiner Verlorenheit und Endlichkeit handelt, oder ob die biographierelevante, je spezielle Beschädigung und körperliche Stigmatisierung im Vordergrund steht: Das Stigma lässt sich entweder verbergen oder aber zeigen. Ausgehend von der Annahme einer prinzipiellen und unhintergehbaren Stigmatisierung des Menschen lässt sich, wie schon erwähnt, die gesamte Kultur, die der Mensch erzeugt, als existenzielles Stigmamanagement deuten. Als den Entwurf und die Realisierung von Festigkeiten nämlich, die das Fehlen angeborener Instinkte durch eine zweite Natur, die Kultur, kompensieren.

Denn mittels Kultur bearbeitet und festigt der Mensch ja seine

Nichtfestgestelltheit, sein Sein am Rande einer Welt, die eine Mitte, eine Vollkommenheit zu besitzen scheint, in die der Mensch nie vordringt. In einer fremden und feindlichen Welt, aus der er, so die Naturgeschichte, herausgefallen ist, aus der er, so die biblische Geschichte, hinausgewiesen wurde, muss er sich behaupten. Er kann dies tun, indem er sich versteckt und duckt und unsichtbar macht – oder herausspringt und sich und seine Nacktheit zeigt. Der moderne Mensch hat seine Lesart aber auch aufgrund anderer geschichtlicher und innerreligiöser Entwicklungen entschieden geändert. Jacob Burckhardt folgend, beginnt der Wechsel in der Betrachtungsweise in der Renaissance. Im Mittelalter erst erhebt sich der Mensch, bisher träumend unter einem Schleier aus »Glauben, Kindesbefangenheit und Wahn«, und erkennt sich nicht mehr nur als Rasse, Volk, Partei, Korporation, Familie oder sonst in irgendeiner Form des Allgemeinen. Er erwacht und »wird geistiges Individuum und erkennt sich als solches«.[20] Wer sich erhebt, zeigt sich. Das Individuum tritt mit Entschiedenheit in die Geschichte ein, ihre extremen Ausformungen sind die Tyrannen und Condottieri, aber auch ihre Gesellschafter, Dichter und Künstler. Man zeigt sich mit körperlichen Defekten, wie der Duca Federico di Montefeltro im Urbino des fünfzehnten Jahrhunderts.

Dazu aber treten innerreligiöse, theologiegeschichtliche Gründe. Dem Aufwand des Individuums entsprechen nicht nur neue Arten von Geltung nach außen: der Ruhm, die Bewunderung, die Anbetung, aber auch Martyrium und öffentlicher Tod. Die Städte des Mittelalters sind stolz auf ihre Dichter und Maler, auf ihre Heiligen und deren Reliquien.[21] Mit der protestantischen Ethik wächst dem Zeigen eine neue Legitimation zu. Tüchtigkeit im Beruf und Reichtum dienen nicht dem Protzentum kapitalistischer Parvenü-Familien, wie es Max Weber ausdrückt,[22] sondern sind Mittel, sich des Gnadenstandes zu versichern.[23] Hat doch, wie schon erwähnt, der Prädestinationsglaube, der Glaube also, des Menschen Schicksal sei durch einen allmächtigen und allwissenden Gott vorbestimmt, den Menschen in einen gnadenlosen Zustand gestürzt und ihn gelähmt.

Diese Lehre von, wie Weber es ausdrückt, »pathetischer Unmenschlichkeit«,[24] führte deshalb nicht nur, wie von Weber insinuiert, zu einer »unerhörten inneren Vereinsamung des einzelnen Individuums«.[25] Zwar war in der für den Menschen der Reformationszeit entscheidendsten Angelegenheit des Lebens, der ewigen

Seligkeit, der Mensch darauf verwiesen, »seine Straße einsam zu ziehen, einem von Ewigkeit feststehenden Schicksal entgegen«.[26] Kein kirchlich-sakramentales Heil, keine magischen Zaubermittel der Heilssuche. Sondern diese Vereinsamung entfacht jene Kräfte, die zu der grandiosen Entwicklung von Technik und Wissenschaft geführt haben, die wir heute bewundern. Das Zeigen des individuellen Zustands, seines Mangels oder seines Fortschritts, ist das Bindeglied zwischen dem Glauben an die Vorsehung und der Hoffnung auf das Innewerden des göttlichen Heilsplans.

Rastlose Berufsarbeit bei gleichzeitig asketischer Lebensführung werden erst so zu Zeichen der Erwähltheit, die man selbst erarbeitet und erschafft. Das hat Max Weber konstatiert. Die ungeheure Spannung, in der zu leben als unentrinnbares Schicksal stand, konnte gelindert werden durch eine selbst erarbeitete Selbstvergewisserung und eine zum System gesteigerte Werkheiligkeit.[27] Im gleichen Maße allerdings, wie in der aufgeklärten Moderne die außerweltliche Prämie der Auserwähltheit wegfällt, muss auch die mit Erfolg gekoppelte Bescheidenheit und Askese wegfallen. Es mag zwar noch Berufsleute geben, die, ohne eine entsprechende Prämie zu erwarten, gleichsam rituell so weiterleben. Aber mit dem Wegfall der außerweltlichen Prädestination und deren Überführung in die Programmatik der innerweltlichen Selbsterlösung (»Jeder ist seines Glückes Schmied«) wird die Skala des Zeigens noch einmal erweitert und in die Tiefe getrieben.

Seit der Renaissance, in der das Individuum sein Haupt erhebt und sich selbst malt, beschreibt, erörtert und redigiert, seit der Reformation, in der der berufliche Erfolg als Zeichen der göttlichen Auserwähltheit gilt und hergezeigt wird, erweitert sich also die Skala des Zeigens. Und wie mit dem Verblassen der Prädestinationslehre die Kombination von gottesfürchtigem Leben, Askese und beruflichem Erfolg zugunsten des Letzteren aufgelöst ist, und es die Prämien innerweltlich, im irdischen Leben zu erringen gilt, will nicht mehr nur der Erfolg gezeigt werden, sondern das eigene Leben. Zum eigenen Leben gehört aber auch der Misserfolg, und zum Misserfolg gehört auch die persönliche Verletzung. Insofern lassen sich die Lebensgeschichten von Stigmatisierten sogar als Kurzgeschichte der Menschheitsgeschichte lesen! »Den ganzen Tag sitze ich da und sehe mich und heule«, so eines der rührendsten Ergebnisse Erving Goffmans über Stigmatisierungen und geläufige Techniken, solche zu bewältigen.[28] »Mitten im Gesicht habe ich ein großes Loch, das die Leute und selbst mich erschreckt [...]. Meine Mutter liebt mich, aber wenn sie mich ansieht, weint sie schrecklich. Was habe ich nur getan, um ein so schlimmes Schicksal zu verdienen. Selbst wenn ich wirklich etwas Böses getan habe, tat ich es doch nicht, bevor ich ein Jahr alt war, und ich wurde schon so geboren.«[29] Ist das nicht auch die Ausgangslage der anthropologischen, der ontischen Stigmatisierung? Der Mensch als Mängelwesen. Geboren als nicht festgestelltes Tier. Exzentrisch. Sich mit sich und der Welt überwerfend. Der erste Freigelassene der Natur. Ein Wesen, das zweierlei ist: Was es ist und was es (noch) nicht ist! Das oszilliert zwischen einem Hier und Dort, einer Existenz und einer Essenz. Das heraussteht aus dem Nichts. Das sich seiner Verlorenheit im Weltall, seiner Vorentschlossenheit zum Sein und seiner Endlichkeit zum Tode gewiss wird. Sich aber immer dann ungewiss wird, wenn es sich sucht, wie immer es sich sucht.

Und ließe sich nicht sagen, dass der Mensch, seit er existiert, wie Goffmans kleines Mädchen mit dem Loch im Gesicht, sitzt, sich betrachtet und vor sich selbst erschrickt? Und sich fragt, was er denn Böses getan habe, um diesen Mangel zu haben! Und dass der Mensch wie das kleine Mädchen vor der Frage steht, diesen Mangel zu verbergen oder anzuerkennen und sich seiner nicht zu schämen, ihn zu kompensieren oder ihn zu demonstrieren. Noch triumphiert die Kompensation. Der kompensatorischen Vorstellung entspricht ein Großteil der modernen Schönheitsmedizin und -chirurgie und ihren immer neueren Kuriositäten.[30]

Das existenzielle Leiden, das Leiden an sich selbst verwehrt sich jeder Therapie. Keine Kompensation auf Erden und vielleicht auch nicht im Himmel. Wohl hat die Kultur des Verbergens und Verhüllens noch Konjunktur – in Politik und Wissenschaft, in Technik und Wirtschaft. Ungerührt von der geschichtlichen Erfahrung, den Daten zum Weltzustand und der offensichtlichen Stagnation einer Verbesserung des Menschen und der Welt, haben sich die Weltordnungskonferenzen einer mysteriösen Entwicklung der Menschheit, einem nebulösen Heil auch des Menschen verschrieben.

Aber die Frage bleibt, ob es nicht besser und ehrlicher wäre, die menscheneigene, die anthropologische Stigmatisierung anzuerkennen und ernst zu nehmen. Das heißt nicht, sich, wie es Max Weber sinngemäß ausgedrückt hat, in das Unvermeidliche zu schicken und heroisch dem Strom des Lebens standzuhalten. Das heißt auch nicht, mit einem katastrophalen Ende der Geschichte zu

rechnen, mit einer kriegerischen Weltzukunft und einer in der
Galaxis berstenden Art Arche Noah. Das heißt, Kraft daraus zu
schöpfen, dass der Mensch immer mehr sein will, als er ist, dass er
immer mit seinem Schicksal hadert, dass er immer versuchen wird,
als *l' homme revolté* die Welt, die Menschheit, seine Mitmenschen
und sich selbst zu verbessern. Und dass er sich auf keinen Archipel
verbannen, in keine Arche hineinzwingen lässt und jede Lücke, die
sich öffnet, nutzt, um aus Käfigen, auch wenn es goldene sind, zu
entkommen. Und dass es darum, solange es Menschen gibt, kein
Ende der Entwicklung und keinen endgültigen Friedensschluss der
Menschen untereinander, nicht sieben Milliarden Gutmenschen
geben wird. Es sei denn, der Mensch würde sich selbst abschaffen
und das Unverfügbare samt seiner Endlichkeit vollständig verfügbar machen.

Wenn nun aber eine Art Selbstanzeige der Stigmatisierung
erfolgt, dann würde die Anerkennung auch darauf hinauslaufen,
dass sie unauslöschlich und untrennbar mit dem Menschsein
verbunden: eben unheilbar wäre.[31] Die metaphysischen und religiösen Bearbeitungen reflektieren Unverfügbares und überantworten
es einer Göttlichen Verfügungsmacht. Aber wenn das Unverfügbare sukzessive (wie in der Reproduktions- und Gentechnologie)
verfügbar gemacht wird und Restbestände wie jener, dass man
nicht über den eigenen Anfang verfügen kann, als philosophisch
aufgebauschtes Scheinproblem demaskiert würde, was dann? Dann
haben die überkommenen Bearbeitungsformen der Metaphysik
und Religion als Systeme, die mit Transzendenz rechnen, diese
bearbeiten und mit Sinn versehen, nur noch musealen Wert. Und
was, wenn das Unverfügbare verfügbar gemacht wird, indem man
mit ihm rechnet? Was, wenn die Spannung zwischen Wirklichkeit
und Möglichkeit, Existenz und Essenz nicht nur bleibt, wie sie ist,
sondern so bleiben muss, wie sie ist? In ihr der Grund aller
menschlicher Anstrengungen gesehen wird, der Grund aller Kulturleistungen?

6. Stachel des Todes

Es ist unumgänglich, an dieser Stelle den ganzen Problemkreis von Tod, Leid und Schuld heranzuziehen. Die christliche Weltanschauung ist auch, vielleicht ganz besonders, eine Todesanschauung. Sie skandalisiert den Tod und versieht ihn gleichzeitig mit Sinn. Der Tod ist Strafe Gottes. Aber auch Erlösung vom Skandalon des Todes. Durch den Tod Christi am Kreuz wird der Tod überwunden und versetzt den Menschen in die Unsterblichkeit zurück. Ist, dem bisher Gesagten zufolge, ein Leben, das allein mit der irdischen Welt und ihren Möglichkeiten rechnet, ein Leben also »ohne Happy End, ohne Auferstehung, ohne Erlösung von ihm, ohne ewiges Leben«,[1] ein Leben auch mit Unerledigtem und der Akzeptanz von Unbedingtem und Unverfügbarem, ein Leben gegen die christliche Todesanschauung denkmöglich?

Der Tod gehört zu den Grunderfahrungen menschlichen Lebens. Er ist ein Zentralereignis im Leben des christlichen Menschen. Und das zentrale Thema der christlichen Eschatologie, der Lehre von den letzten Dingen. Was beim Leid leichtfällt, nämlich es umzudeuten und es als Bewährung oder Heil, Heldentum oder Triumph zu sehen, erscheint beim Tode unmöglich. Er bleibt, wie beharrlich er immer umkreist wird, fremd und bedrohlich. Wenn die Rede vom Unverfügbaren irgendwo zutrifft, dann hier. Denn die Endlichkeit des Menschen ist endgültig. Die Türchen im Internet, welche die Transhumanisten aufstoßen, mit Nanobots und Kryokonservierung, erwecken Heiterkeit im Angesicht des »Fremden«, der uns ein einziges Mal besucht.[2] Der Tod trifft darüber hinaus, im Unterschied zum Leid, alle, unterschiedslos. Auch kann der Tod einen jederzeit ereilen, häufig gerade dann, wenn man gar nicht mit ihm rechnet. Manche trifft er zu früh, viele ohne Vorwarnung. *Mors certa*, jedem und jeder ist der Tod gewiss. Der Tod ist auch nur in Ausnahmefällen eine Frage der Wahl, obgleich sich die medizinischen Projekte in diese Richtung entwickeln. Die Religion, die antritt, um das Unverfügbare zu bearbeiten und mit Sinn zu versehen, muss sich an ihm bewähren.

Die Unvermeidlichkeit des Sterbens und des Todes hat extreme Deutungen nach sich gezogen, Gedanken über seine Anstößigkeit, seine Demütigung, seinen Schrecken. Auch Listiges und Furchtloses. Die Religionen lachen nicht über ihn, sie bearbeiten ihn, bewirtschaften ihn mit Sinn. Die meist empfohlene Heiterkeit angesichts seines Wirkens ist ein Ergebnis ihrer Welt- und Todesanschauung. Der Tod ist in den Erlösungsreligionen das Zentrum, das Indiz, der Beweis für die Fragilität und Erlösungsbedürftigkeit der menschlichen Existenz. Im Tod vollendet sich das Leben und sieht hinüber in ein anderes. Die metaphysische Bedeutung des Todes will verringert und aus dem gänzlichen Zunichtewerden ein relatives Phänomen gemacht werden.[3] Lässt sich der so gesehene Tod modernitätsgemäß bearbeiten, deuten, aneignen? Lässt er sich – ohne Endentscheidungshypothese und ohne außerweltliche Kompensation – mit Sinn versehen? Gibt es, mit anderen Worten, eine modernitätsgemäße Eschatologie?

Am Tod muss sich jedenfalls die These ausweisen lassen, dass auch, ja gerade in Bezug auf ihn die Erlösungsbedürftigkeit geschwunden ist. Dass der moderne Mensch seine Hoffnung nicht aus einem anderen, jenseitigen Leben zieht, in das der Tod führt – sondern aus dem Tod selbst. Oder dass zumindest seine Bedeutung sich nachhaltig in diese Richtung verändert hat. Die Lebensstrategien, seinen Schrecken zu bannen, sind zwar kulturell und auch in den Religionen höchst unterschiedlich. Das von den meisten Religionen angebotene Mittel, ihn zu zähmen, beruht darauf, sein Wesen, nämlich seine Endgültigkeit, zu verneinen und ein spirituelles Fortleben als selige oder unselige Geister, ein Überleben in überirdischen Gefilden und Paradiesen – oder auch, wie in archaischen Ahnenkulten: unter uns – zu suggerieren. Ahnenkult, Speisung der Toten, Weihrauch und Kerzen – mannigfach sind die Strategien, mit der Endlichkeit fertig zu werden. Auch die Verherrlichung eines Volkes, einer Kultur oder einer Gemeinschaft nimmt dem Einzeltod in nicht individualistischen Gesellschaften seinen Stachel.[4]

Die christliche Erlösungsreligion operiert mit einem über die Beruhigung der Toten hinausgehenden Schema. Im Judentum bildet sich die Erwartung aus, dass die Toten auferstehen, dass ein jüngstes Gericht stattfinden werde, dass Gott in einen von ihm geschaffenen Himmel hinein erlöse und eine neue Erde schaffen werde. Erlöst von Leid, Unrecht und Tod, in ewigem Frieden, werden die Gläubigen dorthin heimkehren. Die Erlösungsvorstellung, die im Zentrum der monotheistischen Erlösungsreligionen steht und die die Überwindung des Todes im Tod denkbar macht, ist indes keineswegs die einzige Möglichkeit, ihn zu bewältigen. Die gegen die Todesangst gestellte Hoffnung der Unsterblichkeit wird in der Dichtung, in Sagen, im Mythos häufig sogar umgekehrt: Unsterbliche, die ewig leben müssen; Unsterblichkeit als Qual.[5] Bedrohlich erscheint das Nicht-sterben-Können! Der Verlust der Unsterblichkeit ist nicht die entsetzliche Folge des Sündenfalls, sondern der Fall erlöst uns von der Unsterblichkeit. Die irdisch-christliche Weltanschauung operiert mit dem ewigen Menschen, um die Idee der Erlösung und der ewigen Seligkeit noch eindringlicher zu schildern.[6] Obwohl die Zeit, insbesondere die unbefristete Zeit, auch als Fluch empfunden werden kann. Die Unsterblichkeit ist und bleibt aber jene uns gewohnte Lebensstrategie, die dem Leben den transzendierenden Sinn zu geben vermag, der es uns, wie Zygmunt Bauman bemerkt, ermöglicht zu leben. Aber denkmöglich, wenn auch entgegengesetzt, ließe sich auch die Sterblichkeit so deuten, wenn sie die Angst vor der Unsterblichkeit bannt.[7]

Aber unsere Kultur bemüht sich nicht nur wesentlich intensiver um das Hinausschieben des Todes, die Verlängerung des Lebens und die Steigerung der Lebenserwartung, als um die Unsterblichkeit. Die Moderne hat, wie es nicht nur Arthur E. Imhof ausgedrückt hat, die Ewigkeit verschenkt, um eine paar zusätzliche Lebensjahre zu gewinnen.[8] Aber was heißt schon »verschenkt«? Zahllos sind doch, wie erwähnt, die Erzählungen, welche Menschen, die nicht sterben können, für die Unglücklichsten erklären und den Tod als aller Menschen gemeinsames Glück sehen. Vielmehr stehen wir vor einer ebenso geheimnisvollen wie triumphalen Umwertung des Todes und des Sterbens, einer Transformation der Todesvorstellung, die nicht mehr, wie im Christentum, eine Art

Aufwachen im Sterben suggeriert, sondern die Intensität des Lebens aus seiner Befristung ableitet. Eine Transformation, die aus der allgemeinen gesellschaftlichen Transsubstantiation resultiert, derzufolge die Überwindungs- und Erlösungsvorstellung schwindet.

Zu dieser Umwertung des Todes, zu der auch das Fremd-Werden des überkommenen triadischen Schemas von Schöpfung, Fall und Erlösung beigetragen hat, tritt eine modernitätsgemäße Theodizee, eine zeitgemäße Rechtfertigung und Deutung des Todes. Die Erlösungsreligionen haben ihre Rechtfertigung des Todes aus der Vorstellung abgeleitet, dass sich der Mensch, indem er einen Bruch mit Gott vollzogen, diesen in seinem Herzen sterben ließ und sich selbst ihm vorgezogen hat, schuldig machte. Weil er Gott sterben ließ, muss er nun selbst sterben. Man erinnert sich jener chinesischen Parabel, die besagt, dass bei unserer Geburt ein Pfeil abgeschossen wird, der uns trifft, wenn wir den Tod erleiden. Unser Leben lang sind wir auf der Flucht vor ihm. Der Tod ist, wie Jankélévitch bemerkt, »ein Stachel, den das Jenseits in das Diesseits treibt«.[9] Im Alten Testament ist der Tod die Strafe für die Auflehnung des Menschen gegen Gottes Willen. Gott gebietet dem Menschen: »Von allen Bäumen des Gartens darfst du essen, nur vom Baum der Erkenntnis von Gut und Böse darfst du nicht essen, denn am Tage, da du davon issest, musst du sterben.« (Gen 2,16f.) Wie Adam und Eva davon nahmen, war nicht nur der Tod wie ein Stachel in sie eingesenkt, sondern sie erkannten auch, dass sie nackt waren (Gen 3,10). »[W]ie in Adam alle sterben, so werden in Christus auch alle lebendig gemacht werden.« (1. Kor 15,22) »Und als letzter Feind wird vernichtet der Tod.« (1. Kor 15,26) Dieser erste Sündenfall ist seinerseits wieder die Grundlage der kirchlichen Lehre von der Erbsünde und der Erlösung von ihr, wie sie im Römerbrief ausgeführt wird (Röm 5,1-21).

Der Sünde Sold ist der Tod (Röm 6,23); der letzte Feind, der in der Endzeit vernichtet wird, der Tod (Kor 15,26). Der Tod ist so verschlungen in den Sieg und die absolute Überlegenheit Gottes (Kor 15,55). Geradezu höhnisch wird das Wort zitiert: »Tod, wo ist dein Stachel? Hölle, wo ist dein Sieg?« (Kor 15,55) Gott ist, unzählig sind die Äußerungen dazu, der Herr der Toten. Gott wird sie zu sich nehmen.[10] Der Tod wird, insofern er ewige Seligkeit beinhaltet oder über eine Brücke in diese führt, sogar, und keineswegs nur bei den Mystikern, herbeigewünscht. Man muss den Tod umarmen, wenn man ewig leben will.[11] Wir können, so der Theologe Dietrich Bonhoeffer, von dieser anderen Welt gar nicht hören, »ohne daß uns selbst eine unermeßliche Sehnsucht, ein unbeschreibliches Heimweh beschleicht, [...] in der Freude, die Fülle und seliger Friede sein wird [...].« »Der Tod ist deshalb mild, der Tod ist süß, der Tod ist sanft, der Tod lockt mit himmlischer Gewalt, wenn wir nur wissen, daß es das Tor in die Heimat, in das Freudenzelt, in das ewige Reich des Friedens ist [...].«[12] Das Zappeln des neugeborenen Kindes, das das Licht der Welt erblickt, ist das »Zittern und Schaudern vor dem herrlichsten, himmlischsten, seligsten Ereignis der Welt. Das Leben fängt erst an, wenn es aufhört, ist das Vorspiel vor dem geschlossenen Vorhang, wo der Knochenmann einen nach dem andern zum Tanz auffordert.«[13]

Wenn der Tod die Strafe für die Sünde ist, und die Albträume des Lebens auch Albträume des Sterbens sind, dann ist die Erlösung eine Erlösung vom Tode, und dann ist der Glaube an die Unsterblichkeit und eine Zeit immerwährender Freude ein Mittel, dem Tod zu entrinnen. Dann strebt das Leben auf einen Konvergenzpunkt zu, wo sich das irdische Leid in der überirdischen Seligkeit auflöst. Aber wenn das Überirdische, das Jenseits sich gleichermaßen entfernt hat, wie die Vorstellung der Ursünde obskur geworden ist? Wenn angesichts auch drohenden Unheils sogar Furcht vor dem Jenseits auftritt, mit unbekannten Gefahren und ungewissem Ausgang? Wenn der Tod nicht mehr nur zum Leben gehört, sondern dieses seine Intensität und seine Kraft gerade aus der Notwendigkeit des Todes schöpft? Wenn sich dieses »Erlöse uns vom Tode«, wie wir es im »Vaterunser« beten, gar verwandeln würde in ein »Erlöse uns vom Leben«, wie in den Todesanzeigen, die eine Erlösung vom Leid insinuieren?

Noch das Alte Testament hat als Lebensideal »alt werden« und »lebenssatt sterben« genannt (Hi 42,17). Moses stirbt so. Der vorzeitige Tod ist eine Strafe Gottes, nicht die Sterblichkeit. Schrecklich ist es, mitten im Leben zu sterben. Dementsprechend war das Totenreich kein Paradies der Glückseligen, auch kein ewiges Heil oder Unheil, sondern ein freudloses Schattendasein, ein Hades. Bei den Toten gibt es weder Tun noch Denken, weder Erkenntnis noch Weisheit (Pr 9,10; Hi 14,21; Ps 49,20 etc.). Max Weber hat bekanntlich, anschließend an Tolstojs Erzählungen, in ähnlicher Weise die alte und die neue Zeit bezüglich ihrer Todesvorstellungen unterschieden. »Abraham oder irgend ein Bauer der alten Zeit«, so Max

Weber, »[...] starb alt und lebensgesättigt«, weil er im organischen
Kreislauf des Lebens stand, weil sein Leben auch seinem Sinn nach
ihm am Abend seiner Tage gebracht hatte, was es bieten konnte,
weil für ihn keine Rätsel, die er zu lösen wünschte, übrig blieben,
und er deshalb ›genug‹ daran haben konnte.[14] Ein Kulturmensch
hingegen, hineingestellt in die fortwährende Anreicherung der
Zivilisation mit Gedanken, Wissen, Problemen, kann ›lebensmüde‹
werden, aber nicht lebensgesättigt – so Max Weber. Denn er er-
hascht von dem, was das Leben des Geistes stets neu gebiert, ja nur
den winzigsten Teil, und immer nur etwas Vorläufiges, nichts Endgültiges, und deshalb ist der Tod für ihn eine »sinnlose« Begeben-
heit.[15]

Der Kulturmensch von heute mag nicht gesättigt sein. Aber der
ewigen Versprechungen müde, die Anreicherung der Zivilisation,
wie sich Weber übrigens vorsichtig ausdrückt, die Anreicherung
mit Gedanken, Wissen, Problemen, Neuem wirklich als Bereiche-
rung hinzunehmen. Er mag auch, im Unterschied zum »natürlich«
sterbenden Bauern Tolstojs, keine Angst haben vor dem Sterben,
aber Angst vor der Art des Sterbens. Darüber hinaus ist der irdische
Futurismus verblasst. Der Geist der Aufklärung ist in alles einge-
drungen, auch in die Fortschrittsvorstellung, unablässig wird revi-
diert und reformiert, werden Ziele und Mittel verändert. Was nicht
ist, kann noch werden, auch beim Sterben. Kontingenz, Riskanz
und Zumutungen der modernen Fortschrittsgesellschaften nehmen nicht nur zu, sondern verkehren den sogenannten Fortschritt
häufig genug in das Gegenteil. Macht, wie Max Weber insistiert,
der moderne Fortschrittsgedanke den Sinn des Lebens und den
Sinn des Todes zunichte? Weil wir ins Endlose fortschreitend immer neue Fortschritte sehen, aber nie einen das Leben vollenden-
den letzten Schritt erleben dürfen? Oder hat denn die Säkularisierung nicht gerade durch die Annahme eines friedlichen Endes der
Weltgeschichte diesen letzten Schritt in Reichweite gebracht, ihn
künftigen Geschlechtern und Generationen überantwortet, an
deren Arbeit wir teilnehmen und ermüdet neuen Geschlechtern
Platz machen? Und ist nicht die Vorstellung einer erlösenden Unsterblichkeit selbst dekonstruiert, zerlegt, kraftlos geworden? Hat
sie nicht aufgehört, ein ferner und verlockender Gegenstand zu
sein?

Vielfältig sind deshalb die entgegengesetzten Vorstellungen,
Vorstellungen von einem Sinn des Todes, der nicht in der Erlösung

vom irdischen Übel liegt. Und der unserem Leben nicht jene Ursünde zugrunde legt, deren Sühne im Tod erfolgt. Angst als grund-
loses Grundgefühl des Daseins verlangt, wie Heidegger es genannt
hat, eine Bereitschaft, sich auf dieses Grundgefühl einzulassen, der
»unerbittlichen Rätselhaftigkeit« des Daseins nicht auszuweichen,
ja sich der Sterblichkeit als Formung der Lebendigkeit zu vergewissern.[16] Leben ist Sein zum Tode und erst daraus erwächst die Vorstellung des Lebens. Alles Leben lebt vom Tod des Anderen, alles
verschwindet im natürlichen Lebensprozess. Wir selbst, die wir
Getötetes und Totes essen, sind Beispiele dafür. Sind nicht alle uns
bekannten Lebewesen sterblich, verfallen sie nicht auch alle früher
oder später dem Tod? Der Tod ist mit der Endlichkeit des Lebens
gegeben und die Endlichkeit wird man in dieser Sicht schwerlich
als Sünde charakterisieren können. Zumindest der natürliche Tod,
darum ja das Adjektiv, kann doch nichts mit Schuld und Sühne zu
tun haben. Es sei denn, man überantworte die gesamte Schöpfung
der Sünde. Darüber hinaus täten wir uns schwer, ohne Endlichkeit
zu leben. Ein Leben mit endlosen Möglichkeiten, eine unbegrenzte
Zeit vor uns ließe uns gleichgültig oder irrsinnig werden.[17]

Die Vorstellung von der Sinnlosigkeit des Sterbens in einer Zeit
endlosen Fortschritts wird, wie es Max Weber befürchtet hat, obsolet angesichts seiner Janusköpfigkeit. Dass der Tod Strafe für die
Sünde und die Befristung des Lebens der immerwährende Schrecken darstellt und dass er darum getötet werden muss, ist im Zusammenhang mit den heutigen Anschauungen vom Leben und
vom menschlichen Leben schwer vermittelbar. Selbst die Vorstellung eines ewigen Lebens im Himmel oder auf Erden erscheint
eher bedrückend. Müsste der Mensch, wenn er Mensch bleiben
wollte, nicht ewig leiden? Könnte der Mensch, würde er ewig leben,
nicht tun, was er wollte, wäre doch alles früher oder später korri-
gierbar?[18] Hätte der Mensch eine unendlich lange Zeit zur Verfü-
gung, so »wäre immer das Morgen so gut wie das Heute, und er
hätte gar keinen Grund anzufangen, es sei denn zur Vertreibung
der Langeweile«.[19] Und schließlich, Jankélévitch weist darauf hin,
kann der Tote zwar nicht mehr ins Leben zurückkehren, doch wer
gelebt hat, fällt auch nicht in eine vorgeburtliche Nichtheit zurück:
»Wenn jemand geboren wurde und gelebt hat, wird immer etwas
von ihm bleiben. [...] man [würde] nicht sagen, ›es ist nicht mehr‹,
wenn es niemals gewesen wäre! [...] das ›nichts mehr‹ unterschei-
det sich auf immer von der bloßen Nichtheit; es ist vor der ewigen

Inexistenz gerettet worden, und zwar auf ewig. Dieses Gewesensein ist wie das Gespenst eines unbekannten, kleinen Mädchens, das in Auschwitz gefoltert und ermordet wurde: eine Welt, in der der flüchtige Aufenthalt dieses Kindes auf Erden stattgefunden hat, wird sich auf immer und unwiderruflich von einer Welt unterscheiden, in der dieser Aufenthalt nicht stattgefunden hat. Was gewesen ist, kann nicht nicht gewesen sein«.[20] Der Tod beendet das Leben und ruft es gleichzeitig wach. So wie die Bewegung des Lebens nicht zum Tode hindrängt, sondern vom Tod auf das Leben zurückgeworfen wird.

Die Welt hat ohne den Menschen begonnen und wird ohne ihn aufhören. Diese heute selbstverständliche Einsicht vom Verschwinden des Menschen und dem Heraufkommen des Nichts hat die überkommene Erlösungsvorstellung verändert. Die Welt wird letztlich erlöst werden vom Menschen, der als absonderlicher Störfall auf einer der zahllosen leuchtenden Kugeln, wie es Schopenhauer ausdrückt, zufällig entstanden ist.[21] Der Mensch, der in die Zukunft flieht, stürzt sich gerade dadurch in sein eigenes Ende und beschleunigt es über seine eigenen, immer größer und machtvoller werdenden Geräte und Werkzeuge. »In Wahrheit«, so Alberto Caraco im »Brevier des Chaos«, »laufen wir auf einer immer abschüssigeren Bahn in den Tod, wir schlittern auf ihn zu und stürzen uns ihm entgegen, trunken und willig, denn je männlicher die Menschen sind, desto weniger fürchten sie das Sterben und desto mehr erscheint ihnen der Tod als Fest«.[22]

Das anthropofugale Denken, für das der Mensch sein eigenes Nichts bewerkstelligt, ist indes lediglich die Kehrseite der christlichen Erlösungsvorstellung. So, wie die christliche Geschichte und ihre weltlichen Derivate heilsgeschichtlich angelegt sind, ist für das anthropofugale Denken die Geschichte eine Unheilsgeschichte. Und so, wie der Mensch eine Schöpfung Gottes ist, ist der Mensch in der christlichen Geschichte im anthropofugalen Denken ein Störfall in der Natur. Die Existenz des Menschen ist eine Verirrung, von welcher erlöst zu werden tröstlich ist. Das anthropofugale Denken ist auch Sklave der christlichen Heilsgeschichte. Das Verblassen des religiösen Substrats einer wie auch immer gearteten, aufwärts oder dem Nichts zustrebenden Erlösungssehnsucht, heilsgeschichtlich oder menschenflüchtig, legt indes eine weniger dramatische, gelassenere und selbstverständlichere Deutung nahe, eine

Deutung, welche von der Erlösungsvorstellung als lebensnotwendiger Strategie absieht.

Tatsache ist, dass es noch nie vorgekommen ist (außer beim Gottessohn), dass ein Mensch dem Tod entgeht. Der Tod lässt also absolut keine Ausnahme zu; folglich ist diese Regel eine Notwendigkeit und kein Skandal. Er ist normalisiert, vielleicht trivialisiert, vielleicht, wie Philippe Ariès moniert, verwildert.[23] Was Ariès Verwilderung nennt, ist vielleicht ein Modus der Entmystifizierung. Dafür gibt es Zeichen genug: Todesanzeigen sprechen von einer anderen Erlösung: Der Tod selbst ist der Erlöser, wie es ja auch das triadische Schema von Schöpfung, Fall und Erlösung suggeriert. Nur selten wird die Erlösung »vom« Tode hinzugedacht. Und mannigfach sind die Anschauungen, in denen der Tod sogar ein Mittel ist, um das Leben zu intensivieren. Selbst Theologen wie Karl Rahner meinen im Anschluss an Heidegger, dass das Leben in seiner Endlichkeit durch den Tod an Ganzheit gewinne.[24] Vom existierenden Menschen her gesehen wird der Tod zum »nie erlöschenden Antrieb« auch des »Nachsinnens über Gott und die Welt und sich selber«.[25]

Im triadischen Schema bekommt schließlich und endlich der Tod noch einen anderen, einen lebensfreundlicheren Sinn. Böses ist vom Menschen nicht nur selbstverschuldet. Es gibt einen erbsündlichen Rest, ein vererbtes Unheil, welches den Menschen entlastet. Vererbte Sünde ist nicht selbstverschuldete Sünde. Deshalb wohl konnte Max Horkheimer die Lehre von der Erbsünde die »großartigste Lehre« der jüdischen und christlichen Religion nennen.[26] Und ausgerechnet Niklas Luhmann bescheinigt ihr, dass sie, wenn nicht auf »psychologischer, so doch auf kommunikativer Ebene zur moralischen Selbstverurteilung gezwungen [ist] und damit zur Mäßigung moralischer Kritik« anhalte.[27] Der Gedanke der Erbsünde ist zeittypisch reformuliert in den soziologischen Konzepten einer herkunftlichen Bedingtheit des Menschen, seiner ontogenetischen Präformierung oder, moderner, in biologischen Vorgaben einer genetischen Prägung. Der Zusammenhang von Sünde und Endlichkeit, Tod und Erlösung ist den menschlichen Praktiken, auch ihren schuldhaften, fremd geworden.

Das Zeugen und Gebären, überhaupt die Sexualität, in der nach der biblischen Geschichte die Sünde die Harmonie der Geschlechter stört und das Gebären zu einer schmerzvollen Sache macht, lässt sich für den heutigen Menschen ebenfalls anders erfahren. Gebären als Lust, als sexuelle Vereinigung, als Steigerungsmodus gerade auch in ihren extremen und perversen Intentionen, oder in ihrer, wie es Max Weber nennt, unheimlichen Verknüpfung mit ihren animalischen Seiten, in die sie unvermittelt hinüberzugleiten droht.[28] Die neu eröffneten sexuellen Freiräume und Operationsformen entziehen sich den alten Ängsten, Vorurteilen und religiösen Vorschriften. Undenkbar wäre es heute, im Beichtstuhl gedachte oder geträumte sexuelle Begehrlichkeiten als sündig zu empfinden und dafür Buße zu tun. Eine sexuelle Perversion nach der anderen wird in der modernen Gesellschaft freigestellt, geoutet und allenfalls zunächst professionell, dann öffentlich als nachahmenswert hingestellt.[29]

Während die Befindlichkeiten des modernen Menschen mit den theologischen Vorstellungswelten von Erlösung und Sünde nicht mehr les- und deutbar erscheinen, mag es mit dem Zusammenhang von Leid und Erlösung auf den ersten Blick noch anders aussehen. Berühren diese theologischen Vorstellungswelten sich mit dem Befinden und den Erfahrungen des modernen Menschen? Leid ist – man führe sich seine Synonyma wie Pein, Qual, Marter, Martyrium, Drangsal, Schmerz, Gram, Kummer, Sorge, Herzeleid, Weh, Harm, Kümmernis, Jammer, Pfahl im Fleische, Not, Trauer, Unglück zu Rate – überall. Manchmal geht es um benennbare Ursachen, die verstorbenen Eltern, den Verlust eines Kindes, des Ehegatten oder Bruders. Redet man von Trauer und Pein, sind die Ursachen Krieg und Gewalt. Bei Einsamkeit und Heimweh spricht man von Herzeleid, Kummer oder Weh. Ursachen verschwinden, werden undeutlich und unklar. Während für das alttestamentarische Denken Gott die Quelle des Leids ist, oder, anders ausgedrückt, das Leid des Menschen Strafe für Verfehlungen darstellt (vgl. Mo 20,5; I. Kö 8,32), Leid also eine Folge von Schuld des Menschen gesehen wird, befasst sich das Neue Testament insbesondere mit dem Leiden in den letzten Stunden von Jesus. Leid wird zum knappen Ausdruck für sein gewaltsames Ende (I. Kö 22,15; Apg 17,3). Das Leiden Christi wird zum stellvertretenden Leiden und heilsbedeutend.

Aber noch einmal: Ist Leid nicht auch die Ursache der Freude? Von den Leiden des jungen Werthers bis hin zu Ciorans Bedürfnis, Gräber zu schänden und Friedhöfe mit einer »frühlingshaften Apokalypse« zu beleben,[30] liefert uns die gleichermaßen sinnstif-

tende wie obskure Literatur Zeugnisse eines verzückten oder ener-
giespendenden Leids: »Einzig das Leben existiert, der Absolutheit
des Todes zum Trotz! Das wissen die Bauern, die sich auf den
Friedhöfen paaren und deren Stöhnen das aggressive Schweigen
des Todes beleidigt, die Wollust auf einem Grabstein, welch eine
Beförderung!«³¹ Die Wichtigkeit des Leids als Kraftspender, als
Ursache ekstatischer Hingabe, die Tränen des Eros,³² die Anfälle
der Theresa von Avila, die Ununterscheidbarkeit der Tränen und
der Musik für Emile Michel Cioran.³³ Endlos sind die Exerzitien des
Leidens und die Legitimierungen und Fürsprachen einer Daseins-
berechtigung. Von den Mythologien Batailles in den »Tränen des
Eros«, von den Geißlern Christi, der Liebe des Volkes für grausame
Todesschauspiele, der römischen Arena, dem Roten Platz, dem
Platz des Himmlischen Friedens.³⁴ In der Begeisterung des Ver-
nichtens offenbart sich zuerst der Sinn göttlicher Schöpfung. In der
Mitte eines vergöttlichten Todes entzündet sich der Blitz des ewigen Lebens.³⁵ Ob das Leid nun erst das Bewusstsein begründet oder
ob überhaupt Existenz nur durch es existiert, ob nun, wie Hegel es
ausdrückt, »[n]icht das Leben, das sich vor dem Tode scheut [...],
sondern das ihn erträgt und in ihm sich erhält, [...] das Leben des
Geistes [ist]«,³⁶ oder ob man mit den »Quellen des Leidens nicht
auch die Quellen des Lebens verstopft und damit die Erfahrungen,
die wir mit der Welt, mit Anderen und mit uns selbst machen, aus-
trocknet«³⁷ – all dies und vieles weiteres lässt Fragen zurück. Auch
an die überkommene christliche Todesanschauung: Tod, wo ist
dein Stachel (Is 25,8; Os 13,14)?

Diesen Vorstellungswelten entsprechend wird der Tod nicht
mehr durch die Erlösungsvorstellung gezähmt, sondern durch
seine Veranschaulichung. Endlos sind seine Darstellungen; als
Skelett herumzulaufen ist ebenso spaßig wie als lebendes *Memento
mori* mit einem gestickten Totenkopf auf dem T-Shirt zu paradie-
ren. Schnuller mit Totenkopf für Säuglinge! Der tägliche Totenrei-
gen im Fernsehen, real in der Tagesschau, fiktional im anschlie-
ßenden Tatort, hat eine Gewöhnung hervorgerufen, wie auch die
öffentliche Zurschaustellung von Realanatomien. Immer noch ist
das Verhältnis zum Tod zwar widersprüchlich. Auf der einen Seite
wird er tabuisiert, versteckt, verdrängt, auf der anderen Seite gezeigt, zur Schau gestellt. Aber zweifellos tritt er trivialisiert oder
dämonisiert in den Vordergrund, wird sichtbar gemacht und illu-
miniert.

Der Tod birgt irgendwie kein Geheimnis mehr, schon gar nicht jene Konvergenz, auf die irdisches Leben zustrebt, jene Zeit der Endentscheidung, in der sich das künftige Leben zeigt. Gewiss sind Tod und Sterben auch etwas Heimliches, Verborgenes, Obszönes geworden, gerade weil ihnen die Würde des Übergangs auch das Feierliche und häufig genug die Begleitung der Kirche genommen hat. Philippe Ariès zufolge hat die moderne Gesellschaft den Tod ausgebürgert – man könnte auch sagen: der Kirche weggenommen und dem Bürger überantwortet. Dieser hat neue Formen des Umgangs mit ihm entwickelt. Der moderne Tod ist das umgewendete Abziehbild oder Negativbild des vormodernen, aus dem Pferdefuhrwerk ist eine unscheinbar graue Limousine geworden. Dass er gleichzeitig wieder, wie Ariès hübsch sagt, durch die Hintertür hereingekommen ist und in philosophischen und soziologischen Untersuchungen, in Fernsehsendungen, in medizinischen und juristischen Debatten endlos und ohne Tabus diskutiert wird, und das Sterben neuerdings sogar für das Fernsehen aufbereitet wird, symbolisiert eine Gleichgültigkeit ihm gegenüber, die durch seine endlose wissenschaftliche und mediale Vergegenwärtigung nur noch gesteigert wird.[38] Der Stachel des Todes ist kein Stachel mehr, der gezogen, von dem man erlöst werden will, sondern eine Selbstverständlichkeit des Lebens geworden, mit der man zu leben gelernt hat.[39] Zu leben ja, aber auch zu lieben? Umfängt die christlich gebotene Feindesliebe (Matt 5, 44f.) nicht auch jenen Feind, den der Teufel in die Welt gesandt hat, um die Menschen zu töten. Ragt nicht diese ungeheuerliche Liebe ins Jenseits hinein mit Hilfe des Todes?

Skandalös, geben wir es zu, ist und bleibt der unverhoffte, der plötzliche, der unerwartete Tod. *Mors certa* – aber eben auch: *Hora incerta*. Und skandalös ist jedenfalls der Tod der Unschuldigen und der unerhörte Tod von Millionen von Opfern in den Vernichtungsmaschinen des zwanzigsten Jahrhunderts.[40] Aber diese Tode und Morde sind menschengemacht und an ihrer Zivilisierung wird, vielleicht und hoffentlich nicht ganz ohne Erfolg, gearbeitet. Darüber hinaus verlangt die Tatsache, dass der Tod unvermutet und jeden Augenblick eintreten kann, das Leben so einzurichten, dass es jeden Tag abbrechend gedacht werden kann. Das heißt nun wiederum nicht, dass alles so geordnet, aufgeräumt und testamentiert sein soll, wie es ein ordentlicher, ein »großer« Tod verlangt, sondern dass man lernt, dass die eigenen Möglichkeiten nie ausge-

schöpft sind, auch nicht bei einem normalen Tod. Wenn Dasein
endet, endet es immer unvollendet.[41] Ein mittelalterlicher Sinn-
spruch sagt: »Ich komm, weiß nit woher; ich geh, weiß nit wohin;
mich wundert, daß ich fröhlich bin.« Luthers christliche Variation
heißt: »Ich komm, weiß wohl woher; ich geh, weiß wohl wohin;
mich wundert, daß ich traurig bin.«[42] Die christliche Variante
schließt die menschliche Existenz. Die moderne Auffassung vermeint zu wissen, woher wir kommen, und wohin wir gehen, ohne
Erlösungs- und Himmelsglaube. Ohne Engel und Teufel. Aber voller unlösbarer Fragen. Und ist uns nicht wohl dabei?

7. Unerlöst

»Die letzte Welt« nennt sich ein utopischer Roman von Christoph Ransmayr, in dem die Antike auf bedrohliche Weise mit einer unbekannten Zukunft zusammengeschlossen wird.[1] Die Nachforschung nach Verschollenen in ihr endet ergebnislos. Der Suchende löst sich in einem vielstimmigen Widerhall seiner selbst auf. Religiös sein heißt, davon ausgehen, dass, was ist, nicht alles ist, und einen Sinn für eine andere, eine letzte Welt zu entwickeln und eine solche zu suchen. In der christlichen Eschatologie, der Lehre von den »letzten Dingen«, ist die Rede von Ereignissen, die am Ende der Zeit über die Menschen kommen. Die letzte Welt ist das ewige Endreich, eine unvorstellbar andere Welt, die sich nach dem Ende dieser Welt auftut und in die oder deren Gott hinein sich die Menschen auflösen. Religiöse Praktiken im strengen, nicht im diesseitsgewandten, quasireligiösen Sinne sind Praktiken, die einen Bezug auf eine andere, eine über die menschliche Welt hinausgehende oder hinter dieser liegenden Sphäre enthalten.[2] Religiöses Handeln, so Max Weber, entsteht, wenn die Welt verdoppelt, wenn zur Welt eine Hinterwelt, eine andere Realität tritt, die ihren Anhängern Befreiung, Erlösung vom irdischen Leid verspricht.[3]

Die Konzeptualisierung dieser anderen, in den Erlösungsreligionen »eigentlichen« Welt erfolgt in der Moderne zunächst futuristisch-utopisch, dann gnostisch-intopisch. Nach der Ermattung der immanenten Glücksversprechen, der Utopien und der Entzauberung der »Reformlügen«, der Vorstellungen also, dass alles immer besser werde, wenn man es nur anders mache, wird Gott in den Menschen hineingezogen und ist in ihm am Werk: als seine

Sehnsucht, sein Zuviel, als innerster Schmerz. Für die letzte Welt der Erlösungsreligionen existieren deshalb unterschiedliche Umschreibungen. Weltgericht und Reichsvollendung, Totenauferstehung und Neuschöpfung der Welt waren, als Dimensionen dieser anderen Welt, der Vormoderne geläufig. Diese Art von Eschatologie führt heute, wie auch die Lehre von der Erlösung, die Soteriologie, ein steriles Dasein am Ende der christlichen Dogmatik, ist ganz unzeitgemäß und weit von der Lehre vom Kreuz und der Auferstehung, von der Erhöhung und Herrschaft Christi entfernt.

Auch die Hoffnung, ein innerweltliches gelobtes Land zu erreichen, ist nicht zuletzt darum, weil sich alles im Weltmaßstab überblicken und vergleichen lässt, in weite, immer weitere Ferne gerückt. Aber der Abstand zwischen dem Paradies und der Wirklichkeit erscheint, global betrachtet, nicht nur gleich geblieben, sondern größer geworden. Wirklichkeit und Möglichkeit scheinen sich innerweltlich nicht mehr in Deckung zu bringen und damit still zu stellen in etwas Definitivem. Sie bewegen sich auseinander. Etwas stört, etwas interveniert, etwas verhindert die volle Identität des Menschen mit sich selbst. Der Mensch ist sein eigener Störfall. Er trägt etwas in sich, was er nicht los wird. Einen Stachel. Ein Begehren. Eine Wunde. Einen Rest. Etwas Unbedingtes, etwas, was er nicht gewählt und wozu er sich nicht entschieden hat. Er ist wie infiziert. In keiner Weise hat er sich in seiner Geschichte davon zu befreien gewusst, allen Vervollkommnungs- und Perfektionsbemühungen zum Trotz. Und wie immer er in der Lage war, seine technischen und kulturellen Umwelten zu perfektionieren: Jede Generation, jeder Jahrgang, hunderttausend Geburten an jedem Tag branden empor mit der gleichen Kraft, dem gleichen Mangel, einem Überschuss an Tatkraft und Änderungswillen. Und sucht ihr Heil erneut in der Veränderung und Neuerfindung. Wenn das und nicht ein ewiges und vollkommenes und totales und definitives Heil die letzte Welt wäre? Eine Welt, die sich niemals prinzipiell ändern wird, trotz aller Anstrengungen? Ein Mensch, der in Jahrhunderttausenden ewig gleich, nämlich unfertig und unvollkommen, ein Licht der Welt erblickt, das er nie erreicht? Ist das des Menschen Niederlage? Sein Unglück? Oder ist der Mangel ein Geschenk? Wie sieht denn eine erlösungsmüde und erlösungslose Welt aus? Und kann nicht sie die letzte Welt sein? Das ist die Frage.

Jedenfalls: Die »letzte« Welt lässt sich unterschiedlich deuten. Als gereinigtes Jenseits, in das hinein man erlöst wird, wie bei den weltverneinenden Erlösungsreligionen. Oder als Inseits, in das es hineinzuschlüpfen gilt. Als Stachel, als Infekt – oder als Gabe, als Geschenk, aus dem der Mensch etwas zu machen hat. Seit diese, unsere Welt eng wird, sich beginnt zu schließen, um eine zu werden, seit die Gesellschaft ein Niveau der Transparenz erreicht hat, wo alles gleichzeitig gewusst wird, was gewusst werden kann, aber auch in einem Zustand geendet hat, der ihre Paradoxien, ihre Unheilbarkeit, ihre Stigmatisierung offen hervortreten lässt, tritt jedenfalls wie in einer weltlichen Transsubstantiation die nicht erlöste und mit ihr die nicht erlöst werden wollende Welt hervor. Sie entfaltet sich und treibt etwas aus sich hervor. Während die andere, die definitive Welt, die im christlichen Glauben unauflöslich mit dieser Welt verbunden ist, im Begriffe ist zu entschweben, zu verschwinden. Diese letzte Welt lässt das Unmögliche und preist das Mögliche.

Diese zur Erstwelt werdende Zweitwelt inkarniert sich täglich hunderttausendfach in einem Menschen, der seine Unvollkommenheit nicht mehr verbirgt, sondern zeigt. Schon im christologischen Zyklus ist ja das Auferstehungsbild, Christus mit hochgehaltenen, segnend, die Innenflächen seiner Hand zeigenden Wunden, das nicht mehr den gemarterten, sondern den erleuchteten Leib zeigt, das vieldeutigste Bild. Die Passion überliefert, in diesem letzten Bild, keinen vervollkommneten göttlichen Körper, sondern einen menschlichen, bei dem die Wundmale nicht getilgt sind. Inkarnation, Fleischwerdung Gottes (»in carne«) ist untrennbar verbunden mit Verwundung – schon in der Geburt. Der auferstehende Christus ist mit seinen lichten Wunden Ausdruck des Heils und der Erlösung. Der ungläubige Thomas möchte das Mal der Nägel sehen und seine Hand in seine Seite legen (Joh 20,25). Selbst die Arma Christi, die Leidenswerkzeuge, die Nägel, die seine Hand durchbohrten, die Lanze, die seine Seite öffnete, der Kelch, der sein Blut auffing, die Dornenkrone, die seine Stirn verletzte, das Schweißtuch, das sein Antlitz trocknete, werden Symbole eines christlichen Endzustandes ohne Vollkommenheit.

Bei Christus, dem Auferstandenen, sind die Stigmata Zeichen des Heils, der Auserwähltheit. Alle Auferstehungsbilder zeigen diesen Christus, der sich und seine Stigmata triumphierend zur Schau stellt. Der moderne Mensch öffnet sich, kehrt sein Inneres nach außen. Wir leben in einer Zeit des Zeigens. Sie führt zeigend vor Augen, dass es etwas gibt, das unausrottbar, unkorrigierbar,

unheilbar und unteilbar mit unserer Existenz verbunden ist. Die
menschliche Existenz hat sich wie eine Skulptur aus der glatten,
sich in Jahrmillionen gebildeten Oberfläche der Erde herausge-
meißelt. Eine Existenz, die sich entweder früher oder später, so die
überkommenen Mythen, aufhebt im Kosmos oder zurück ins Tieri-
sche versinkt. Oder aber den Dualismus von Diesseits und Jenseits,
von Immanenz und Transzendenz, von Natürlichem und Überna-
türlichem in einer anderen Welt, einem Jenseits im Diesseits aufheben kann oder aufheben lässt. Während das erstere unerwünscht
ist (aber vielleicht im Sinne der Fellachenexistenz, die Max Weber
perhorresziert, möglicherweise eintritt), bleibt das zweite, die Verschmelzung der Wirklichkeit mit ihrer endgültigen Möglichkeit,
ein Versprechen, das der Mensch ohne fremde Hilfe, ohne einen
Erlöser der christlichen Heilsbotschaft gemäß nicht zu erlangen in
der Lage ist. Die Anerkennung einer unaufhebbaren Differenz
zwischen dem, was ist, und dem, was nicht oder noch nicht ist,
erscheint gleichbedeutend mit der Anerkennung der unaufhebbaren Differenz zwischen Gott und Mensch. Zwischen einem Menschen, der sein Stigma spürt und weiß, dass er es nicht los wird,
dass die Anstrengungen, sich zu erlösen, endlos sind und er nur
immer wieder versucht, Lösungen zu finden.

Wo die Weisheit am Ende ist und jede Lösung neue Probleme
hervorruft, die wieder nach Lösungen rufen, lässt sich dieser Prozess zwar unterbrechen durch Erlösung vom Lösen-Wollen, vom
Erlösen-Wollen der Welt und von der Vorstellung, sich selbst zu
erlösen. Die genetischen Träume, in denen auch heute noch über
naturwissenschaftliche und medizinische Vervollkommnungsvorstellungen Letztlösungen anvisiert werden, führen wieder hinter
die Vorstellung zurück, dass der Mangel gerade die Ursache, der
Impuls ist, aus dem die Vorstellung der Vervollkommnung erst
herrührt. Zu Recht werden die Vervollkommnungs- und Anthropo-
techniken, wie sie Sloterdijk u.a. in ihren Überlegungen zum Menschenpark der Zukunft angestellt haben, als machselig gebrand-
markt. Nicht nur, weil ihre Begriffe erneut an die finsterste Zeit
deutscher Geschichte erinnern, sondern weil überdeutlich jene
verweltlichte, christlich-totale Heils- und Erlösungsvorstellung zum
Ausdruck kommt, die, in den irdischen Heilsvorstellungen schon
immer angelegt, in Menschenzuchtphantasien erneut grassiert.[4]

Aber ist es eine Niederlage des Christentums, wenn die Erlösungsvorstellung verloren geht? Verliert dieser Glaube mit der

Erlösungsvorstellung lediglich den Status einer Erlösungsreligion? Nicht einmal das. Die Theologie der Erlösung ist zu befragen, wie sie Erlösung anders deuten könnte – anders denn als Finale. Es mag sein, dass die irdischen Messiasse in außereuropäischen Ländern triumphieren, weil die Rufe nach Führung und Führern lauter werden. Die Entlastungsfunktion der Fremderlösung mag angesichts des offenkundigen Scheiterns der Selbsterlösungs- und Selbstvervollkommnungsbemühungen sogar wieder an Attraktivität gewinnen! Aber in ihr tritt der alte, christlich geprägte Vervollkommnungsglaube als Machbarkeitsglaube auf. Gewiss: Annahme seiner selbst bedeutet die Annahme unlösbarer Probleme. Wenn von »Vorentschiedenheit« oder »Unbedingtheit« geredet wird, ist uns das vertraut.[5] Die Frage ist, wie wir damit umgehen. Gott offenbart sich (wie in Ex 33), indem er sich entzieht. Gott ist nicht darstellbar; was er ist, nicht sagbar. Darum antwortet er auf die Frage von Moses, wer er sei, er sei der er sei. Wäre er ein den unlösbaren Existenzproblemen des Menschen affines Wesen, würde er in seiner Funktion als vollkommenes Wesen hinfällig, würde man ihn nur funktional betrachten, leistete er gerade nicht, was als Funktion ausgelegt wird. »Eine Hoffnung, die man sieht, ist keine Hoffnung; denn was einer sieht, weshalb hofft er noch?« (Röm 8,24,25).

Und würde schließlich die Frage in den Vordergrund gestellt, in welcher Weise die Religion, deren Wiederkehr unentwegt angesagt wird, einen modernitätsverträglichen und kommunizierbaren Sinn an den Tag legen könnte (etwa als Überführungstechnik von Irritationen und Kontingenzen in die Plausibilitätsstrukturen des Alltags oder als Bearbeitung des Unverfügbaren), so hätte man zwar der lebenspraktischen Forderung nach Rezepten Genüge getan, aber das Wesen einer Erlösungsreligion verfehlt. Der Ort für einen bodenlosen, der Plausibilität verlustig gegangenen Erlösergott,[6] ein Gott, der nicht mehr auf erlösungsbedürftige und -willige Menschlein baut, nicht Unglückliche »in ihrer schwachen Stunde« überfällt, seine Angebote herzeigt und sie möglicherweise religiös vergewaltigt, wo, ja wo ließe er sich finden?[7]

Wenn Religiosität Annahme und Umgang mit einer letzten Wirklichkeit, einer letzten Welt ist, bearbeitet und deutet Religion das Spannungsverhältnis zwischen dem, was ist, und dem, was nicht oder vorentschieden ist. Religiosität, ließe sich sagen, heißt nicht nur, einen Sinn für diese andere Welt zu haben, sondern auch einen anderen Sinn für diese Welt zu bekommen. Religiös sein heißt nicht, einseitig nach diesseitigem Halt, nach Geborgenheit, nach Trost und nach irdischer Erlösung zu suchen. Nur diesseitsgewandte Religionen versprechen in diesem Sinne Beruhigung, wie immer sie dann ihre Versprechen einlösen. Religion im strengen Sinne hat es immer zu tun mit Irritation und Beunruhigung, mit der Sorge, der Verlassenheit, mit dem Endlosen, mit den Zweifeln, mit der Pein, mit dem, wofür man nichts kann, und mit dem, was man nicht einfach machen kann. Die Weltreligionen geben in ihren Glaubenslehren allem voran Antworten darauf.

Areligiosität ist dementsprechend eine Einstellung, die sich nur bei dem aufhält, was der Fall ist und die eigene Nichtigkeit leugnet. Und nicht irritiert ist, dass vieles nicht aufgeht. In diesem Sinne ist Religion nicht Bewältigung von Kontingenz, sondern Aufreißen des Fensters zur Kontingenz. Und in diesem Sinne geht jede Religiosität von einer ontologischen Prägung, einer Stigmatisierung des Menschen aus, die Religion hervorruft. Der Mensch ist nicht, was er ist, er trägt eine Spur, ein Mal, ein Stigma, einen Stachel in sich, der ihn sich selbst unfertig und verwundet erscheinen lässt. Aber dieses Mal verantwortet auch jede Vorstellung von Gott. Er trägt den Abdruck des Menschen, wie der Mensch den Abdruck Gottes erträgt.

Unverfügbar ist, in alter Schreibweise, der Mensch in seiner Endlichkeit: dass er ist und nicht vielmehr nicht ist. Und unverfügbar ist auch, dass der Mensch, wenn er Mensch wird, immer schon mit diesem »Zuviel« oder »Zuwenig«, mit diesem Überschuss oder Mangel daherkommt. Hunderttausendmal Tag für Tag öffnen sich Augen für das Licht der Welt, die wieder ihre Unfertigkeit und Neugierde, ihre Unzufriedenheit und Unruhe in die Welt tragen und etwas aus sich, den anderen und der Welt machen wollen. Und sich in kleinen Fortschritten sonnen, auch wenn überall Unzufriedenheit nachstößt und sich neue Differenzen auftun.

Aber braucht der Mensch zur Selbstverständigung Religion, braucht er sie für die Frage, warum er da und nicht vielmehr nicht da ist? Er braucht sie nicht, er hat sie. Denn unverfügbar ist dem modernen Menschen, dem Autonomie und Vernunft zugeschrieben werden, Unverfügbares verfügbar zu machen. Erlösungsvorstellungen sind demgegenüber Verfügungsträume. Aber auch die Verfügungsträume sind ein Ergebnis seiner konstitutiven Schwäche. Das Sein als Möglichkeit, Freiheit zu wollen, lässt sich weder verfügbar machen noch abtöten. Gewiss ist die Versuchung groß, die Verfügungsvorstellung durch Akzeptanz und Leidensbejahung zu ersetzen. Dem Leiden reden unterschiedlichste Autoren das Wort: A. Schopenhauer, F. Nietzsche, S. Kierkegaard, F. Dostojewski, J. Burckhardt, W. Benjamin, E. Cioran, V.E. Frankl, D. Sölle. Die metaphysische Überhöhung und Verklärung der Schmerzen und ihre Rückführung auf das Kreuz und die Kreuzigung birgt die Gefahr in sich, Leid nicht nur zu akzeptieren, sondern herbeiführen zu wollen, an sich, an andere. Leiden ist in der Logik dieses Verständnisses Strafe für Sünde. »Nach einer abscheulichen deutschen Tradition«, so Theodor W. Adorno in der »Negativen Dialektik«, figurierten als »Tief« jene Gedanken, »welche auf die Theodizee von Übel und Tod sich vereinigen lassen«.[8]

Aber Bejahung von Leid und Versöhnung mit ihm wird nur an die Stelle einer Aufhebung von Erlösung treten, wenn nicht wieder Erlösungsbedürftigkeit vorausgesetzt wird. Leid bejahen ist ein Mittel, ihm zu begegnen, ohne dass man mit ihm ein für alle Mal fertig werden will noch auf seine Überwindung hofft. Die »Erlösung im Tragischen«, wie sie als Ausweg seit der griechischen Philosophie an die Stelle einer Erlösung »vom« Tragischen und, wie in der Enderlösungsvorstellung, vom Christentum gerückt ist, will Erlösung. Ob die Erlösung im Tragischen geschieht oder vom Tragischen, es wird nicht nur eine tragische Grundsituation des Menschen vorausgesetzt, sondern ein Erlösungswille. In der tragischen Weltanschauung vollzieht sich eine Befreiung vom Tragischen: »eine Weise der Reinigung und Erlösung«.[9] Mit dem Wissen des Tragischen »verbindet sich von Anbeginn der Drang zur Erlösung«.[10] Der Unterschied zum christlichen Erlösungsglauben, der weder eine irdische Erlösung mittels ordnender und interpretierender Vernunft noch durch die schönen Künste vorsieht, ist das Register, in das Erlösung eingetragen wird, irdisch und nicht außerirdisch. Aber die tragische Weltanschauung trifft sich mit der christlichen in der Annahme einer erlösungsbedürftigen Welt.

Das Verblassen des Erlösungswillens und die Auflösung einer ultimativen Fortschrittsvorstellung führt keineswegs ins Sinnlose und Endlose und gewiss gilt es immer, vermeidbares Leid zu bekämpfen und unvermeidbares Leid daraufhin zu prüfen, ob es in vermeidbares verwandelt werden kann. Der Sinn des Leids und des Mitleids liegt darin, sich mit dem Leiden, dem eigenen und dem fremden, zu beschäftigen. Die Erlösungsvorstellung hat das Leid als

gegeben und menschenverschuldet genommen. Die anthropologische Deutung des Leids erkennt im Leid und im Mitleid einen
nicht selbst verantworteten, menscheneigenen Antrieb, eine Un-
ruhestifterin. Leid muss nicht verschwiegen, aber auch nicht sadis-
tisch oder sadomasochistisch herbeigeführt werden.[11] Leid muss
nicht erlöst und nicht erduldet und bejaht, sondern als Aufforderung und Herausforderung angenommen werden.

Nicht mehr bereit, den Stachel zu verbergen [...] Endlos sind die
literarischen Beispiele für diese Umdeutung. So schlägt Kundry,
ein weiblicher Ahasver in Richard Wagners »Parsifal«, die ein »un-
ermeßliches Leben unter stets wechselnden Wiedergeburten« führen muss, die Erlösung aus, um des Begehrens nicht verlustig zu
gehen. Kundry wünscht sich Erlösung von der »Wunde« der nie
befriedigten Lust durch eine Stunde der Lustgewährung, auch
wenn sie weiß, dass sie damit die Bedingungen ihrer eigenen Erlösung hintertreibt.[12] Ahasver und Kundry hüten auf ihre Weise ihre
Wunde und wollen sie nicht zum Verschwinden bringen. Der Junge in Kafkas Erzählung »Der Landarzt« trägt eine klaffende, mit
irdischer Arznei nicht zu therapierende Wunde, die »rosa« ist, also
den Namen der begehrten Rosa trägt, jenes Mädchens, das der
abberufene Landarzt anderen überlässt. Diese als Pfahl ins Fleisch
getriebene Begehrenswunde ist also Wunde und Rose zugleich –
wie schon die Stigmata des Franz von Assisi, die nach seinem Tode
von seinen Brüdern, wie auf dem Freskenzyklus von Giotto ersichtlich, bewundernd betrachtet werden und als Rosen beschrieben
sind.

Für diese Transsubstantiation der modernen Gesellschaft in
einen posterlösungsreligiösen Zustand lässt sich vielerlei anführen.
In merkwürdiger Koinzidenz erscheinen bejahende Traktate über
die Sünde.[13] Das Unverfügbare, das – weil unverfügbar – zu einem
religionswissenschaftlichen Problem abgesunken ist, taucht verwandelt auf: als Makel, als Mal, das in seiner Unverfügbarkeit nicht
verdrängt, sondern gezeigt wird. Christologisch gesehen: Die
Menschwerdung Gottes zeigt sich nicht im Tod Gottes, sondern in
seiner Auferstehung. Die tödliche Verwundung Christi arbeitet sich
gewissermaßen durch Christus hindurch nach außen und entfaltet
sich als demonstrativer Stigmatismus. Die Wundmale werden he-
rausfordernd hergezeigt, das Dasein in seinem Unauflösbaren und
Unverfügbaren angenommen und aufgenommen. Entsprechend
lässt sich der Stigmatisierungsvorgang, der seit der Stigmatisierung

des heiligen Franziskus als ein schmerzhaftes Getroffen-Sein durch Gott vorgestellt ist,[14] auch als menschwerdendes Inne-Werden Gottes deuten.

Die Religion kehrt damit nicht in ihrer alten Gestalt, sondern in einer Konversion wieder. Kein neues Tor zu alten metaphysischen Aufbauten muss aufgestoßen werden. Nur ein schwaches anthropologisches Fundament kommt zum Vorschein. Dass der Mensch, wo immer und wann immer er lebte und lebt, mehr sein will, als er ist, und daraus nicht nur seinen Schmerz, sondern auch seine Kraft zieht. Im christologischen Zyklus lässt Gott seinen Sohn der Menschheit und den Menschen seine Wunden zeigen. Er zeigt, was Menschsein heißt. Er aufersteht im Menschen. Gewiss, nicht alle bereiten ihm die gleiche Aufnahme, die Auserwählten sind vielleicht einmal mehr die Erniedrigten und Exkludierten. Die Intelligenz, insbesondere die ökonomische, denkt noch immer, wie es sich für die Anhänger der Weltreligion Weltwirtschaft ziemt, rastlos in Fragen und Antworten, Problemen und Lösungen. Unlösbares tritt nicht in ihr Kalkül ein. Aber endgültige, universelle Lösungen gibt es nicht. Nichts ist definitiver als das Indefinitive.

Bereit sein, das unermüdliche Wollen als unverfügbar zu betrachten und anzuerkennen, dieses Unverfügbare nicht um jeden Preis verfügbar machen zu wollen, Leben und Tod als prinzipiell unverfügbar hinzunehmen, diese Welt- und Todesanschauung wird in gleichem Maße Wirklichkeit, wie die Erlösungsvorstellungen, die irdischen und überirdischen ermüden. Aber Anerkennung genügt nicht. Unverfügbares lediglich als mescheneigen und menschengemäß zu akzeptieren, wäre zu wenig. Erst wenn der Stachel als Gabe genommen, wird aus der Leidens-eine Freudengeschichte und wandelt sich auch die Endlösungsvorstellung. Sie ist nicht mehr Sinnstifterin oder Bewältigungsinstanz von Kontingenz und Leid, sondern in ihr ist die Zerrissenheit der Welt aufbewahrt. Sie entfacht Kontingenz, wirkt als Impuls und Antrieb. Die Endlosigkeit der Anstrengungen, die Erfahrung des Leids und die Erfahrung der Kontingenz setzen jene Kräfte frei, die immer wieder Lösungen ohne Endgültigkeit suchen. Religion versucht also, ihren Sinn nicht darin zu sehen, das Unbestimmte einer kontingenten Welt ins Bestimmbare zu transformieren (wie Luhmann suggeriert), sondern das Unbestimmte als Operationsraum neuer Möglichkeiten auszulegen.

Was bleibt dem Menschen? Wie stellt er sich in dieser Welt dar?

Er ist, in alten Kategorien gedacht, bevorteilt gegenüber dem Tier, aber benachteiligt gegenüber Gott. Wie immer die Religion angelegt ist, vertikal oder horizontal, und wie immer Gott benannt wird, fremd und außerhalb oder eigen und innerhalb, und wie immer das Unverfügbare verfügbar gemacht wird und das Unbedingte in ein Netz von Bedingungen eingespannt wird – der Mensch ist nicht und nicht nur, was er ist. Er bezieht sich auf etwas, das im Voraus liegt, was ihn antreibt, was ihn auffordert, Unverfügbares verfügbar zu machen. Also muss er einen Rückkommensantrag auf diesen, seinen Ursprung machen, ein Rückkommen auf die menscheneigene gemeinsame Verfassung; ein Rückkommen auf jenes anthropologische Minimum, das allen nicht nur gemeinsam, sondern von allen gemeinsam erlebt wird; ein Rückkommen auf ein, auf sein anthropologisches Spezifikum und Minimum, diese unverfügbar prinzipielle Offenheit und Unentschlossenheit, die ihn erst befähigt zu überleben. Und wie immer die entscheidenden Geschehnisse des Seins, Geburt und Tod, Leben und Sterben, ihren Geheimnischarakter verlieren, und wie immer schließlich der Mensch Gott Niederlagen beizubringen versucht und seine Existenz ihm entgegenschleudert, und wie immer er letztendlich sein Stigma entstigmatisiert und herzeigt – unverfügbar bleibt, dass er mit wechselndem Gesicht sich und die Welt einzurichten versucht. Insofern: Eine Welt ist keine Welt. Und für die ganz andere, die kontrafaktische Welt lässt sich, um Italo Calvino zu paraphrasieren, weder eine Route auf der Karte eintragen noch ein Ankunftsdatum bestimmen.[15] »Religion haben« und »religiös sein« besteht dann darin, dass man sich an diese Welt erinnert. Und weiß, dass diese Erinnerung in zeitgemäßen Formen wiederkehrt. Und akzeptiert, dass diese Welt mit einem ist und erst den Raum schafft für die endlose Dynamik, die derzeit, im Zeichen der Globalisierung, wie selten spürbar ist.

Die Moderne lässt sich als Anstrengung begreifen, den Abgrund, der zwischen dem Wirklichen und Möglichen liegt, zu verringern – und zwar in der Welt und in sich selbst.[16] Im gleichen Maße, wie vor einem Jahrhundert die Überzeugungskraft der christlichen Metaphysik erloschen ist, ist auch die Überzeugungskraft des nachchristlichen Futurismus erkaltet. Nicht nur, weil die Erde geschlossen ist, es keine irdischen Paradiese mehr gibt. Sondern weil man diesen, bei allen utopischen und intopischen Beschwörungen, nicht näher gekommen ist. Alles blieb und bleibt, allen Träumen zum Trotz, gleich weit entfernt. Auch die Aufstockung der realen Welt durch die virtuelle, der Ersatz der Metaphysik durch Informatik hilft nicht weiter, die Himmel der Neuen Ökonomie und alles, was sich an Hoffnungen und pseudoreligiösen Debatten daran anschloss, ist im Debakel der Technologiewerte zusammengebrochen. Die technische Form Gottes als Cybergott und die technische Form des Himmels als Cybersphäre sind zerfetzt wie der kosmische Baldachin.[17] Die Sehnsucht nach visionärer Transzendenz des Gegebenen löst sich ab von Transzendenzvorstellungen, die nicht weit von den Raumschiff-Enterprise-Welten unserer Kinder entfernt sind und in denen, statt Sinn und Glück und ewige Seligkeit, Spaß und Profit erzielt werden will.

Nicht dass damit lediglich der Boden bereitet wäre für die Öffnung jenes Fensters, das die Aufklärung verdunkelt hat, weil sie die Erlösung selbst an die Hand nehmen wollte. Die »Abklärung der Aufklärung« und die Konstatierung eines untilgbaren blinden Flecks, das Sichtbarwerden eines nicht wegzuzaubernden Rests, muss keineswegs in der Re-Installierung des ganz Anderen enden. Das Unbekannte muss sich nicht notwendigerweise in einem gewaltigen kontrafaktischen, erhabenen, unvorstellbaren Gegenüber zusammenziehen, in dem sich alles verbirgt, was der Mensch sein möchte, und wo alles zu sehen ist, was das irdische Menschlein nicht sieht. Im Gegenteil: Insofern der Möglichkeitssinn auf immer neue Proben gestellt wird, die Jagd, auch jene nach sich selbst, immer von Neuem beginnt, die erhofften Zustände auch bei noch so viel Anstrengungen nicht eintreten, die selige Zukunft gleichzeitig immer wieder verschoben wird und diese endlose Dynamik die Riskanz und die Kontingenz steigert, wird das Unrettbare, das Mal, das Stigma sichtbarer und offenbarer. Und wenn die Ritualisierung nur Augenblicksglück gewährt (und damit die prinzipielle Armut des Menschen gegenüber seinen Möglichkeiten nicht aufgehoben wird), wird sich der blinde Fleck, das ganz Andere, die letzte Welt, in der die immerwährenden Leiden der Menschen aufgehoben und ihre immerwährenden Träume eingelöst erscheinen, vergrößern. Was also, wenn nichts endgültig gut wird? Kein Jenseits und kein Jenseits im Diesseits. Wenn der Vollkommenheitswahn verschwindet? Wenn das Leben keine Anstalten macht, sich in irgendeiner Weise dieser anderen, letzten, transzendenten Welt anzugleichen?

Dann bleibt das Andere, das Unverfügbare als Rest, als Überschuss. Der Mensch bleibt ein Wesen, das für die einen zu wenig und für die anderen zu viel hat. Er leidet an der Ungerechtigkeit, am Leid, an der Vergänglichkeit. An seiner eigenen und auch an der anderer. Mitleid kann sein Verlangen steigern, die Welt zu verbessern und sich selbst zu vervollkommnen und so seine Freude, aber auch sein Leid zu steigern. Mit der gegebenen Welt muss er sich nicht begnügen. Aber die Welt bleibt in ihrem letzten Grund rätselhaft und der Mensch in ihr und sich selbst.

Und was bleibt der Erlösungsreligion? Sie erlischt, wenn sie ihr Ziel erreicht, wenn sich ihre Hoffnung erfüllt hat, wenn Erlösung eingetreten ist. Sie erlischt aber auch, wenn die Hoffnung auf endgültige, ultimative Erlösung erlischt. Zwar sind andere, leichtere Versionen von Erlösung denkbar. So sagt man, der Tod erlöse von einer langen Krankheit. Das »Erlöst-Werden von« hat eine andere Bedeutung als das »Erlöst-Werden zu«. Man will erlöst werden vom Lärm der Straße, von der Störung durch Mitmenschen, vielleicht auch vom schlechten Gewissen. Man sucht Erlösung in irdisch-materiellem oder religiös-geistigem Heil, man will soziale Gerechtigkeit oder Rechtfertigung im Glauben. Das alles mag und muss bestehen bleiben. Dass wir immer wieder Linderung von Leid, immer wieder Rettung aus mehr oder weniger aussichtslosen Situationen, dass wir immer wieder neue Lebensmöglichkeiten gewinnen wollen, dass wir nie aufhören, Zustände des Glücks, auch wenn es nur ein Augenblicksglück sein sollte, herbeizusehnen und herbeizuführen, dass wir also immer wieder erdrückende Lasten loswerden wollen und beglückende Zustände erreichen – auch das bleibt bestehen. Und was bleibt schließlich der Religion, die überkommenerweise das Unverfügbare bearbeitet? Unverfügbar bleibt ihr immer die Endlichkeit der Existenz. Dass die Endlichkeit erst Leben erweckt, lässt die Endlichkeit und ihre Unverfügbarkeit aber anders aussehen. Unverfügbar ist der Wille, das Begehren, die Energie, das Unverfügbare verfügbar machen zu wollen, den Tod zu überwinden, die Menschen von ihrem Leid zu erlösen, eine friedliche Welt zu wollen. Das ist die unbedingte Voraussetzung des menschlichen Lebens. Und erst diese Verfassung des Menschen setzt jene Kräfte frei, in denen die bisherigen Selbst- und Weltverständnisse überschritten werden. Dies anzunehmen heißt, die Differenz zwischen dem, was ist, und dem, was sein könnte, nicht nur zu akzeptieren, sondern sie darüber hinaus zu nutzen, Neues freizusetzen. Im Unbestimmbaren, im Unbeobachtbaren, im Unbedingten und im Unverfügbaren wird man jener Differenz ansichtig, aus der alle anderen Differenzen, mit denen der Mensch zu leben und zu kämpfen hat, erst hervorgehen: die Differenz der Kulturen, die Differenz der Menschen, die Differenz in sich. Und auch alle Ideen und Vorstellungen, wie diese Differenz zu bearbeiten sei, durch Akzeptanz oder Überwindung, durch Verherrlichung oder Verneinung, durch Bearbeitung der Menschennatur oder durch Verbesserung der Weltkonzeption. Die fundamentale und unauflösbare Spannung zwischen dem, was ist, und dem, was möglich wäre, ist kein Unglück, sondern des Menschen Glück.

Dass die Kontingenzbearbeitung, welche den Religionen als Funktion zugesprochen wird, andauernd neue Kontingenzen eröffnet, ist ihre Funktion. Bearbeitung heißt nicht Glättung und Polierung. Sondern Offenlegung. Die Religion als System individueller Kontingenzbewältigung bewältigt diese paradoxerweise durch die Kontingenzeröffnung. Bezogen auf die Erlösungsthematik ließe sich auch sagen, dass die Religion gegenüber anderen Institutionen die Türen immer wieder aufsperrt und sich jeder Verschließung entzieht. Kontingenzeröffnung heißt Eröffnung der Endlichkeit und Kontingenz menschlichen Wissens. Kontingenzeröffnung heißt Kritik der kontingenzschließenden, das Endgültige wollenden Ersatztheologien. Kontingenzeröffnung heißt nicht, Nein zu sagen zur Welt und zu sich selbst, sondern Ja. Kontingenzeröffnung heißt gerade nicht Transformation von Unbestimmtem in Bestimmtes, sondern umgekehrt Versetzung des Bestimmten mit Unbestimmtem. Die Möglichkeiten verschließende Kontingenzbewältigung unterdrückt Impulse, die gerade aus der anthropologischen Verfassung des Menschen als eines Differenzwesens herrühren. Die Differenz soll nicht geschlossen, sondern immer wieder aufgestemmt und offen gehalten werden. In der Öffnung kommt, eher als im Neinsagen, gerade eine produktive Kraft zur Geltung. Man könnte auch sagen, dass die Transzendenz gerade dann nicht aus der Wirklichkeit entfernt wird, wenn die Differenz zwischen Immanenz und Transzendenz offen gehalten wird. Und Raum schafft für das Leben und Hoffen.

Zum Schluss: Eine Welt ist eine Welt

»Wohin soll ich mich wenden [...]« – mit diesen klagenden Worten beginnt das Introitus der Schubert Messe. Wir haben es mit Inbrunst in der Kirche gesungen. Heute ist es nicht mehr vielen Kindern bekannt. Geschweige denn die Antwort, die im Erwachsenenkopf noch nachhallt: »Zu Dir, zu Dir mein Vater [...]«. Aber der flehende Anfang der Deutschen Messe bringt auch die moderne Ratlosigkeit auf eine unüberbietbare Kurzformel. Allerdings unter veränderten Vorzeichen und ungewissen Hoffnungen. Es ist nicht mehr der Schmerz eines verlorenen Paradieses, der diese Klage entstehen lässt, sondern die fortdauernde Simulation eines immer wieder erinnerten, aber immer gleich weit entfernt bleibenden Paradieses auf Erden, als farbenprächtige Allgegenwart von allem, was der Mensch in luxurierenden Multioptionsgesellschaften sich erhofft, aber nie erreicht.

Denn den Menschen aller Zeiten und aller Kulturen hat die Welt, in der sie leben, nie genügt. Nie haben sie sich abgefunden mit dem, was ist. Oder damit, dass das, was ist, alles ist. Sie haben von einem anderen, einem besseren Leben geträumt, dieses erhofft und herbeigewünscht. Sie haben andere Welten in dieser Welt oder in einer anderen Welt, in der Vergangenheit oder in der Zukunft gesucht. Gleichviel, ob die Stützpunkte der eigenen prekären Existenz innerhalb oder außerhalb der gegebenen Wirklichkeitssphäre gelegen sind, der Mensch, auch der moderne, versucht unaufhörlich, mit sich und der Welt über alle Zweifel hinaus ins Reine zu kommen. In seinem Inneren steckt ein Stachel, ein Eindringling, etwas Fremdes, das ihn gleichzeitig plagt und antreibt. Der Mensch hat Teil am Sein und ist zugleich von ihm getrennt.[1]

Die Geschichte legt Zeugnis ab von der Unzufriedenheit des Menschen mit sich und der Welt und vom Bestreben des Menschen, sich und die anderen und wenn möglich die Welt insgesamt zu verbessern. Die Geschichte ist eine Geschichte der menscheneigenen Ruhelosigkeit und der hoffenden oder verzweifelten Versuche, diese in einen flachen, differenzlosen Zustand der Ruhe, der Überraschungslosigkeit, der Vollkommenheit, der Entropie zu überführen. Ohne diesen Stachel gäbe es keine Geschichte und träte das Ende der Geschichte ein. Und ohne diesen Stachel gibt es keine endlosen Reflexionen über dieses Faktum. Dass der Mensch so ist, wie er ist, nämlich mit dieser Unruhe, dieser Kraft, diesem Überschuss und mit dieser Sehnsucht geboren, dafür kann er jedenfalls nichts, dazu ist er vorentschlossen. Über diese Vorentschlossenheit kann er nicht verfügen. Mit jedem Menschen, der zur Welt kommt, beginnt die Geschichte von vorne. Aber er kann sie bearbeiten. Immer hat der Mensch nach einer Klärung dieses, seines Verhältnisses mit sich und der Welt gestrebt, hat er den Abstand, die Differenz angenommen oder aufzulösen versucht.

Die Weltkulturen und Weltreligionen haben unterschiedliche Formen gewählt, um die dem Menschen überantwortete Freiheit zu kultivieren. Kulturen unterscheiden sich nach der Art und Weise ihrer Bearbeitung dieser Frage. Und Religionen versehen das Weltgeschehen und das häufig tragische, weil unverdiente und willkürlich erscheinende Schicksal des Menschen und seine Todesverfallenheit mit Sinn. Das abendländische Christentum versteht sich, was in den religionssoziologischen Deutungen selten genug berührt und auch in einer mehr das Diesseits ernst nehmenden Theologie eher randständig behandelt ist, keineswegs nur funktional als Kontingenzbewältigungspraxis oder als liebenswürdige Begleiterin menschlichen Leids. Auch nicht nur, wie im westlichen Kulturkreis gerne in den Vordergrund gerückt, als monotheistische Offenbarungsreligion.[2] Sondern als Erlösungsreligion. Erlösung ist nicht ein, sondern der zentrale Begriff des christlichen Glaubens. Er ist die Hülle für eine ihm innewohnende Zeitbotschaft, für ein Konzept der Finalität, des Heils, der Endlösung.

Entscheidend, um diese Botschaft zu verstehen, ist der Ausgang von einer doppelten Welt: einer Welt einerseits, in der wir leben, und einer Welt andererseits, die über oder hinter dieser Welt, in der wir leben, existiert, uns umgreift und letztendlich die Welt, in der wir leben, bestimmt. Aber die wir ersehnen und in die hinein wir erlöst werden wollen. Der Gedanke der Erlösung setzt auf Seiten der Menschen einen Zustand der Unerlöstheit voraus, ein Zustand freilich, der durch unsere eigenen Kräfte oder mit Hilfe eines uns gnädig helfenden Erlösers überwunden werden muss. Diese andere Welt (einschließlich der höllischen Unheilswelt) ist die eigentliche Welt, sie steht am Ende der Zeit, sie ist und beendet gleichzeitig die vorausgesagte Endzeit, ist Ende der Geschichte, Ende des Menschen und darum Erlösung. Erlösung ist final, integral, endgültig, unumkehrbar. Auch als Verurteilung zu ewigem Unheil. Und Erlösung braucht einen Erlöser. Jesus Christus ist die Heilsgestalt am Ende der Tage und führt uns zu Gott, der er auch selbst ist. Er holt uns aus der irdischen Welt, die Kerker ist, Kerker der Endlichkeit. »Aus vergitterten Fenstern der Sinne blickt jeder hinaus in das Fremde, das er nie sein wird [...].«[3] Nie sein wird in dieser Welt. Denn der Mensch kann sich der christlichen, überhaupt der erlösungsreligiösen Welt- und Todesanschauung zufolge nicht selbst erlösen. Er kann seinen Makel zu verbergen versuchen. Aber er bringt ihn nicht los. Gemäß der christlichen Theologie hat er Schuld auf sich geladen und trägt schwer an ihr. Er ist der Schwimmer in einem Bassin, dessen Mauern glatt und hoch sind und ohne Griffe, wo nur eine rettende Hand ihn hinaufziehen kann. Er braucht einen Erlöser, einen Messias.

Von diesem Weltbild, von Erde und Himmel, von Diesseits und Jenseits, von Immanenz und Transzendenz, von Selbst- und Fremderlösung ist, wenn die Wiederkehr der Religion diskutiert wird, selten genug die Rede. Die Kirchenvertreter ahnen, dass sie die Herzen der Menschen mit dem Erlösungsgedanken nicht mehr erreichen. Und die gut gemeinten Hoffnungen und Weissagungen über eine Rückkehr der Religion berühren die christliche Heilsbotschaft überhaupt nicht, selbst wenn sie im Titel das »Credo« führen. Die Gleichgültigkeit, von der immer wieder theologischerseits die Rede ist, meint dieses Fremdgewordensein der Glaubenslehren. Von den innertheologischen Schwierigkeiten der Lehre von den letzten Dingen ganz abgesehen, fällt es auch den Gläubigen schwer, dahinter noch eine Wirklichkeit zu entdecken.[4] Deshalb weichen die Kirchen aus auf Volksweisheiten, auf Lebenskunde, Sozialarbeit und Kaffeekränzchen. Der Küster mutiert zum Touristenführer in versteinerten Katarakten einer fernen, in den Decken-

gemälden noch erahnbaren Heilsbotschaft. Bischöfe laden zu folk-
loristischen Veranstaltungen und anschließend zur Besichtigung
ihrer Gemächer und allenfalls Schlafzimmer ein, aber nicht zur
Anbetung des Himmels und zum Beichten der Sünden. Und sin-
niert wird in den Kirchenvorständen darüber, ob man die Gottes-
häuser für Tanzveranstaltungen und Antikmärkte freigeben soll.
Das Jenseits ist nicht mehr der Stachel im Diesseits, sondern ferne
Erinnerung. Und die Sünden werden geoutet, nicht schamhaft verschwiegen und im Dunkeln des Beichtstuhles gebeichtet. Die ka-
techetischen Wahrheiten, wie sie im »Credo« und im »Vaterunser«
verdichtet sind, werden noch in Religionsstunden gelehrt, aber
nicht mehr mit den Erfahrungen modernen Lebens zusammenge-
bracht. Ein milder Humanismus wird gepflegt und über allerhand
quasireligiöse Praktiken, die nur durch Gradunterschiede von Se-
minaren über Lebens- und Liebeskunst getrennt sind, versucht
man anschlussfähig zu bleiben. Und das Personal im Jenseits ist
nicht mehr übermenschlich, sondern ein Panoptikum von häufig
genug fidelen Heiligen – für die Liebe, für Prüfungen, für den verlorenen Geldbeutel.

Das Selbstverständnis der Erlösungsreligionen ist ein eminent
anderes. Die Erlösungsvorstellung ist ihr Blutzentrum und das
Kommen des Messias ist essenziell und unerlässlich, um das irdische Leben zu bestehen und im Sinne der Heilsbotschaft zu been-
den. Zerbricht es, zerbricht das Gerüst der christlichen Welt- und
Todesanschauung. Das Gebäude löst sich, wie die in einem Heiß-
luftballon nachgestaltete Kathedrale des Ortes, an dem ich lebe, aus
der Verankerung und schwebt, von den Sonntagsspaziergängern
beklatscht, mal hierhin, mal dorthin. Die Erlösungsthematik ist
indes keineswegs nur ein Traktat der Theologie, sondern enthält
direkte Bezüge zum Menschen, zu seiner Existenz und Geschichte,
zur Soziologie und zur Anthropologie. Der Erlösungskonzeption
zugrunde liegt ein Menschenbild, das dieser Vorstellung adäquat
ist. Der Gedanke der Erlösung setzt auf Seiten der Menschen einen
Zustand der Unerlöstheit und Not voraus. Ein Wollen, ein Bedürfnis, eine Verfasstheit des Menschen, die nach Erlösung schreit. Die
Erlösungskonzeption erübrigt sich und erkaltet, wenn die Erlösungsbedürftigkeit zurückgeht. Die Messiasvorstellung löst sich
auf, wenn der Mensch mit seiner Erlösung nichts mehr anzufangen weiß. Dann schwindet die Lebensgrundlage ihrer Botschaft.

Religionen sind, wie es Karl Marx anrührend formuliert hat, der

Seufzer der bedrängten Kreatur.[5] Der Mensch trägt ein Kreuz, das er nicht abwerfen kann, einen – wie es Sigmund Freud ausgedrückt hat – nicht zivilisierbaren Kern in sich, der sich schwer zähmen lässt. Es muss ihm geholfen werden. Ein Erlöser kommt und reicht ihm die Hand. Er lässt sich kreuzigen und nimmt ihm das Kreuz, das er sich und anderen ist. Er zieht ihn gnädig über jene Grenze, die wir nur einmal überqueren. Gott kriecht nicht in den Menschen hinein, um für seine Entpuppung zu sorgen, wie es gnostische Häresien vorstellen. Sondern er bleibt dort, wo er ist und war und immer sein wird, in der jenseitigen, weltenthobenen, wirklichen Welt, die er nur einmal verlassen hat, um der verlassenen Menschheit zu helfen. Um die armen Menschen zu erlösen, durchlebt Gott stellvertretend die Leiden der bedrängten Kreatur. Er wird Mensch, und die Menschen töten Gott, wie das Mel Gibson in seinem umstrittenen Film »The Passion of Christ« roh dargestellt hat.

Aber das will nur mehr einen dunklen Zusammenhang mit den Erfahrungen der Neuzeit ergeben. Weder ist die Schuldfrage noch die Vorstellung einer Ursünde lebendig. Keine Culpa wird gefühlt. Schon gar keine Felix Culpa, welche den Zusammenhang von Ursünde und Erlösung sieht. Und damit kein Bedürfnis auf Erlösung. Die Menschen von heute wollen nicht mehr erlöst werden vom Erlöst-werden-Wollen. Aus dem *Homo peccator* wird ein *Peccator felix*. Der Heiland, zwar noch überall auf Fluren und Straßen präsent, hat die Herzen der Menschen verlassen. Die Kinder fragen, wer das sei, und Menschen anderer Kulturkreise grausen sich. Keine Hoffnung nach jenem Letzten, nach einer Endlösung. Dass sich Gott für eine Zeit zurückzieht, um wiederzukehren, spätestens am Ende der Zeit, ist eine theologische Hoffnung, die auch Max Weber teilt. Wenn der irdische Fortschrittsglaube erlahmt, werden, so eine allgemeine religionssoziologische Kausalität, außerweltliche Erlösungsvorstellungen aktiviert. Je intensiver die innerweltliche Erlösung zum Scheitern verurteilt erscheint, umso intensiver muss, so Max Weber, eine außerweltliche doch sinnvoll erscheinen.[6]

Aber man kann es auch anders sehen. *Tertium datur.* Die weltliche Desavouierung des Erlösungsgedankens korreliert nämlich mit dem Erkalten der christlichen Substanz und beschleunigt deren Zerfall. Dass mit der Errichtung eines ewigen, jenseitigen Reiches gleichzeitig die diesseitige Welt entzaubert, die Magie als Heilsmittel ausgeschaltet und damit erst die Voraussetzung eines rationalen Umgangs mit der Welt geschaffen wurde, war von entscheidender

Bedeutung für die Entstehung der modernen Welt. Die Säkularisierung, in der sich seit der Renaissance eine tiefgreifende Verwandlung des Menschen und der Welt vollzieht, muss nicht als radikaler Bruch mit dem christlichen Glauben und seinem Weltbild gedeutet werden.[7] Die Französische Revolution und die deutsche Aufklärung lassen sich zwar, wie das häufig getan wird, als politische und ideelle Ratifizierungen einer Entwicklung deuten, in der an die Stelle der kosmischen, religiösen Ordnungsvorstellungen und ihrer irdischen Repräsentationen Anderes und Neues tritt.

Säkularisierung lässt sich indessen auch als Verweltlichung des Christentums, als Immanentisierung seiner Anschauungen und Prinzipien deuten, in denen das Vorhergehende nicht zerstört, sondern folgerichtig weitergeführt wird, das Christentum in einem anderen Gewand erscheint. Der westliche Progressismus ist demgemäß die strenge Fortführung des heilsgeschichtlichen Programms auf Erden. Ohne seinen transzendentalen Inhalt mutiert die weltliche Fortführung aber häufig genug zu einer Pervertierung des Evangeliums, zur dämonischen Parodie.[8] Radikal ist die Mutation des Christentums insofern, als die künftige Erfüllung nicht messianisch erwartet wird, sondern vom Menschen selbst zu bewerkstelligen ist. Jeder hat sein eigener Heiland zu werden. Jeder ist seines Glückes Schmied. Die Fortschrittsvorstellung verweltlicht die christliche Heilserwartung in diesem Sinne: Der Endgültigkeitston, das Definitive bleibt – der außerweltliche Messias jedoch entfällt. Die Heilserwartung wird aktiviert und verwandelt sich in eine diesseitige Welt- und Menschenverbesserungsvorstellung, die vorwärts treibt. Endlose Wiederholungen von Visionen und Missionen, von Ethik und Werten – ohne die gnädige, die Machseligkeit schwächende Vorstellung einer Erbsünde. Das Jenseits wird verzeitlicht, in die Zukunft projiziert. Eine Zukunft, deren weltliches Leuchten die Gegenwart desavouiert. Dort, in einem Jenseits im Diesseits liegt das Ende der Leiter. Nicht nach dem Tod, sondern lebendigen Leibes in den Himmel, heißt die Devise. Das Leben ist letzte Gelegenheit! Es gibt ein Leben vor dem Tod!

Totale Mobilmachung – nie war der Ausdruck treffender als heute –, dieser anstrengende Marsch nach vorn in eine bessere Zukunft und die ständigen Rufe nach »schneller« und »mehr«, nach Wachstum und Entwicklung und die Endgültigkeitsvorgabe sind Folge der Selbstermächtigung des Menschen, die Erlösung nicht mehr einem Messias zu überlassen, sondern sie selbst in die

Hand zu nehmen.[9] Ein Wesen, so Karl Marx, steht erst auf eigenen Füßen, wenn es sein Dasein sich selbst verdankt. Das ebenso Angst machende wie großartige Schauspiel des technischen und wirtschaftlichen Fortschritts und die gleichzeitige Entfesselung des Individuums sind das Resultat der innerweltlich schwelenden Erlösungsvorstellung. Der Messias inkarniert sich in unsichtbaren Händen, in den Händen des Marktes und der Demokratie, die früher oder später jenes verweltlichte Endreich, die »one world«, die große globale Kommunion, wo alle ein Herz und eine Seele sind, verwirklichen sollen.

Dass es daneben noch zahllose unpolitische, mehr oder minder private religiöse Bewegungen gibt, in deren Zentrum die Natur oder die Musik oder die Sexualität, die Besiegung des Todes oder der Satan persönlich stehen – natürlich. Das Abendland erlebt seinen Herbst und färbt sich – komplementär zum Verschwinden des Himmels und parallel zur Pluralisierung der Möglichkeiten – religiös ein.[10] Eine bunte Schar von Sekten und Kulten, deren Programme man in jeder Bahnhofs- und Flughafenbuchhandlung sehen kann, sorgen für ein die überkommenen Erlösungsreligionen ersetzendes weltliches Wohlbefinden. Das Spektrum reicht von den Sonnentemplern über Tantraschulen bis zum *Intentional Healing* und zur Findhorn-Gemeinschaft. Madonna taufte ihr Kind Maria Lourdes. Und Georg W. Bush betet, wie man hört, täglich.

Auch die weltlichen Heilsvorstellungen haben ihre zeitgemäßen Formeln gefunden, die unentwegt und in tausend Variationen wiederholt werden. Deren fast schon kitschigen Rituale sind Weltkonferenzen, Weltforen, Weltinitiativen. Generalthema ist die Gesundheit, Ernährung und Unterbringung wachsender Menschenmassen, Fortschritt und Bewegung auf Letztes hin, eine glorreiche Zukunft. Die Welt, wie sie ist, soll anders, soll Zukunft werden. Eine planetare, untergangsresistente Arche Noah, die zauberhaft in der Galaxis schwebt. Die Zukunft ist die leuchtende Gottheit und die Vernunft der Fuhrmann der Welt. Die gute Welt will mit gutem Willen und eifriger Arbeit hergestellt werden. Endlos werden Reformen angemahnt, Ethik und Werte beschworen, einmal der Einzelne, dann wieder die Familie und ihre Umstände in die Pflicht genommen. Das Ziel des Geschichtsprozesses wird darin gesehen, dass die Kräfte der Vernunft allmählich den Sieg erringen, und die Menschheit sich Stufe um Stufe aus dem Naturzustand zur Kultur – und schließlich zu ihrer eigenen Vollendung hinaufarbeitet.

Angesichts der blühenden Utopistik der letzten zwei Jahrhunderte ist, nicht nur was die Stellung des Menschen in der Naturgeschichte betrifft, eine Desillusionierung eingetreten. Vorbei die
hohe Zeit der Reformlügen, auch was die Weltgesellschaft betrifft.
Denn im Großen ist wenig gelungen. Im Gegenteil: Fehlbarkeit
und Endlichkeit sind, wie immer aus Vorgaben Aufgaben gemacht
werden, wer möchte es leugnen, weder im Großen noch im Kleinen verschwunden. Ob es zutrifft, dass unsere Epoche sich in einer
Unordnung befindet wie keine geschichtliche davor, sei dahingestellt. Jedenfalls stellt sie auch eine unerhörte Reihung von Grau-
samkeiten, Schreckensereignissen und Verfallserscheinungen zur
Schau. Der »Zivilisierung« Gottes, seiner Verlieblichung, folgte auf
dem Fuße die Vergrausamung des Menschen. Zwar hat sich die
Welt terrestrisch geschlossen, es gibt keine weißen Flecken mehr
auf der Landkarte, aber wie Blutflecken breiten sich die Zonen der
Unregierbarkeit, der Armut, des Terrors aus. Zwar werden die
Nationalstaaten offener, die Menschen in ihnen freier. Aber dadurch auch unruhiger, unsteter, radikaler. Zwar ist der Weltraum
erobert, aber um den Preis endlos neuer, aus dem Nichts auftau-
chender Welten. Zwar ist die Welt wie eingesponnen in ein dichtes
Netz von Informationsströmen, eingepackt in virtuelle Schalen,
aber an ihren Rändern entstehen immer neue Zonen des Nichtwis-
sens. Und immer noch ist der Mensch sich Problem und Rätsel
und ist sich in doppelter Hinsicht unverfügbar: dadurch, dass er ist,
und dadurch, dass er stirbt.

Der Raum des Unverfügbaren scheint in Anbetracht des Welt-
ganzen sogar anzuwachsen und das Vakuum sich zu vergrößern.
Irgendwie erscheint alles endlos und unaufhörlich zu werden, auch
wenn die jeweiligen Ziele gesetzt, die Wege ermittelt und die Feinde benannt sind. Die Weltprojekte, in denen Differenzen gemildert
werden wollen, stoßen nicht nur auf härtere Differenzen, sondern
scheinen diese zu verschärfen und erhöhen die Ungewissheit. Alles
Handeln ist weiterhin in Unvorsehbarkeiten und Kontingenz verstrickt. Die Demokratie scheint sich zurückzuentwickeln, sie spült
Politiker in die Parlamente, deren Hauptvorzug es ist, dass ihr
Ansehen vom Gesehenwerden in den Medien rührt. Die Marktlogik
offenbart – lokal, national und global – ihre brutale Kehrseite einer
desaströsen Konkurrenz: Exklusionsdrohung, Ausschluss, Produktion von Überflüssigem, in der beileibe nicht immer die Besten
überleben und in der die Aufsicht der Kunden über die Anbieter

keineswegs immer so funktioniert, wie Adam Smith es sich vor zweihundert Jahren vorgestellt hat. Darüber hinaus generiert die Marktlogik lokal, national und global insofern Ungleichgewichte, als ihrer Logik zufolge die besten Anbieter und nicht alle, und schon gar nicht die bedauernswerten, überleben sollen. Die unsichtbare Hand des Marktes hält in der einen Hand die Belohnung für die Besten und in der anderen das Schwert für die Schlechten. Und Schlechte gibt es tausendmal mehr als Gute, auf einen Sieger kommen tausend Verlierer. Weil also in Märkten, und das gilt in übertragenem Sinne auch für die Erwerbs-, die Partnerschafts- und Heiratsmärkte, nicht alle gleichermaßen in der Lage sind, das aus sich zu machen, was der Markt verlangt, und sich herzuschmücken für die Laufstege und *Roadshows* des Wettbewerbs, wird es immer Verlierer geben.

Aber muss deshalb die Vernunft an sich selbst verzweifeln? Muss die Tatsache, dass der Wille, das Unverfügbare verfügbar zu machen, paradoxerweise den Raum des Unverfügbaren ausweitet, elend stimmen? Und nach überraschungsloser Erlösung seufzen lassen? Nach einem Revival der christlichen Heilsbotschaft? Jeder Versuch der Kontingenzbewältigung eröffnet neue Kontingenz. Endlos wird das leuchtende Morgen aufgeschoben. Immerwährende Parusie. Aber pausenlos werden auch neue Möglichkeiten aufgestoßen. Blind noch sind wir zwar gegenüber den Folgen der Verfügbarmachung, denn neu ist etwas nur, wenn es nicht voraussehbar ist, sonst wäre es nicht neu. Aber die Ungewissheit öffnet sich auch der Hoffnung. Denn wir wissen noch nicht, was wir noch nicht wissen. Insofern das Unverfügbare bleibt, die Differenz gesteigert, die Folgen des Fortschritts unabsehbarer werden und auch die innere Eschatologie, die Heimkehr zu sich selbst, ermattet, entsteht zwar jenes Vakuum, in das die Religion mit ihrer Kompetenz, Unverfügbares zu bearbeiten, zurückzukehren scheint. Aber auch ein Rückprall der enttäuschten Hoffnungen auf die Ziehmutter selbst. Es strecken sich uns zwar wieder die weit geöffneten Arme der Kirche entgegen. Und wir ertappen uns bei der Frage nach dem »Wohin« wieder bei der Antwort aus Schuberts »Introitus«! Aber unwahrscheinlich ist es, dass der alte christliche Heilsglaube neu erwacht.

Wenn aber eine Wiederkunft der Erlösungsreligion fraglich ist, dann fragt sich, was in diesen Hohlraum, in dieses Vakuum einströmt. Oder was das Stagnationsbewusstsein überhaupt noch hergibt. Eine kontrafaktische Verkündigung eines Glaubens, der seiner Lebensgrundlage entbehrt, und eines Gottes, der sich zurückzieht und inkognito wird? Wohl ebenso wenig wie eine Wiederkehr der eschatologischen Trias von Himmel, Hölle und Fegefeuer. Eine Religion, die der Erfahrung des modernen Menschen verlustig geht, sich in die Unabdingbarkeit der notwendigen Unzeitgemäßheit rettet, und eines Glaubens, der in seinen Inhalten obskur ist? Oder einer Religion, die, indem sie vom Mangelbewusstsein des Menschen zehrt, sich mit ihrem eigenen Mangel versöhnt, sich mit ihrer eigenen Unzufriedenheit zufrieden gibt? Die die menschliche Emanzipationsgeschichte nicht als Leidensgeschichte deutet, sondern die göttliche Leidensgeschichte als Emanzipationsgeschichte des Menschen.[11]

Beides ist so schon gedacht worden. Aber beides lässt sich weiterdenken. Von der Versöhnung mit dem Mangel zu reden, ist ebenso zu wenig wie eine Akzeptanz der Differenz zwischen Wirklichem und Möglichem. Nicht nur geht es um eine Rehabilitierung der Unvollkommenheit und das ehrliche Zeigen einer *Conditio humana*, die sich weder an der Vollkommenheit des Tieres noch an jener Gottes messen kann. Und schon gar nicht wird ein heroisches Dasein angemahnt, das das Tragische der Welt und des Weltseins anerkennt oder sich durch erlesene Kunst vom Tragischen zu lösen versucht.

Denn die Geschichte ist ja nicht nur eine Geschichte der Wehen, des Leids, der Erniedrigung, der Sünde und des Todes. Sondern auch eine der Freude, des Überschwangs, des Glücks, des Miteinanders. Es genügt deshalb nicht, ein heroisches Standhalten zu prämieren. Dann würde der Mensch dem Übel nichts entgegensetzen wollen und das Schöne und Erhebende nur als Sedativ hochschätzen. Auch der Genuss des Tragischen und das Sich-Einkapseln und -Einsinken im Weltschmerz, wie es die anthropofugalen Denker anpreisen, bietet keine Perspektive. Es geht auch, aber nicht nur, um die Annahme seiner selbst, so wie man ist. Und um die Annahme einer Welt, wie sie ist. Oder um die Annahme der anderen, wie sie sind. Sondern man sieht sich selbst (und alles andere) als unabschließbaren, kein Ende findenden Auftrag; ein Auftrag, den man unerledigt zurücklässt, wenn man stirbt. Und man erkennt in der Welt und ihren Mitmenschen eine Aufgabe, die sich immer neu stellt und durch keine Heilslehre und keine therapeutische Praxis erledigen lässt. An die Stelle der Frist, der Endgültigkeit, tritt die Unabschließbarkeit. Den Weg des Pilgers nimmt der Wanderer ein.[12] Die Stelle des Definitiven besetzt das Provisorische. An die Stelle des Vollendeten tritt das Unvollendete.

Solche Neudeutung dessen, was der Mensch ist, eine Neudeutung seines Mangels, seiner Unvollkommenheit, seiner Unzufriedenheit, seiner Unruhe lässt sich ohne Gewalt auch dem christlichen Evangelium entnehmen. Ausgangspunkt ist der christologische Zyklus, wo dem Tod Christi die Auferstehung folgt und der tödlichen Stigmatisierung der Triumph der Heilszeichen. Nicht der Tod, sondern die Auferstehung, nicht das Grab, sondern der Aufstieg aus dem Grab, nicht die Passion, sondern Ostern treten in den Vordergrund. Verborgen ist darin eine Deutung der Inkarnation, welche die Kraft hervorhebt, die gerade aus dem Mangel rührt. Mit ihr setzt sich der Mensch gegen die Natur zur Wehr. Gegen seine eigene wie gegen die fremde. Die grandiose Vielfalt der Kultur rührt gleichermaßen aus diesem Mangel wie die Summe der Niederlagen, Verstrickungen und Verfehlungen, die Menschen betreiben und erleiden. Selbst der Tod, der Sünde Sold, die Strafe Gottes, der biblisch durch den Stachel symbolisiert ist (Korr. 1.15.56), wird Anstiftung zum Leben, Weckruf. Das Leben erfährt seine Intensität durch die Erwartung des Todes, wie überhaupt durch Kontingenzerfahrungen, deren Bearbeitung ja in einer simplen, aber umso geläufigeren Lesart gerade der Religion zufallen soll. Nicht der Wunsch nach endgültiger Befreiung und Emanzipation und Überwindung des Todes ist das »Protomythem« (Raimundo Panikar) der Menschengeschichte, sondern sein Einswerden mit seiner Unvollendetheit, seinem Mangel, seinen Begrenzungen.[13] Kein Leben ohne Tod. Der Tod, so Zygmunt Bauman, ist die entscheidende Bedingung für die kulturelle Schöpferkraft: »Ihm ist es zu verdanken, dass Dauer zu einer Aufgabe [...] – zum Ursprung und Maß aller Aufgaben – wird, und so schafft der Tod die Kultur, jene riesige, stets emsige Fabrik der Dauer.«[14] Der Stachel ist der Stab, mit dem der Mensch Wasser aus dem Felsen schlägt.

Nicht einfach um die Annahme der Kontingenz geht es mithin, sondern um deren Potenzial und Nutzung. Die Schöpfungsprozesse werden unaufhörlich von innen her durch diese Energie gespeist. Alles Leben ist so gesehen die fortwährende Inkarnation eines ursprünglichen Mangels. Zu seinen besten Gütern, so Johann Gottfried Herder, ist der Mensch »durch Unfälle gelangt, und tausend Entdeckungen wären ihm verborgen geblieben, hätte sie die Noth nicht erfunden«.[15] Gegen partikulare Not tritt der Mensch an, nicht gegen universelle. Partielle und reversible Lösungen sucht er, nicht prinzipielle, immerwährende, irreversible Erlösung. »Das Bewusstsein des Mangels ist das Gewicht an der Uhr, das alle Räder derselben treibt.«[16] Das Religiöse kehrt wieder als Achtung vor dem Unverfügbaren, in der Annahme des Mangels und in seiner »christologischen« Zuspitzung zur Gabe.

Allerdings und noch einmal: ohne Ende, ohne Finale ohne glücksverheißende Vollkommenheit. Die Erwartung von Endzeiten haben schließlich jene Beschleunigungsideologien hervorgebracht, vor denen die Menschen des zwanzigsten Jahrhunderts zittern. Das Unbedingte, die bleibende Unverfügbarkeit vieler Dinge im Leben, das nie wegzuzaubernde und wegtherapierbare Leid wie auch der Tod, lassen den Menschen nicht mehr auf eine Erlösung aus einem übermenschlichen und schwer begreifbaren Schuldzusammenhang hoffen. Sondern stacheln ihn zu einer Daueranstrengung an, sich um sich zu sorgen und von anderen auch nicht alles zu erwarten. Max Weber hat eindringlich dargelegt, inwiefern das Zeigen des beruflichen Erfolgs einen Ausweg aus der pathetischen Unmenschlichkeit der Prädestinationslehre des Menschen darstellt. Das Zeigen-Müssen ruft den Einzelnen, das Individuum, das Subjekt auf den Plan. Es heißt heute nicht mehr, sich als von Gott auserwählt zu zeigen, auserwählt von der Welt, sondern gewählt von den Freunden und Lieben.

Diese Verschiebung vom Kollektiv zur Person, vom Objekt zum Subjekt, vom Unternommenen zum Unternehmer; die Umstellung von der auferlegten Disziplin zur Selbstdisziplin, von der Identifikation mit der Welt, Gott, anderen zur Suche nach der eigenen Identität – das ist die entscheidende Wende. Sie ist Zeichen des fundamentalen Wandels, der sich täglich zeigenden, weltumspannenden Transsubstantiation, in welche die moderne Gesellschaft eingetreten ist. Seit es darum geht, sich selbst zu werden, seit dem Zeitalter der Individualisierung, seit der rundum geteilten Aufforderung, anders und besonders zu sein, seit das Ich sich nicht nur zu erfinden, sondern mit jeder Faser zu unternehmen hat, seitdem kehrt der Makel, der Mangel unter anderen, für die Erlösungsreligionen irritierenden Vorzeichen wieder.

Man lässt sich auf ihn ein. Man nimmt sich an, wie man ist. Man offeriert das Mal. Man öffnet sich. Man zeigt den Riss. Man akzeptiert die Differenz. Man handelt im Bewusstsein der Kontingenz. Man weiß noch nicht, was man nicht weiß und weiß nicht, in was man sich verstrickt. Man akzeptiert das Endliche als das einzig Endlose. Und das Ende als unvollendetes. Die Selbststigmatisierung, die der sich fleischlich inkarnierende Christus in seiner Erniedrigung und Kreuzigung vorzeigt, ist die letzte Steigerungsform dieser gesellschaftlichen Transsubstantiation. Man implantiert sich jenes Schwert, das die Mutter Gottes in den Andachtsbildern herzeigt. Man trägt es mit sich, in sich herum. Man zeigt es her. Je drastischer die Beschädigungen hergezeigt werden, je direkter und »unverschämter« im Wortsinne die Wunden geöffnet und die Blößen veröffentlicht werden, je mehr sich also nicht nur die Individuen mit ihren intimsten Problemen preisgeben und die Gesellschaft deren Outing unterstützt, desto mehr und eindringlicher tritt zu Tage, dass die Stigmatisierung eine allgemeine, eine menscheneigene ist. Sie wird nicht mehr verborgen, sondern entborgen. Sie wird nicht mehr verschwiegen, sondern veröffentlicht.[17]

Die Skala des Zeigens hat sich endlos erweitert und gleichzeitig ist der Prädestinationsglaube verblasst. Vielerlei Spuren wären hier zu nennen: der christologische Zyklus, in dem der Messias in der Auferstehung nicht nur seine Wunden als Heilszeichen herzeigt, sondern diese als sich mittelbar selbst zugebrachte lehrt; der ungläubige Thomas, der seine Hand in die Wunde des Auferstandenen legen muss. Hat sich Christus nicht selbst gekreuzigt? Mit Hilfe des Judas und armseligen Knechten? Was heißt eigentlich Auferstehung des Fleisches? Warum eigentlich will Gott Mensch werden? Jedenfalls: Selbststigmatisierung wandelt Schuld in Gnade.[18] Akzeptanz der Unvollkommenheit heißt beileibe nicht Freigabe der Sünde. Eine Revision der Sünden- und Sündigkeitsvorstellung in der Moderne heißt nicht deren Umkehrung.[19] Die Ablösung der Fremdkontrolle ist durch Selbstdisziplin zu kompensieren und die Überschreitungen überkommener Tabus und Grenzen eine Verschärfung der Kontrolle. Autonomie heißt Selbstgesetzgebung.

Was also, und das ist die über Platz und Zukunft der Religion in der modernen Gesellschaft entscheidende Frage, was also, wenn das Unverfügbare nicht mehr als Drohung und Strafe erlebt, sondern anders ausgelegt wird? Wenn nicht mehr nur das Gottesverständnis mit der Erfahrung der modernen Lebenswirklichkeit in Übereinstimmung gebracht werden kann, sondern auch der Erlösungsglaube? Gewiss, die Theologie bietet hier den Ausweg eines unzeitgemäßen, nicht auf das Selbstbewusstsein und die Erfahrungen der Menschen abstellenden Glaubens an.[20] Solchermaßen immunisieren sich heute auch die Künste und die Wissenschaften, wenn sie den Halt in der Gesellschaft verlieren und bodenlos werden. Aber wenn die eins, zwei, drei, vier Kränkungen, denen der Mensch sich in seinem Selbstverständnis aussetzt, nicht mehr als Beeinträchtigungen hingenommen, sondern als Herausforderungen angenommen werden? Und die Rettung Gottes ins Unzeitgemäße gar nicht mehr notwendig ist? Was, wenn selbst der Tod, die Endlichkeit, die Befreiung unseres Daseins als Steigerung der Intensität des Lebens aufgefasst wird und profane Verheißungen (wie ein schmerzloses Dasein und ein schmerzloser Tod) hinterfragt werden? Und was schließlich, wenn das Unvollkommene, das Irreduzible, der Mangel, das Leid, die Differenz nicht nur als natürliche Gegebenheit anerkannt, nicht einfach heroisch akzeptiert, sondern als evolutionärer Vorteil, als Antriebskraft des Humanen, als produktiver Stachel, als Befeuerung des Seins gedeutet und als Zeichen des Heils hergezeigt werden? Wenn, wie im christologischen Zyklus, die Stigmata zu Heilszeichen werden? Was also, wenn, mit anderen Worten, diese irdische Welt nicht mehr in eine überirdische, eigentliche hinein erlöst werden muss, sondern man es vielmehr bei der Differenz belässt?

Das Ende des Erlösungsglaubens bedeutete auch das Ende der weltlichen Endlösungsphantasien mit ihren Beschleunigungsbewegungen und Finalitätsvorstellungen. Und gleichzeitig eröffnete es eine Neudeutung der Christologie. Einer Christologie, die nicht die Passion Christi, sondern die Auferstehung in den Vordergrund rückt – und ein Evangelium, das nicht die Hoffnung auf ein ewiges Leben nährt, sondern den Aufenthalt im Endlichen, im Unvollendeten lehrt. Und weder ein Leben in endlosen Möglichkeiten und Seligkeiten noch einer immerwährenden Sorglosigkeit und Zeitlosigkeit verspricht. Sondern davon ablässt. Denn nicht nur die Intensität des Lebens rührt aus der Erwartung eines Todes, sondern das Leben überhaupt. Die Bewegung des Lebens »drängt nicht hin zum Tod. Sondern wird von ihm zurückgeworfen auf das Leben.«[21] Ohne Tod kein Leben, kein Erinnern, keine Hoffnung.

Dem Menschen ist eine Welt nie genug gewesen und immer hat er die Kluft zwischen dem, was ist, und dem, was sein könnte, bearbeitet. Differenzminderungsprogramme leben prinzipiell aus dieser Spannung. Differenzminderungsprogramme, die in definitiven Überwindungs-, Erlösungsvorstellungen, in Endzeiten und Endlösungen gipfeln, sind indes, weltgeschichtlich gesehen, Ausnahmeprogramme. Die Erfahrung der Differenz, wie immer sie ausgelegt wird, von hier zu dort, von mir zu dir, vom Diesseits zum Jenseits hat vielmehr erst zu all dem geführt, was wir Kulturleistung nennen. Weder gäbe es außerhalb dieser Spannung eine Reflexion über die Welt und sich selbst, weder gäbe es Bücher, eine Philosophie, die Kantaten von Bach, die grandiosen Kulturleistungen – noch überhaupt eine Geschichte. Die Geschichtsbücher künden von den ingeniösen oder auch fehlgeleiteten und grausamen Versuchen der Menschen, mit Differenzminderungsprogrammen die Welt heimisch zu machen. Der Mensch anerkennt nicht nur seine Widersprüchlichkeit, sondern lebt in und aus dieser Spannung.[22] Die Welt kommt durch sie erst in Gang. Die unermessliche Vielfalt von kulturellen Möglichkeiten, die er in der Geschichte hervorgebracht hat, sind ebenso ihr Ergebnis wie die Zerstörungen.

Die plötzlich erlebte Blöße im Paradies ist so gesehen der Ursprung aller Kultur, aller Bemühung um Festigkeit, aller Besänftigung der Sorge. Was, wenn Adam und Eva nicht aus dem Garten Eden vertrieben, sondern aus ihm geflüchtet sind? Flüchteten und nie mehr dahin zurückwollten, wo sie herkamen? Was, wenn eine differenzlose Welt mit einer allgemeinen Einswerdung und Verschmelzung, einem mystischen Liebeskosmos weder mehr plausibilisiert noch wünschbar erscheint? Was also und noch einmal, wenn das anthropologische Substrat der Erlösungsvorstellung schwindet? Ihre blutleeren Lippen von keiner noch so eifrigen Verkündigung wachgeküsst werden? Wenn die jenseitsgewandte Religion, von der gesagt wird, sie kehre überhastet wieder, erlösungsirrelevant wird, weil weder mehr jemand erlöst werden will noch jemand von endgültigen Lösungen träumt?

Ein Christentum ohne erlösungsreligiöse Welt- und Todesanschauung muss auch keineswegs auf schwächliche Substitute des christlichen Glaubens zurückgreifen. Ein mit ganzheitlichen Angeboten operierendes Christentum als Tröstungsanstalt und als »Resignationsbeihilfe« (Hermann Lübbe) würde zugrunde gehen. Eine nützliche Religion ist noch keine gute Religion.[23] Aber auferstehen könnte ein Christentum, das nicht die Erlösung, sondern die Unvollkommenheit ins Zentrum stellt, und das den Mangel als Geschenk, die Verletzung als Stachel und den Stachel als Wehr sieht.

Nicht als »schwaches« Denken einer postmetaphysischen Kultur, sondern als eine »schwache Anthropologie«, die das voraussetzt, was allen Menschen in allen Kulturen und zu allen Zeiten gemeinsam ist.[24] Nämlich, dass er zu keinem Ende kommt. Der Mensch zeigt, was er schuldvoll verborgen, schamhaft verdeckt hat. Er zeigt, dass er unvollkommen ist. Denn er weiß, dass er vor einer endlosen Arbeit steht, die immer wieder neu beginnt. Er nimmt die Mühen des Lebens auf sich, ohne die Mühelosigkeit zu wollen. Er zieht das Unaufhörliche dem Überraschungslosen vor. Und er weiß: Er endet unvollendet.

Jedenfalls würde damit etwas wegfallen, was die Erlösungsreligionen, seien sie nun himmlisch oder irdisch gewandet, auch erbarmungs- und gnadenlos macht. Wegfallen würde die Hoffnung, dass ein Leben nach dem Tod das Leben vor dem Tod kompensiere. Erledigen würde sich auch die Frage, ob Leben vor dem Tod ein defizientes Sein wäre. Leben ist gegeben durch den Tod. Erledigen würde sich aber insbesondere der Zwang zu einer nie gelingenden, ultimativen und endgültigen Selbst- und Welterlösung. Wegfallen würden die Kreuzzüge, welche die Welt im Namen des Fortschritts einem definitiven, einem heilsgeschichtlichen Ende, einem Angst machenden Finale zutreiben wollen. Wegfallen würden mit der Bestimmung zur Erlösung deren Missionierungsbewegungen: die Erziehung, Verbesserung und Umformung der Unerlösten durch Apokalyptiker, Untergangspropheten und Endzeitsekten.[25] Bleiben und endlich seinen Platz im Gedächtnis der Menschen finden würde das Verständnis für Unfertiges und Unvollendetes. Nicht zugekittet und verdeckt also würde dieser Riss, sondern immer wieder neu aufgebrochen. Das wäre die eifrig umkreiste »gute« Religion. Sie nähme Abschied von der Endgültigkeitsvorstellung. Die Kontingenz würde durch den Verweis auf andere Welten, endgültige Lösungen, ein Endheil nicht ruhig gestellt oder in heroischer Gelassenheit ertragen, sondern immer neu geöffnet. Wie lässt doch Goethe am Schluss seines »Faust« die höheren Wesen sagen? »Wer immer strebend sich bemüht, den können wir erlösen.« Erlöst im Immer, nicht wenn das Immer endet!

Die Spannung oder der Riss, woher er immer rührt, ist konstitutiv für die *Conditio humana*. Ihre Überwindung wäre das Ende des Menschen und der Geschichte. Ohne dass er – als Blöße – im Paradies entdeckt worden wäre, gäbe es keine Kultur, keine Zivilisation. Dieses Wissen ist das Salz des Lebens. Es ist wie eine Gaze in der Wunde, die diese offen hält und sie davor bewahrt, sich zu verschließen. Eine Weltanschauung, die keine Hoffnung auf Vervollkommnung, Glättung, Schließung, geschweige denn auf ultimative und universelle Erlösung anbietet, ist nicht nur möglich, sondern häufig genug wirklich. Es lassen sich Anstrengungen vorstellen, die nicht und nie zu einem definitiven Ende führen. Von der Erziehung der Kinder bis zum Schreiben von Büchern. Vielleicht gibt es in Mathematik und Physik definitive, unüberholbare Lösungen. Aber sonst? Der Glaube an etwas Unbedingtes, Vollkommenes, Absolutes ist überdies nur jenen Menschen notwendig, die unter ihrer Unvollkommenheit leiden. Dass dieses Leid getragen und genutzt werden kann, ohne daran zu verzweifeln, ist doch weniger menschenfeindlich, als ihnen eine Untröstlichkeit zuzuschreiben.[26]

So lässt sich eine gelassene Religiosität denken, welche eine Transzendenz akzeptiert, ohne in diese eingehen zu wollen. In der das Streben nach Vollkommenheit nicht umschlägt in Allmachtsphantasien und Endgültigkeitsvorstellungen. Die als Jenseits oder Jenseits im Diesseits auf alles Gegenwärtige ihren Schatten wirft. Es findet sich ein Durchlass zwischen einem relativistischen Skeptizismus und einem transzendentalischen Dogmatismus.[27] Denn ein Menschsein, das zwar um das Leid des Menschen weiß, kann, aber muss nicht zwingend einen Drang zur Befreiung und Erlösung von diesem entwickeln. Dass der Mensch von seiner anthropologischen Konstitution her erlösungsbedürftig sei, ist eine Behauptung, die sich am Erleben des Menschen ausweisen lassen muss.[28] Erlösungsreligiöse Not hat keine Lebensgrundlage mehr im Erfahren und Denken des Daseins von heute. Die Einsicht in die Ausweglosigkeit des menschlichen Lebens, insbesondere angesichts des Todes, ist ebenso wenig auf eine Erbschuld oder -sünde verwiesen. Statt einer Erlösung von den Übeln der Welt und einer Rückkehr ins Paradies, aus dem man vertrieben scheint, und statt einer Erlösung in dieser Welt ohne Hoffnung auf eine andere, statt einer Erlösung schließlich durch Aushalten, Standhalten, heroische Bewährung, Heldentum, Resignation, lässt sich das Sein als Raum offener Möglichkeiten begreifen, dem man zu begegnen hat und in dem man sich immer wieder entscheiden muss.[29]

Dass es immer wieder gilt, Hilfe zu leisten von augenblicklicher und offenbarer Not, versteht sich von selbst. Leben gerät immer in Not. Und Empathie ist immer vonnöten. Aber Erlösung von Not überhaupt? Was für eine Überforderung! Die Frage, ob man ein guter Mensch sein kann, muss ja verzweifeln lassen im Blick auf eine Vollkommenheits- und Endgültigkeitsvorstellung. Universelle Hilfe ist nicht des Menschen Sache und biegt das Menschsein um ins Übermenschliche. Und die Nächstenliebe, nicht selten als Rettung vor der unbefriedigenden Fernstenliebe und der entsprechenden Hypermoral gepriesen, lässt sich nach allen Seiten zerren und korrumpieren. Ob die erregendste Befriedigung in der Unvollständigkeit liegt (Zygmunt Bauman), bleibe dahingestellt. Vielleicht, ja vielleicht eher im Unvollendeten.

Denn in einer vollendeten Welt gäbe es nichts Unvollendetes, nichts, was die Kulturleistung des Menschen ausmacht. Denn alles Menschengeschaffene ist provisorisch. Alles ist *under construction.* Dass alle Entscheide zu neuen Problemen und nie zur Er-Lösung von jeglichen Problemen führen, und die sich dementsprechend nie schließende Differenz zwischen Wirklichkeit und Möglichkeit gerade als Stimulans für die Bewusstwerdung des Menschen und seiner demiurgischen Potenz eignet, kommt hinzu. Vorentschlossen zur Freiheit und hineingestellt in die Welt, um zu fragen und zu handeln, bedeutet nicht Versöhnung mit dem Sein der Welt und dem eigenen Dasein, sondern offensives Aufnehmen der Differenz im gleichzeitigen Wissen um die Unabschließbarkeit der menschlichen Bemühungen und im Wissen um die Heilsamkeit solcher Unabschließbarkeit. Der Stachel im Fleisch, von dem die Bibel spricht, lässt sich nicht herausoperieren. Hätten wir ihn nicht, es gäbe uns nicht. Es gäbe nichts. Gäbe es endgültige Antworten, gäbe es keine Fragen mehr. Es gäbe keine Sprache, keine Kunst, keine Wissenschaft, keine Musik.[30]

Alles was die menschliche Unfertigkeit zeigt, beklagt, erhebt: Musik, Kunst, Poesie, Literatur, alles Ringen auch um Erlöst-Werden wäre hinfällig im Erlöst-Sein. Wären Mensch und Welt vollkommen, gäbe es nichts. Das Leben lebt von der Imagination von seinem Gegenteil, von Tod und Endgültigkeit. Das gemeinsame Geschick der Sterblichkeit in einer unabschließbaren Geschichte ist sogar menschengnädiger als die in einer Erlösung gipfelnde Endlichkeit. Ein todloses Leben ist kein Leben. Das Existenzial bleibt und wird existenziell gedeutet. Die Existenzbewegung wird erst so in Gang gesetzt. Der Stachel ist Stimulans, Überlebens- und Reflexionsimpuls. Er ist Quelle des Tuns, Tankstelle des Seins.[31] Wie Gesundheit Kraft heißt, mit der Beschränkung zu leben, heißt

Leben Kraft, mit Beschränkungen, Unvollkommenheiten und Unabschließbarkeiten zu leben.

Das mag wenig sein im Vergleich zu den grandiosen Verheißungen der Endgültigkeit verheißenden Erlösungsreligionen. Aber diese Haltung setzt erst jene transzendierenden Kräfte frei, welche diese selbst vermissen. Die Anerkennung der unvollkommenen Menschennatur (und die Ablehnung von End- und Erlösungen) ist auch die Basis einer menschenwürdigen Globalisierung. Ingeniös sind die Anstrengungen der Menschen, sich auszuhalten, sich zu verstehen; unerschöpflich sind die Anstrengungen der Wissenschaften, Licht zu bringen und aufzuklären, und endlos die Anstrengungen der Religionswissenschaftler und Theologen, Begegnungen zwischen dem Christentum und dem Islam, den westlichen und den östlichen, theistischen und nicht theistischen Religionen, den Gläubigen und den Ungläubigen herbeizuführen und kopernikanische Wenden herbeizuzwingen. Aber hat sich der Glaube an die Kraft der Vernunft, an die Vervollkommnung des Menschen, an die Vertreibung der Kontingenz, an die Beherrschung des Ausgangs des Lebens nicht als Kinderglaube herausgestellt? Ist es nicht an der Zeit, die Anstrengungen selbst zum Fundament zu machen und im Sinne der »schwachen« Anthropologie, diese allen Menschen innewohnende, gemeinsame Schwäche als ihre Stärke und als Basis eines Denkens zu sehen, das heilt vom Errettungs-, Erlösungs- und Endlösungsglauben? Ohne »Keulenschläge« mit einer numinosen und nicht mehr gefühlten Heilsbotschaft und ohne historisierende, lebensweltliche Begründung?[32] Ohne Leidenstheologie, aber auch ohne die Menschen in ihrer Not sein zu lassen?

Jede Generation beginnt von Neuem, und bei allen technischen und materiellen Fortschritten erfährt auch jede Generation, dass ihre Nachkommen auch wieder beginnen, ohne dass irgendetwas vollendet ist. Universal erfahren werden die Nöte der Menschen und universal gemeinsam ist allen Menschen die Leiderfahrung. Nicht aber die Erwartung einer endzeitlichen Heilserlösung und Enderfüllung. In der Erfahrung des Ungenügens werden die Horizonte aller Menschen und aller Gläubigkeiten verschmolzen. Diese schwache Anthropologie verlangt eine starke Moral, gespeist aus dem, wie es so schön heißt, gemeinsamen Brunnen einer Unvollkommenheits- und Unfertigkeitserfahrung, die in den monotheistischen Erlösungsreligionen jene Bearbeitung erfahren hat, die mit ihrer Erlösungs- und Endlösungsvorstellung nicht nur in ihrer theistischen, sondern auch in ihrer verweltlichten Form Heil und Unheil hervorgebracht hat. Aus dieser schwachen Anthropologie resultiert jene Einschmelzung der christlichen Erlösungs- und Endzeithoffnung und die Eingliederung des eschatologischen Heilsvolkes in eine Menschengemeinschaft, deren Kreuz die nicht endende Herausforderung ist. Dieser, doch allen Religionen vorausliegende Einheitsgrund ist die ins Unendliche sich ziehende Endlichkeit der Konzepte, das Seufzen darob und das Unglück und Glück der Unerreichbarkeit einer Endgültigkeit. Dass jede Art von Endgültigkeitswillen und jede Erlösungsvorstellung in Endlösungsphantasien einmündet, die zugleich das Ende der Geschichte und das Ende der Transzendenz bedeuten würde, wie oft ist es gesagt und wie unerbittlich und immer wieder wurde es desavouiert. Der Blick hinaus in das Fremde, das man nie sein wird – wie schön, wie weit!

Anmerkungen

ANMERKUNGEN ZU »ANLASS«

1 Die Wiederkehrliteratur ist unterdessen riesig. Vgl. z.B. Richard Rorty/Gianni Vattimo: Die Zukunft der Religion. Frankfurt a.m. 2006; Wolfram Weimer: Credo. Warum die Rückkehr der Religion gut ist. Stuttgart 2006; Jürgen Manemann: Rettende Erinnerung an die Zukunft. Essay über die christliche Verschärfung. Mainz 2005; Eugen Biser: Der obdachlose Gott. Für eine Neubegegnung mit dem Unglauben. Freiburg i.Br. 2005; Friedrich Wilhelm Graf: Die Wiederkehr der Götter. München 2004; Martin Riesebrodt: Die Rückkehr der Religionen und der ›Kampf der Kulturen‹. München 2000.

2 Vgl. beispielsweise Samuel P. Huntington: Der Kampf der Kulturen. Hamburg 1997; Michael Stürmer: Welt ohne Weltordnung. Wer wird die Erde erben? Hamburg 2006; Herwig Büchele: Vor der Gefahr der Selbstauslöschung der Menschheit. Berlin 2006.

3 Vgl. Max Weber: Zwischenbetrachtung: Theorie der Stufen und Richtungen religiöser Weltablehnung. In: Ders.: Gesammelte Aufsätze zur Religionssoziologie. Bd. I, Tübingen 1972, S. 536-575.

4 Das eben erschienene Buch von Peter L. Berger mit dem Titel »Erlösender Glaube« (Berlin, New York 2006) ist die erste neuere, von einem Soziologen verfasste Arbeit, die sich mit der Substanz des Christentums befasst. Während der entsprechende Zentralbegriff »Erlösung« in den gängigen religionsso-

ziologischen Arbeiten überhaupt nicht auftaucht, nennt ihn Bergers Register vierunddreißigmal.

5   Die Kirchen als geistliche Körperschaften mit einem Monopol legitimer Handhabung transzendenter Heilsgüter und ihrer Verwaltung und betrieblichen Organisation haben, teilweise selbstverschuldet, ihr Definitionsmonopol so weitgehend verloren, dass sie selbst von der Substanz abrücken und einer Wiederkehr der Religion in der Hoffnung beipflichten, dass deren Schwung sie mitnimmt. Vgl. Karl Gabriel: Christentum zwischen Tradition und Postmoderne. Freiburg i.Br. 1995.

6   Dieses Buch führt Gedanken fort, die in »Die Multioptionsgesellschaft« (1994) und »Ich-Jagd. Im Unabhängigkeitsjahrhundert« (1999) angelegt wurden. Es erweitert die schon in der »Multioptionsgesellschaft« initiierte Bejahung der Differenz, in der die Menschen stehen, um eine dritte Dimension. Im Vordergrund steht nicht die horizontale Differenz zwischen Wirklichkeit und Möglichkeit (wie in der »Multioptionsgesellschaft«), auch nicht die innerliche zwischen Ichwirklichkeit und Ichverwirklichung (wie in der »Ich-Jagd«), sondern jene zwischen Immanenz und Transzendenz, zwischen Dies- und Jenseits. Diese ›dritte‹ Differenz ist, bildlich gesprochen, vertikal angelegt und berührt jene Grenze zwischen Himmel und Erde, jene Superunterscheidung von Natur und Supranatur, die im Christentum bis in die Kirchen und ihre Architektur hinein präsent ist. Die in den vorangegangenen Büchern behandelten Differenzen zwischen hier und dort sowie zwischen außen und innen sind weltliche Transformationen der Seinsspaltung in eine Welt hier und in eine dort, eine diesseitige und eine jenseitige Welt. Diese Differenz bearbeitet die Religion, die sich im Christentum als Erlösungsreligion zeigt. Dieses Buch bejaht diese Differenz, statt dass sie diese entwertet und versucht, sie im Himmel oder auf Erden zu schließen und zu überwinden. Dass der Mensch nicht ist, was er sein möchte, ist Grund seiner Anstrengungen und Leistungen. Wäre er erlöst, gäbe es keine Kultur und keine Religion. Es gäbe nichts. Und würde er erlöst, bedeutete dies das Ende aller Versuche, sich und die Welt zu deuten. Es wäre das Ende der Welt und das Ende des Menschen.

Vielen ist zu danken: meiner Familie, Freunden, Kollegen. Sie alle haben Differenzen offen gehalten. Sie waren das Salz. Besonderer Dank gilt meinem theologischen ›Beichtvater‹ Uwe Gerber, der vermutlich einiges teilen und vieles nicht teilen wird. Ganz zu schweigen davon, dass er, wie jeder informierte Theologe, bemerken muss, dass die Theologie in den bald zweitausend Jahren Nachdenken über Gott und die Welt das alles schon gedacht und gesagt hat. Aber vielleicht, fügen wir es hinzu, nicht jetzt, wo so eifrig die Wiederkunft der Religion verkündet wird.

Anmerkungen zu »Zum Anfang«

1   Vgl. Hans Urs von Balthasar: Das Herz der Welt. Zürich 1949, S. 9.

2   Während das »Vaterunser« (Matt 6, 9-13) noch präsent ist, gilt das wohl nicht für das Apostolische »Credo«, das auch als Grundlage für eine ökumenische Übereinkunft benutzt wird. Es lautet: »Ich glaube an Gott den allmächtigen Vater, Schöpfer des Himmels und der Erde. Ich glaube an Jesus Christus, seinen eingeborenen Sohn, unseren Herrn. Er wurde empfangen durch die Kraft des Heiligen Geistes und geboren aus den Jungfrau Maria. Gelitten unter Pontius Pilatus, gekreuzigt, gestorben und begraben. Abgestiegen zu den Toten und aufgestanden am dritten Tag. Aufgestiegen zum Himmel, sitzt er zur Rechten seines Vaters. Er wird wiederkommen, um zu richten die Toten und Lebendigen. Ich glaube an den Heiligen Geist, die heilige Katholische Kirche, die Gemeinschaft der Heiligen, die Vergebung der Sünden, die Auferstehung des Leibes und das ewige Leben. Amen.«

3   Auch Josef Kardinal Ratzinger moniert in einer schmalen Schrift aus dem Jahr 1979: »Erlösung ist ein Zentralwort des christlichen Glaubens; es ist auch eines seiner am meisten entleerten Wörter: selbst Gläubigen fällt es schwer, dahinter noch eine Wirklichkeit zu entdecken.« In: Ders.: Erlösung – mehr als eine Phrase? Steinfeld 1979, S. 3.

4   »Ich komme ins Paradies, in den Himmel, ins ewige Leben oder zu Gott«, meinten noch 13,7 Prozent von 1026 repräsentativ ausgewählten Schweizerinnen und Schweizern laut einer neuen Befragung. In: Und dann? Link-Umfrage. Saemann. Evangelisch-reformierte Monatszeitung, Nr. 11. 2006, S. 1f.

5   Vgl. Rüdiger Safranski: Wieviel Globalisierung verträgt der Mensch? München, Wien 2003.

6   Das unter dem vielversprechenden Titel »Credo« erschienene Buch von Wolfram Weimer (a.a.O.) senkt das Glaubensbekenntnis, auf das ja der Titel anspricht, auf eine zeitgeistige Religiosität ab, ohne auch nur die Herkunft des Titels im christlichen Glaubensbekenntnis anzusprechen. Was Friedrich H. Tenbruck vor mehr als einem Jahrzehnt geschrieben hat, nämlich dass der Versuch, Religion als etwas Universales zu behandeln, zu einer stetigen Verdünnung des Inhaltes geführt habe, und der »Glaube an den Schöpfergott schließlich nur ein vages Transzendenzerlebnis oder bloß eine beunruhigende Kontingenzerfahrung als das allen Religionen Gemeinsame übrig ließ«, hat sich bis in die Herzen der aktiven Christen hinein bestätigt. Vgl. Friedrich H. Tenbruck: Die Religion im Maelstrom der Moderne. In: Kölner Zeitschrift für Soziologie und Sozialpsychologie. Sonderheft 33, 1993, S. 31-68, hier S. 39.

7   Instruktiv zum Verständnis der drei »Erlösungsreligionen«: Vgl. Karl-Josef Kuschel: Streit um Abraham. Was Juden, Christen und Muslime trennt – und was sie eint. München 1996. Der kürzlich gegründete »Rat der Religionen« in der Schweiz umfasst typischerweise nur die monotheistischen Erlösungsreligionen.

8   Vgl. Koran, Sure 55,72.

9   Die Situation ist, wie Peter Antes feststellt, heute in Deutschland mit der des frühen Christentums vergleichbar, wo es darum ging, »Menschen, die noch nie etwas von christlichem Gedankengut erfahren hatten, mit diesem vertraut zu machen«. Peter Antes: Mach's wie Gott, werde Mensch. Düsseldorf 1999, S. 11.

10 Vgl. zur Substanz des Christentums die jeweiligen Katechismen, vom reformierten »Heidelberger Katechismus« (1563) bis zum neuen »Katechismus der Katholischen Kirche« (2005), in denen versammelt ist, was christlicher Glaube beinhaltet. Vgl. auch die Enzyklika »Redemptor hominis« von Papst Johannes Paul II. Rom 1979.

11 Vgl. etwa Paul Tillich: Meine Suche nach dem Absoluten. Wuppertal-Barmen 1969. Und eindringlich Hans Urs von Balthasar: Das Herz der Welt, a.a.O., S. 9ff.

12 Wenn die Theologie nach dem Ersten Weltkrieg die Gottheit Gottes wiederentdeckt hat und nach dem Zweiten Weltkrieg die Weltlichkeit der Welt, so entdeckt sie vor der Wende zum dritten Jahrtausend die Weltlichkeit Gottes. Vgl. Friedrich Gogarten: Der Mensch zwischen Gott und Welt. Heidelberg 1952.

13 In diesem Sinne vgl. Karl Löwith: Weltgeschichte und Heilsgeschehen. Die theologischen Voraussetzungen der Geschichtsphilosophie. Stuttgart u.a. 1953, S. 83.

14 So Richard Rorty: Schlachtbank der Geschichte. Die Suche nach Gott ist den Menschen nicht einmontiert: Bemerkungen anlässlich der Entgegennahme des Meister-Eckhart-Preises. In: Süddeutsche Zeitung vom 4.12.2001, S. 14.

15 Vgl. Mircea Eliade: Das Heilige und das Profane. Vom Wesen des Religiösen. Frankfurt a.M. 1990; Thomas Luckmann: Die unsichtbare Religion. Frankfurt a.M. 1991.

16 Vgl. Hans Joas: Eine Rose im Kreuz der Vernunft. In: DIE ZEIT vom 7.2.2002, S. 32.

17 Max Weber: Wissenschaft als Beruf. In: Ders.: Schriften zur Wissenschaftslehre (hg. v. Michael Sukale). Stuttgart 1991, S. 237-275, hier S. 272.

18 Vgl. Eugen Biser: Der obdachlose Gott, a.a.O., S. 97.

19 Vgl. Dorothee Sölle: Leiden. Stuttgart 1973. Sölles Kritik der sadomasochistischen Leidenstheologie ist berechtigt, wenn sie sich mit dem Umgang mit sinnlosem, ungerechtfertigtem, überflüssigem Leid befasst. Aber Leid gibt gleichzeitig den Grund, sich mit Leid zu befassen. Der »Sinn« des Leids besteht nach Dorothee Sölle darin, das metaphysische Leid gegen das physische, das unverfügbare gegen das verfügbare einzusetzen.

20 Akzeptanz, Annahme und Versöhnung mit dem menschengegebenen Leid sind häufig anzutreffende Positionen. Nach dem »Kleinen theologischen Wörterbuch« (hg. v. Karl Rahner und Hans Vorgrimler, Freiburg i.Br. 1961, Stichwort Leiden) ist dem Menschen aufgetragen, »die auf ihn eindrängende Situation ganz und restlos anzunehmen und integrierend verwandelnd aufzufangen und zu einem Moment seines eigenen Selbstvollzugs (leidend tätig und tätig leidend) zu transformieren (was das Gegenteil ist von passivem Widerfahrenlassen), so dass er sich in ihr für Gott entscheidet [...] In diesem Sinne erweist sich dann das Leiden als ›gottgewollt‹«. (S. 61).

21 Nicht die Spannung zwischen dogmatischer und exegetischer
Theologie, zwischen Gottesglauben und seiner Verkündigung
steht im Mittelpunkt dieser Überlegungen, sondern die Kluft
zwischen Welt- und Gottesanschauung und anthropologischer
Befindlichkeit. Ein Neuansatz der Theologie kann deshalb
nicht (wie etwa bei Rudolf Bultmann) in einer neuen »mytho-
logisierten« Verkündigung alter Wahrheiten liegen, sondern in
der anthropologisch fundierten Neudeutung der zentralen
Gehalte des Christentums – zum Beispiel in der Umdeutung
des Mangels in eine Gabe. Vgl. Rudolf Bultmann: Jesus Christus und die Mythologie. Das Neue Testament im Lichte der
Bibelkritik. Gütersloh 1964, S. 15ff.

22 Vgl. Gianni Vattimo: Jenseits des Christentums. Gibt es eine
Welt ohne Gott? München, Wien 2004; Uwe Justus Wenzel:
Gretchenfragen. Wie es einige Philosophen mit der Religion
halten. In: Neue Zürcher Zeitung vom 3./4.6.2006, S. 73.

23 Vgl. Peter Gross: Verblassendes Heil. Vom Paradiesvertriebenen zum Paradiesflüchtling. In: Susanne Dungs/Ludwig Heiner (Hg.): Profan – Sinnlich – Religiös. Theologische Lektüren
der Postmoderne. Frankfurt a.M. 2005, S. 335-345.

24 Diesen Gesichtspunkt betonen mit unterschiedlichen Stoß-
richtungen: Wolfhart Pannenberg: Anthropologie in theologischer Perspektive. Göttingen 1983; Emil Brunner: Natur und
Gnade. Zürich 1934. Ähnlich haben schon John Hick und
sechs weitere Theologen gefragt: »Könnte es ein Christentum
ohne die Inkarnation geben?«; Maurice Wiles: Christentum
ohne Inkarnation? In: John Hick (Hg.): Wurde Gott Mensch?
Der Mythos vom fleischgewordenen Gott. Gütersloh 1979,
S. 11-20, hier S. 11. Auch der Interreligiöse Dialog ließe sich auf
diese Basis stellen. Vgl. Peter Gross: Die Entsubstanzialisierung des Christentums und der Interreligiöse Dialog. In: Uwe
Gerber (Hg.): Auf die Differenz kommt es an. Interreligiöser
Dialog mit Muslimen. Leipzig 2006, S. 137-149.

Anmerkungen zu Kapitel I: »Religiosität und Erlösung«

1 Zum Begriff der Religion vgl. Paul Barié: Was ist Religion? Zur
Wirkungsgeschichte eines römischen Begriffs. Annweiler am
Trifels 2001; Fritz Stolz: Weltbilder der Religionen. Kultur und

Natur. Diesseits und Jenseits. Kontrollierbares und Unkontrollierbares. Zürich 2001; Friedrich Heiler: Erscheinungsformen und Wesen der Religion. Stuttgart 1960; Huston Smith: The World's Religions. New York 1991. Für Karl Barth ist Religion sogar der Ausdruck des ungläubigen Menschen. Vgl. Karl Barth: Kirchliche Dogmatik I/2, § 17.

2 Vgl. Hubert Knoblauch: Religionssoziologie. Berlin, New York 1999, S. 117. Eine Einführung, in der das Wort »Erlösung«, das in Max Webers religionssoziologischen Überlegungen eine zentrale Rolle spielt, wie übrigens in den meisten anderen Einführungen auch, nicht erscheint. Franz-Xaver Kaufmann unternimmt es als einer der wenigen, nicht nur formale, funktionale und inhaltliche Aspekte zu thematisieren, sondern sich auf inhaltliche einzulassen. Er moniert (1989), dass das wieder erwachte Interesse an der Religion sich nur an ihren Funktionen orientiere und nicht an den religiösen Inhalten. Das führe zu Missverständnissen und neuen Herausforderungen des Christentums. Vgl. Religion und Modernität: Zum Stand der Diskussion. In: Ders.: Religion und Modernität. Sozialwissenschaftliche Perspektiven. Tübingen 1989, S. 32-70, hier S. 48ff.

3 Vgl. Peter L. Berger: Zur Dialektik von Religion und Gesellschaft. Frankfurt a.M. 1973, S. 26. Hubert Knoblauch: Religionssoziologie. a.a.O., S. 128. Übrigens erfordert die wissenssoziologische Position, die Knoblauch und andere einnehmen, nicht notwendigerweise die Behauptung, dass Glaube vom Menschen konstruiert sei. Ob das, was die Menschen glauben, wirklich ist, ist irrelevant für die Frage, was die Menschen aufgrund ihres Glaubens in ihren Handlungen umsetzen. Vgl. ebenda, S. 13.

4 Vgl. grundlegend Thomas Pröpper: Erlösungsglaube und Freiheitsgeschichte. Eine Skizze zur Soteriologie. München 1988; Dietrich Wiederkehr: Glaube an Erlösung. Konzepte der Soteriologie vom Neuen Testament bis heute. Freiburg i.Br., Basel, Wien 1976. Hans Kessler: Den verborgenen Gott suchen. Gottesglaube in einer von Naturwissenschaften und Religionskonflikten geprägten Welt. Paderborn 2006.

5 Vgl. Thomas Luckmann: Die unsichtbare Religion, a.a.O., Mircea Eliade: Das Heilige und das Profane, a.a.O.

6 Vgl. Hubert Knoblauch: Religionssoziologie, a.a.O., S. 124.

7 Nach Carl Schmitt hört ein Theologe auf, ein christlicher Theologe zu sein, wenn er die Menschen »nicht mehr für sündhaft oder erlösungsbedürftig hält«. In: Ders: Der Begriff des Politischen. Berlin 1987, S. 63. Für Walter Strolz hingegen ist die »Voraussetzung für das Phänomen Religion eine allgemeine Erlösungsbedürftigkeit, eine Auffassung, die wir gerade nicht teilen«. In: Walter Strolz: Heilswege der Weltreligionen. Bd. III. Freiburg i.Br., Basel, Wien 1987, S. 11.

8 Vgl. Karl-Josef Kuschel: Streit um Abraham, a.a.O. Ich kenne mich im Islam und im Judentum bezüglich ihrer Erlösungsvorstellung zu wenig aus, um eine genauere Betrachtung der Differenzen zu leisten.

9 Vgl. Hermann Lübbe: Religion nach der Aufklärung. Graz 1986; Niklas Luhmann: Funktion der Religion. Frankfurt a.M. 1977. Vgl. dazu Alois Müller: Überlegungen zum Verhältnis von Religion und Kontingenz. In: Anton A. Bucher/K. Helmut Reich (Hg.): Entwicklung von Religiosität. Grundlagen, Theorieprobleme. Praktische Anwendung. Freiburg i.Br. 1989, S. 35-51.

10 Vgl. William James: Die Vielfalt religiöser Erfahrung. Eine Studie über die menschliche Natur. Olten 1979.

11 Vgl. Volkhard Krech: Götterdämmerung. Auf der Suche nach Religion. Bielefeld 2003, S. 71ff.

12 Vgl. Thomas Luckmann: Schrumpfende Transzendenzen, expandierende Religion. In: Ders.: Wissen und Gesellschaft. Ausgewählte Aufsätze 1981-2002. Konstanz 2002, S. 139-157.

13 Vgl. Karl Jaspers: Über das Tragische. München 1952; Hans Pfeil: Gott und die tragische Welt. Aschaffenburg 1971.

14 Scheler nennt den Ausgleich zwischen Rassen, Kulturkreisen, Geschlechtern, Klassen, Altersgruppen, Ideen, Bildung als vordringliche Aufgaben des kommenden Zeitalters. Vgl. Max Scheler: Der Mensch im Weltalter des Ausgleichs. In: Ders.: Philosophische Weltanschauung. Bern 1954, S. 89-119.

15 Johann Baptist Metz: Glaube in Geschichte und Gesellschaft Studien zu einer praktischen Fundamentaltheorie. Mainz 1977, S. 109.

16 Vgl. Max Weber: Zwischenbetrachtung, a.a.O., S. 567ff.

17 Vgl. Max Weber: Religionssoziologie. In: Ders.: Wirtschaft und Gesellschaft. Tübingen 1972, Kap. V.

18 Vgl. Karl Marx: Zur Kritik der Hegelschen Rechtsphilosophie. In: Ders.: Die Frühschriften. Stuttgart 1964, S. 207-225, hier S. 208.

19 Vgl. dazu Johann Baptist Metz: Erlösung und Emanzipation. In: Ders.: Glaube in Geschichte und Gesellschaft, a.a.O., §7; Karl Löwith: Weltgeschichte und Heilsgeschehen, a.a.O.

20 Vgl. Hans Ulrich Gumprecht: nachMODERNE ZEITENräume. In: Robert Weimann/Hans Ulrich Gumprecht (Hg.): Postmoderne – globale Differenz. Frankfurt a.M. 1991, S. 54-73.

21 Vgl. Karl Löwith: Weltgeschichte und Heilsgeschehen, a.a.O., S. 175ff.

22 Vgl. dazu Franz-Xaver Kaufmann: Wie überlebt das Christentum? Freiburg i.Br., Basel, Wien 2000. Die Bedeutung der außerweltlichen Erlösungsvorstellung und ihr Einfluss auf die rationale Betriebsorganisation als einer Sondererscheinung des okzidentalen Kapitalismus auf Buchführung und Kalkulation, auf die Herausbildung einer Marktgesellschaft und auf die praktisch rationale Lebensführung überhaupt, ist von Max Weber eindringlich abgehandelt worden. Bei genauerer Betrachtung stellt sich freilich die Frage, ob diese Lebensführung eben nicht letztendlich der Rationalisierung der Erlösung diente bzw. ob die methodischen Techniken, wie sie in der klösterlichen Zucht entwickelt worden sind, nicht eine Art – wie man es betriebswirtschaftlich ausdrücken könnte – ›Prozessrationalisierung‹ darstellten. Und ob die anderen Merkmale des westlichen Modernismus, zum Beispiel die Freiheit des Individuums – überhaupt der Wert des Einzelnen –, in der metaphysischen Transzendenz Gottes und der mit ihr verbundenen Entzauberung der Welt wurzeln, bleibe dahingestellt. Und der christliche Monotheismus, die ›intime‹ Voraussetzung der Naturwissenschaften, ebenfalls.

23 Vgl. Uwe Gerber: Religiöse Zugänge in der Spätmoderne. Glaubenswelten und Cyberzeiten. Ms. Basel 2006.

24 Vgl. Max Weber: Die Wirtschaftsethik der Weltreligionen. In: Ders.: Gesammelte Aufsätze zur Religionssoziologie. Bd. I. Tübingen 1972, S. 237-573.

25 Vgl. Edith Hanke: Erlösungsreligionen. In: Hans G. Kippenberg/Martin Riesebrodt (Hg.): Max Webers ›Religionssystematik‹. Tübingen 2001, S. 209-227.

26   Stellvertretend seien genannt: Richard Rorty/Gianni Vattimo: Die Zukunft der Religion, a.a.O. Sie und viele andere kommen ohne die Substanz der Religion aus. Und entziehen sich damit der Frage, ob das Christentum wiederkehrt.

27   Vgl. Carl Amery: Global Exit. Die Kirchen und der Totale Markt. München 2002.

28   Wie es Walter Strolz (Heilswege der Weltreligionen a.a.O.) immer wieder betont!

ANMERKUNGEN ZU KAPITEL 2: »ERLÖSUNGSMÜDE WELT«

1   So Johann Baptist Metz: Erlösung und Emanzipation, a.a.O.

2   Zur Schließung der Welt und zur Entzauberung des Raumes vgl. Hermann Timm: Wie kommen wir ins nächste Jahrtausend? Die Religion vor dem Millennium des Geistes. Hannover 1998, S. 18ff.

3   Vgl. die Hinweise von Franz-Xaver Kaufmann: Wie überlebt das Christentum? a.a.O.

4   Vgl. dazu Eric Voegelin: Die politischen Religionen. München 1993.

5   Vgl. Claus-Ekkehard Bärsch: Die politische Religion des Nationalsozialismus. Die religiöse Dimension der NS-Ideologie in den Schriften von Dieterich Eckart, Joseph Goebbels, Alfred Rosenberg und Adolf Hitler. München 1998; Johanna Prader: Der gnostische Wahn. Eric Voegelin und die Zerstörung menschlicher Ordnung in der Moderne. Wien 2006.

6   So Wilhelm E. Mühlmann: Chiliasmus und Nativismus. Studien zur Psychologie, Soziologie und historischen Kasuistik der Umsturzbewegungen. Berlin 1964, S. 364ff.

7   Instruktiv: Christine Matter: Moderne Zeitstrukturen und die Symbolisierung amerikanischer Individualität. In: Dirk Tänzler/Hubert Knoblauch/Hans-Georg Soeffner (Hg.): Zur Kritik der Wissensgesellschaft. Konstanz 2006, S. 277-298. Insgesamt dazu Wilhelm Kamlah: Kritik der futuristischen Vernunft und der Säkularisierungstheorien. In: Ders.: Utopie, Eschatologie, Geschichtsteleologie. Mannheim, Wien, Zürich 1969, S. 11-53.

8 Zum »Steigerungsspiel« vgl. Gerhard Schulze: Die beste aller Welten. Wohin bewegt sich die Gesellschaft im 21. Jahrhundert? München, Wien 2003, S. 81ff.

9 Vgl. insbesondere Ulrich Beck: Die Risikogesellschaft. Frankfurt a.m. 1986; Anthony Giddens: Konsequenzen der Moderne. Frankfurt a.m. 1990.

10 Die Dialektik »entschärft nicht etwa das Totale und Kompromißlose am Emanzipationsbegriff, sie macht ihn im Gegenteil unangreifbarer, undurchlässiger, immuner gegen externe Bestreitung, indem sie die im Emanzipationsprozess auftauchenden gesellschaftlichen Widersprüche selbst noch einmal in ihn aufzunehmen versucht«. Johann Baptist Metz: Glaube in Geschichte und Gesellschaft, a.a.O., S. 106.

11 Johann Baptist Metz: Erlösung und Emanzipation, a.a.O., S. 111.

12 Ebenda.

13 Vgl. Jacob Taubes: Abendländische Eschatologie. München 1991.

14 Vgl. René Schérer: Die Unbändigkeit der Leidenschaften. In: Dietmar Kamper/Christoph Wulf (Hg.): Anthropologie nach dem Tode des Menschen. Vervollkommnung und Unverbesserlichkeit. Frankfurt a.m. 1994, S. 63-87. Zur Transformation des protestantisch-lutherischen Individualitätstypus in ein innerweltlich orientiertes Individuum vgl. auch Hans-Georg Soeffner: Luther – Der Weg von der Kollektivität des Glaubens zu einem lutherisch-protestantischen Individualitätstypus. In: Ders.: Die Ordnung der Rituale. Die Auslegung des Alltags 2. Frankfurt a.m. 1992, S. 20-76.

15 Hans Urs von Balthasar: Das Herz der Welt, a.a.O., S. 124.

16 Eric Voegelin: Die neue Wissenschaft der Politik, München 1959, Kap. IV, V.

17 Friedrich Nietzsche: Morgenröthe. Werke. Bd. 4. Stuttgart 1921, S. 271.

18 Vgl. auch Herbert Theierl: Mystik als Selbstversuch. Würzburg 2000, S. 37ff.

19 Jakob Taubes: Abendländische Eschatologie, a.a.O., S. 109.

20 Vgl. Micha Brumlik: Der Traum von der Selbsterlösung des Menschen. Frankfurt a.m. 1992.

21 Norbert Bolz: Selbsterlösung. In: Norbert Bolz/Willem van Reijen (Hg.): Heilsversprechen. München 1998, S. 209-221, hier S. 209.

22 Vgl. Jean-Bertrand Pontalis (Hg.): Objekte des Fetischismus. Frankfurt a.M. 1980, S. 189. Vgl. dazu Peter Gross: Ich-Jagd. Im Unabhängigkeitsjahrhundert, a.a.O. S. 128 ff.

23 Eugen Rosenstock-Huessy: Die Sprache des Menschengeschlechts. Bd. II. Heidelberg 1963, S. 882.

24 Eric Voegelin: Die neue Wissenschaft von der Politik, a.a.O., S. 178.

25 Vgl. Peter Koslowski: Die Prüfungen der Neuzeit. Über Postmodernität, Philosophie der Geschichte, Metaphysik, Gnosis. Wien 1989; Peter Sloterdijk/Thomas H. Macho: Weltrevolution der Seele. Ein Lese- und Arbeitsbuch der Gnosis. Zürich 1993.

26 Was gäbe es hier nicht alles zu beachten! Die funktionale Bedeutung des Körpers als Plattform des Denkens und als Geh- und Werkzeug für die alltäglichen Bedürfnisse weicht der symbolischen: Der Körper wird Zeugnis der für ihn aufgewendeten Energie.

Noch ist nicht gelungen, was Michel Houellebecq in seinem grandiosen Roman »Elementarteilchen« (Köln 1999) die Selbstherstellung der menschlichen Art nennt: die Züchtung einer geschlechtslosen, unsterblichen Spezies, die Individualität, Trennung und das Werden und Vergehen überwindet, eine vollkommene Replikation einer, keiner Störungen und keiner Mutationen mehr zugänglichen, sich selbst klonenden Gattung. Die Wandlung, die nach Houellebecqs Protagonisten letztlich nicht im Geist, sondern in den Genen stattfindet, konzentriert sich derzeit in ihren extremen Ausprägungen auf den Körper und die Dressur des Fleisches. Auf der einen Seite geht es um die Abschnürung des lebendigen Leibes und seiner Umwandlung in eine Art blasse funktionslose Schale. Auf der anderen Seite erleben wir, in den gesteigerten Formen der *Body Modification*, den prallen, sein Fleisch aufwuchtenden, steroiden heißen Körper.

Prototyp des kalten Körpers und Gegenstand häufiger Abhandlungen ist der anorektische Körper. In seiner extremen Dünnheit scheinen ihm selbst die vitalen Funktionen, wie auf den Fotos der ihrer Öffnungen beraubten Körper, wie sie Inez von

Lambswerde (1996) zeigt, abhanden gekommen zu sein. Über harte Dressur und extreme Selbstkontrolle wird der eigene Körper mit Diätunterstützung ausgezehrt und damit fremdem Begehren entzogen. Die Magersucht, die häufig mit Bulimie, der Ess-Brech-Sucht, einhergeht, und aus der jene Spindeldürre resultiert, wie wir sie als Kinder vom Suppenkasper her noch in bildhafter Erinnerung haben (»Nein diese Suppe ess ich nicht!«), hat vielfältige und noch keineswegs geklärte Ursachen und scheint sich seit den Achtzigerjahren in den luxurierenden Multioptionsgesellschaften massiv zu verbreiten. Aber ihre Körpersymbolik ist uralt. Es enthüllt sich am anorektischen Körper erneut der Kampf der reinen Seele mit dem schmutzigen Leib.

Die Krankheitsgeschichten der großen Mystikerinnen und die Asketen aller Religionen haben diesen Kampf durch die Jahrtausende demonstriert. »Ihre Zunge war ganz zerbissen und ihr Schlund zum Ersticken eingeschrumpft«, lesen wir über die nur aus Haut und Knochen bestehende heilige Theresa von Avila. Und Katharina von Sienas Speisen sollen ihrem eigenen Wunsch gemäß die Leiden sein und ihr Trank die Tränen. Der Unterschied zwischen den Mystikern und Asketen der Vormoderne und den Anorektikern der Moderne besteht, obwohl sich beide von den drängenden Begierden und den vitalen Bedürfnissen ihrer Körper zu lösen versuchten, im Zweck der Selbstkasteiung. Während die Mystikerinnen außerweltliche Erlösung anstrebten und ihre fleischliche Hülle hinter sich lassen wollten, um in eine Verbindung mit dem ganz Anderen, Jenseitigen zu treten, strampeln sich die modernen Mystiker außerweltlich auf Laufbändern, Crosstrainern und Rudergeräten für innerweltliche Prämien ab. Endlos im Rückstand gegenüber dem Verfall werden die Anstrengungen nicht nur über Lifestylepillen, sondern chirurgisch erhöht.

Gegenüber dem anorektischen Körper als Umschrift der Reinheit und Unberührtheit ist die Strategie des steroiden Körpers sozusagen homöopathisch. Um das Fleisch loszuwerden, wird das Fleisch vervollkommnet. Um das sündige Fleisch zu erlösen, musste Christus, wie wir glauben, selbst Fleisch werden. Joe Weiders »Flex«, eine Bodybuilder-Zeitschrift (Weider Publishing Ltd.) entführt in »Körperwelten«, die in einer merkwürdigen Weise jener gleichnamigen Ausstellung ähneln, die in verschiedenen Städten (zuletzt in der Schweiz) gezeigt worden ist. Zu sehen waren dort mehr als zweihundert authentische medizinische Präparate, die mittels Plastination dauerhaft konserviert wurden. Merkwürdig ähnlich: die über Steroide, Proteine und Aminosäuren aufgebaute Muskelmasse der Body-Athleten, durchzogen von einem herausgemeißelten und herausgepressten Gespinst von Arterien und Venen.

Wir erinnern uns der San-Severo-Kapelle in Neapel, wo eine der ungewöhnlichsten Skulpturen der Barockzeit zu sehen ist: »Christus velato«, eine in weißem Marmor aus einem Block fugenlos herausgearbeitete Darstellung des geschundenen Christus von Giuseppe Sanmartino, mehr entblößt als verhüllt durch ein hauchzartes Marmorleintuch. Eine vielleicht nur noch mit Gian Lorenzo Berninis »Verzückung der heiligen Theresia« vergleichbare Darstellung perverser Virtuosität und Sinnlichkeit, die wohl Jeff Koons, als er auf Brautfahrt in Italien war, gesehen haben muss. Der Nebenraum der Kapelle verbirgt zwei erstaunlich präparierte Leichen, deren Gebeine vollkommen umrankt sind von einem fein verästelten Netz von Arterien und Venen. So gerät auch der steroide, der heiße Körper, wie schon der anorektische, der kalte, in eine merkwürdige Nähe zum Jenseitigen und zum Tod. Es ist schwer zu deuten und zu sagen, worin sich die beiden Extreme der *Body Modification* gleichen. Einerseits der anorektische Versuch, dem Körpergefängnis zu entfliehen und das Fleisch loszuwerden, andererseits der steroide Versuch, aus dem schwachen Leib einen Fleischpalast, einen unüberwindlichen Muskeldom zu machen. Das Abstreifen-Wollen der *Wetware* und das Aufgehen-Wollen in ihr sind beide gleichermaßen Sinn- und Schreckbilder einer Welt, die, nach der Zerstörung eines tröstlichen und die Leidenden erlösenden und erwartenden Jenseits, alle Energien im Diesseits konzentriert und sich in diesem zu überschreiten versucht. So experimentiert, wie Arnold Gehlen es nennt, der Mensch »mit sich selbst« an einer Stelle, an der er es noch nie tat. »Indem er versucht, sich ganz grundsätzlich dem Joch der Umstände zu entziehen, liefert er sich an etwas aus, das er noch zu wenig kennt und wovon er die Meinungen des frivolsten Optimismus hat: das ist er selbst.« (Das Bild des Menschen im Lichte der modernen Anthropologie, S. 67) Also, könnte man sagen, muss sich der Mensch der

Neuzeit, wenn er sich begegnet, wenn er sich kennen lernt, hassen und lieben zugleich und sich zu unternehmen und zu verbessern suchen. Vgl. meine Arbeit: Ich-Jagd. Im Unabhängigkeitsjahrhundert, a.a.O., S. 139ff.

27 Vgl. Herbert Theierl: Mystik als Selbstversuch, a.a.O., S. 26.

28 Ebenda, S. 23.

29 Vgl. Max Weber: Die Wirtschaftsethik der Weltreligionen, a.a.O., S. 513ff.

30 Vgl. Max Weber: Zwischenbetrachtung, a.a.O., S. 538ff.

31 Worauf in der entsprechenden Literatur leider wenig eingegangen wird. Vgl. Jürgen Habermas: »Ich selber bin ja ein Stück Natur« – Adorno über die Naturverflochtenheit der Vernunft. Überlegungen zum Verhältnis von Freiheit und Unverfügbarkeit. In: Ders.: Zwischen Naturalismus und Religion. Philosophische Aufsätze. Frankfurt a.M. 2005, S. 155-187.

32 Vgl. Johann Baptist Metz: Glaube in Geschichte und Gesellschaft, a.a.O., S. 114, Anm. 26; Jürgen Moltmann: Perspektiven der Theologie. München, Mainz 1968, S. 207.

33 Johann Baptist Metz: Glaube in Geschichte und Gesellschaft, a.a.O., S. 106.

34 Ebenda.

35 Ebenda, S. 107.

36 Vgl. dazu Karl Löwith: Weltgeschichte und Heilsgeschehen. Die theologischen Voraussetzungen der Geschichtsphilosophie, a.a.O., insb. Anhang II, S. 196ff. Wenn man dem Bucklichten seinen Buckel nimmt, so nimmt man ihm seinen Geist. So hat es Friedrich Nietzsche bzw. Zarathustra ausgedrückt. Vgl. Friedrich Nietzsche: Also sprach Zarathustra. Werke. Bd. 6. Stuttgart 1921, S. 203.

37 Sören Kierkegaard: Der Pfahl im Fleisch. Hamburg 1962, S. 27.

38 Ebenda, S. 43.

ANMERKUNGEN ZU KAPITEL 3: »HERVORTRETEN DES MALS«

1 Vgl. Dietrich Bonhoeffer: Widerstand und Ergebung (Gütersloh 1994): »Sollen wir ein paar Unglückliche in ihrer schwachen Stunde überfallen und sie sozusagen religiös vergewaltigen?« (S. 13)

2 Vgl. Sören Kierkegaard: Die Wiederholung. Reinbek 1961.

3 Vgl. dazu Albert Raffelt/Karl Rahner: Anthropologie und Theologie. In: Franz Böckle et al. (Hg.): Christlicher Glaube in moderner Gesellschaft. Teilband 24, Freiburg i.Br. 1981. S. 5-56.

4 Vgl. zur theologischen Anthropologie Hans Köhler: Theologische Anthropologie. München 1967; Emil Brunner: Der Mensch im Widerspruch. Berlin 1937; Wolfhart Pannenberg: Was ist der Mensch? Die Anthropologie der Gegenwart im Lichte der Theologie. Göttingen 1962; ders.: Anthropologie in theologischer Perspektive, Göttingen 1983.

5 Vgl. Max Scheler: Die Stellung des Menschen im Kosmos. Darmstadt 1928; Helmuth Plessner: Die Stufen des Organischen und der Mensch. Einleitung in die philosophische Anthropologie. Berlin, New York 1975; Arnold Gehlen: Der Mensch. Seine Natur und seine Stellung in der Welt. Berlin 1940. Vgl. als Überblick Michael Landmann: Philosophische Anthropologie. Berlin, New York 1975.

6 Helmuth Plessner: Die Stufen des Organischen und der Mensch a.a.O., S. 310.

7 Vgl. Karl Löwith: Weltgeschichte und Heilsgeschehen. a.a.O., S. 83.

8 Vgl. Helmuth Plessner: Die Stufen des Organischen und der Mensch, a.a.O., S. 288ff.

9 Vgl. Michael Landmann: Philosophische Anthropologie, a.a.O., S. 44.

10 Zur Methode der »Korrelation« vgl. Paul Tillich: Systematische Theologie. Bd. 1. Stuttgart 1956; Ders.: Korrelationen. Die Antwort der Religionen auf die Fragen der Zeit. Ergänzungsband zu den gesammelten Werken. Bd. 4. Stuttgart, Frankfurt a.M. 1979; vgl. auch Hans Urs von Balthasar: Das Herz der Welt, a.a.O., S. 31.

11 Auch Heideggers Menschenbild, in dem der Mensch ins Dasein »geworfen« ist, oder Jean-Paul Sartres Deutung des Menschen als eines Wesens, das wählen kann, aber nicht wählen kann, wählen zu können, zehrt von der christlichen Heilsbotschaft. Vgl.: Jean-Paul Sartre: Das Sein und das Nichts. Reinbek 1993; Martin Heidegger: Sein und Zeit. Tübingen 1963; Carl Schmitt: Der Begriff des Politischen, a.a.O.

12 Vgl. Emanuel Levinas: Totalität und Unendlichkeit. Versuch über die Exteriorität. München 1987.

13 Vgl. für neue Lesarten der theologischen Anthropologie: Klaas Huizing: Asketische Theologie. Bd. I. Der erlesene Mensch. Eine literarische Anthropologie. Stuttgart 2000, S. 31ff.; Hermann Timm: Von Angesicht zu Angesicht. Sprachmorphische Anthropologie. Gütersloh 1992.

14 Vgl. zur Selbsterlösungsfrage in der Moderne Norbert Bolz/ Willem van Reijen (Hg.): Heilsversprechen. München 1998.

15 »Nur im Elend des Menschen hat Gott seine Geburtsstätte. Nur aus dem Menschen nimmt Gott alle seine Bestimmungen, Gott *ist*, was der Mensch sein *will* – sein eigenes Wesen, sein eigenes Ziel, vorgestellt als wirkliches Wesen.« So Ludwig Feuerbach, Grundsätze der Philosophie der Zukunft (1843). In: Philosophische Kritiken und Grundsätze. Sämtliche Werke, neu hrsg. von Wilhelm Bolin und Friedrich Jodl. 2 Bde. Stuttgart-Bad Cannstatt 1959, S. 292. Aber findet sich das entsprechende Substrat, das einerseits an Unvollkommenheit leidet, andererseits diese überwinden will, noch auf? Will der Pfeil, der für die Dauer seines Lebens im Menschen steckt, noch entfernt werden? Steht die Erlösungsvorstellung mit ihrem Erlösungsglauben nicht mit einem Angebot da, für das es keine Nachfrage mehr gibt? Vgl. Thomas Pröpper: Erlösungsglaube und Freiheitsgeschichte. Eine Skizze zur Soteriologie, a.a.O., S. 19f.

16 Vgl. auch Edith Hanke: Erlösungsreligionen, a.a.O. S. 215.

17 Arnold Gehlen: Anthropologische Forschung. Zur Selbstbegegnung und Selbstentdeckung des Menschen. Reinbek 1961, S. 12 ff.

18 Ebenda, S. 59f.

19 Vgl. Max Scheler: Die Stellung des Menschen im Kosmos, a.a.O., S. 28ff.

20 Vgl. Hermann Friedmann: Wissenschaft und Symbol. München 1949, S. 323ff.

21 Helmuth Plessner: Die Stufen des Organischen und der Mensch, a.a.O., S. 342.

22 Adolf Portmann: Zoologie und das neue Bild vom Menschen. Reinbek 1956, S. 38.

23 Johann Gottfried Herder: Über den Ursprung der Sprache. Zit. in Michael Landmann: Philosophische Anthropologie, a.a.O., S. 171.

24 Ebenda.

25 Johann Gottfried Herder: Ideen zur Philosophie der Geschichte der Menschheit. Zit. in Wolfhart Pannenberg: Anthropologie in theologischer Perspektive, a.a.O., S. 41, Anm. 6.

26 Claude Lévi-Strauss: Natur und Kultur. In: Wilhelm E. Mühlmann/Ernst W. Müller (Hg.): Kulturanthropologie. Köln, Berlin 1966. S. 80-108, hier S. 84.

27 Hermann Friedmann: Wissenschaft und Symbol, a.a.O, S. 78f.

28 Vgl. Niklas Luhmann: Ökologische Kommunikation. Kann die moderne Gesellschaft sich auf ökologische Gefährdungen einrichten? Opladen 1990, S. 231.

29 Die mit dem Namen René Girards verbundene mimetische Theorie, die vom Nachahmungstrieb ausgeht, durch den sich der Nachahmende unweigerlich in ein Konkurrenz- und Rivalitätsverhältnis mit seinem Vorbild setzt, intendiert zwar eine andere Erklärung. Die Menschen werden im Sog der Nachahmung, die sich gleichsam seuchenartig ausbreitet, zu Feinden, sofern sie ihre Aggression nicht mit der Projektion auf einen Sündenbock loswerden. Einen Bezug zur biblischen Erzählung lässt sich durch die Vorstellung einer Rivalisierung mit Gott dennoch herstellen. Eine Rivalität, die dann weiterwirkt zwischen den Brüdern Kain und Abel, der Ermordung Abels, der nachfolgenden siebenfachen Rache, die sich zur siebenundsiebzigfachen bis zur Sintflut steigert. Die Erde ist verpestet und das Böse nimmt globale Dimensionen an. Vgl. René Girard: Das Heilige und die Gewalt. Zürich 1987.

30 Vgl. Friedrich H. Tenbruck: Die unbewältigten Sozialwissenschaften oder die Abschaffung des Menschen. Graz, Wien, Köln 1984, S. 23.

31 Ebenda, S. 32.

32 Vgl. Jean-Luc Nancy: Corpus. Zürich 2003, S. 111.

33 Vgl. ebenda, S. 69ff.

34 In einer merkwürdigen Bibelstelle (1. Korr 15,8) spricht Paulus von der Fehlgeburt Christi.

35 Vielleicht ergibt sich hier eine Nähe zur dunklen Formel der »Kenosis« (griech.), die in der Theologie verwandt wird, um das »Selbst-Ausleeren« Gottes zu bezeichnen, das durch seine Fleischwerdung impliziert wird. Vgl. Ivan Illich: In den Flüssen nördlich der Zukunft. Letzte Gespräche über Religion und Gesellschaft mit David Carley. München 2006, S. 57.

ANMERKUNGEN ZU KAPITEL 4: »STIGMA ALS HEILSZEICHEN«

1   Vgl. Walter Kasper: Jesus der Christus. Mainz 1974. S. 83ff.

2   Vgl. Heinz Zahrnt: Die Sache mit Gott. Die protestantische
    Theologie im 20. Jahrhundert. München 1966, S. 214ff.

3   Vgl. Antoni Ziemba: Der Körper in der Kunst der Neuzeit.
    Triumph und Trauer des Leibes. In: Dorotea Folga-Januszews-
    ka/Matthias Winzen (Hg.): Das Heilige und der Leib. Schätze
    aus dem Nationalmuseum Warschau (Katalog Staatliche
    Kunsthalle Baden-Baden). Ostfildern-Ruit 2005, S. 83-94; vgl.
    auch Guido Ceronetti: Das Schweigen des Körpers. Frankfurt
    a.M. 1983. Zur Aufspaltung der Konkupiszenz vgl. Karl Rah-
    ner: Zum theologischen Begriff der Konkupiszenz. In: Ders.:
    Der Mensch in der Schöpfung. Sämtliche Werke. Bd. 8. Frei-
    burg i.Br. 1998, S. 3-41.

4   Auch die internationale Fashion-Branche mit Modeschöpfern
    wie Gianni Versace oder Jean-Paul Gaultier machten den Do-
    mina-Look gesellschaftsfähig. Vgl. auch Thomas H. Macho:
    Umsturz nach innen. Figuren der gnostischen Revolte. In: Pe-
    ter Sloterdijk/Ders. (Hg.): Weltrevolution der Seele. Zürich
    1993, S. 485-515. Natürlich gibt diese Konversion des Schmer-
    zes auch Anlass zu wissenschaftlichen Erörterungen. Vgl. auch
    Peter Gross: Was fehlt, wenn nichts fehlt. Modernität und Mo-
    de. In: Christoph Doswald (Hg.): Double Face. The Story about
    Fashion and Art. From Mohammed to Warhol. Zürich 2006,
    S. 37-42.

5   Vgl. dazu Peter Gross: Passionszyklus und Stigmamanage-
    ment. In: Günter Burkart/Jürgen Wolf (Hg.): Lebenszeiten.
    Erkundigungen zur Soziologie der Generationen. Opladen
    2002, S. 89-103.

6   Vgl. Sören Kierkegaard: Die Krankheit zum Tode. Reinbek
    1962, S. 34.

7   Instruktiv Marianne Willems/Herbert Willems: Religion und
    Identität. Zum Wandel semantischer Strukturen der Selbstthe-
    matisierung im Modernisierungsprozess. In: Anne Honer et
    al. (Hg.): Diesseitsreligion. Zur Deutung der Bedeutung mo-
    derner Kultur. Konstanz 1998, S. 325-351.

8   Vgl. Erving Goffman: Stigma. Über Techniken der Bewälti-
    gung beschädigter Identität. Frankfurt a.M. 1967.

9   Wolfgang Lipp: Außenseiter, Häretiker, Revolutionäre. Ge-
     sichtspunkte zur Systematischen Analyse. In: Dieter Fauth/Da-
     niela Müller (Hg.): Religiöse Devianz in christlich geprägten
     Gesellschaften. Würzburg 1999, S. 12-29, hier S. 12. Vgl. ders.:
     Stigma und Charisma: Über soziales Grenzverhalten. Berlin
     1985; Helmut Mödritzer: Stigma und Charisma im Neuen Tes-
     tament und seiner Umwelt. Zur Soziologie des Urchristen-
     tums. Freiburg, Göttingen 1994. Vgl. auch Michael N. Ebertz:
     Das Charisma des Gekreuzigten. Tübingen 1987.
10   Jacobus de Voragine: Legenda Aurea, Heidelberg 1984, S. 772.
11   Diese Bedeutung des Stigmas ist virulent. Weltweit sollen
     derzeit zwei Dutzend Personen die Wundmale Christi tragen.
     Im Zeitmagazin ist unter dem Titel »Bluten wie Jesus« (Rai-
     ner Luiken: Bluten wie Jesus. In: DIE ZEIT-Magazin vom
     11.3.1999, S. 20-23) ein Stigmatisierter vorgestellt. Auf der
     Titelseite ziehen zwei armselige, rötliche, von bläulichen
     Adern durchzogene, wie Fleischbeschaustücke aufgehängte
     Hände die Aufmerksamkeit auf sich. Auf beiden Blutmale und
     auf dem linken eine sichtbare Verkrustung. Die Hände von
     George Hamilton in seiner winzigen Londoner Sozialwohnung
     erinnern an die Hände des Gekreuzigten, wie auch die später,
     in der Arbeit über Hamilton gezeigten, ähnlich schlaff herab-
     hängenden rötlichen Füße, mit merkwürdig gepflegten, fein
     weiß gerandeten Zehennägeln. George Hamilton ist ohne
     Vater aufgewachsen, hat in einem Stahlwerk gearbeitet, war
     Pfleger in einem Altersheim und hatte schon als Kind wehe
     Hände und Füße. Hamiltons eigenen Angaben zufolge öffne-
     ten sich seine Hände und Füße zuletzt vor Weihnachten –
     zehneinhalb Tage lang. Es zeichneten sich, wie berichtet, auf
     dem Handrücken und an den Füßen leicht gerötete knopfgro-
     ße Erhebungen ab.
     Eine merkwürdige Schar von Gezeichneten umgibt uns allüber-
     all. Unzählbar die Bücher und Lexika über Tatooing, Piercing,
     Masochismus, Sadomasochismus. Schmerz und Leid haben
     die Wissenschaften erreicht. Elegante Fotobücher stellen den
     christologischen Zyklus dar. Berührend der Holbeins totem
     Christus nachempfundene Tote in »I.N.R.I.« (Serge Bramley/
     Bettina Reims: I.N.R.I., München 1998). Seliggesprochen und
     seitdem als lebensgroßer, mönchisch angezogener Kunststoff-
     guss in Schaufenstern italienischer Apotheken triumphal prä-

sent: Padre Pio – als aktueller Fall. Der von Papst Johannes Paul II. seliggesprochene Padre Pio von Pietrelcina wies vom 20. September 1918 bis zu seinem Tod im Jahre 1969 bleibende Stigmata an den Händen, Füßen und der Seite auf. In den letzten Jahren seines Lebens kamen täglich mehrere hundert – manchmal sogar mehrere tausend – Menschen, um ihm nahe zu sein. Nun steht er in diesem Sommer in den die Straßen säumenden Figurenparks, zusammen mit Köchen, leichtgeschürzten Tablettmädchen, Chocolatières, Indianern und schwarzen Saxophonisten an der Straße.

In Palermo soll eine überlebensgroße Figur aus Kunststoff blutige Tränen weinen. Auch dieses Thema ist in einer merkwürdigen Weise präsent: im Spielfilm »Stigmata« (USA 1999), fenstergroß angepriesen, in den Video-Shops ausleihbar. Synopsis: »A vatican official sends a priest to investigate assaults on a young woman that could have spiritual implications.« Nicht empfehlenswert für feinfühlige Geister ist der Roman »Stigma« von Dylan Jones. Von Wundmalen gezeichnet ist auch der Held des neuesten Comic-Romans von Lorenzo Mattotti (Stigmata. Sonneberg 2000). Dieser beginnt mit der Erscheinung Gottes. Ihm zu begegnen ist, so der Text, »süß und schmerzhaft zugleich«: »Komm, sagte es zu mir, es macht nichts, wenn die Straße zu Ende ist. *Meine* Straße hat kein Ende. Ich bin ganz nahe [...] Komm sieh mich an [...].« Der Held, ein tumber Außenseiter, erwacht mit stigmatisierten Händen, denen Blut wie aus zwei Quellen entströmt. Der Roman ist voll der Anspielungen auf religiöse Mysterien, blutende Madonnen, Wunderheilungen, höllische Träume, Versuchungen, Opfern, Erscheinungen, Gebeten. Nachdem er seine Geliebte Lorena verliert, verkommt er und strandet in einem Frauenkloster, wo er sich mit niemandem als mit den Toten anfreundet. Erst ein Buch mit Briefen und Gedanken der heiligen Katharina von Siena, einer ebenfalls Stigmatisierten, lässt ihn in ein einigermaßen normales Leben zurückkehren: »Mein Fleisch ist von Schorf bedeckt. Meine Haut, sie spannt. Meine Tage vergehen, doch sie hinterlassen keine Hoffnung. Mein Klagen – es hat mich erschöpft. Jede Nacht ist mein Kopfkissen nassgeweint [...]. Und mein Bett von Tränen durchtränkt [...]. Und meine Freunde und Gefährten, sie wenden sich ab ob meiner Wunden. Und meine Verwandten verlassen

mich. Ich wurde von Blut getroffen, das zur Erde fiel [...]. Ich
hätte meine Seele damit benetzen sollen [...]. Kreuzigt euch mit
ihm, dem süßen, dem geliebten Christus [...]. Badet in seinem
Blut und berauscht Euch daran. Werdet satt von Blut, kleidet
Euch darin [...]. Wascht Euch das Auge mit Blut [...]. Denn Ihr
seid Brautleute der Wahrheit [...]. Und die wahren Hüter der
Lämmer [...]. Die Euch in die Hände gelegt sind.« Und in
Frank Millers Comic-Epos »Sin City« schreitet ein Stigmati-
sierter durch die Bilder (Dark Horse Comics Inc., 1992ff.).

12   Vgl. Hildegard Elisabeth Keller: Rosen-Metamorphosen. In:
Urs Beat Frei/Fredy Bühler (Hg.): Der Rosenkranz. Andacht –
Geschichte – Kunst. Bern 2003, S. 49-69.

13   Ganz zweifellos sind viele der Techniken, mit sich selbst zu
Rande zu kommen, Techniken zur Bewältigung beschädigter
Identität. Und ebenso zweifellos ist die florierende Bewusst-
seins- und Selbstverwirklichungsindustrie ein Resultat des
mehr oder minder schamhaften Eingestehens persönlichen
Ungenügens. Yoga, Zen, Meditation, Amanda Marga, neue
religiöse Bewegungen spiritueller, esoterischer und neognosti-
scher Art, Psycho-Kulte und andere Formen ›unsichtbarer‹,
das heißt sich nicht öffentlich inszenierender und in Kirchen
objektivierender, diesseitsgewandter Religionen, üben nicht
nur das Verbergen von Stigmata, sondern versprechen Heilung. Wer sich in Gruppen von Stigmatisierten bewegt, ist
zwar nicht weit vom Outing entfernt. Der Auferstehungschris-
tus zeigt der Gemeinde triumphierend seine Wundmale und
wendet die Beschädigung in ein Zeichen des Heils. An den
Gay Parties am Christopher Street Day offerieren Homosexuel-
le triumphierend ihr Geschlecht. Diskriminierte Gruppen aller
Art haben sich geoutet und aus ihren Stigmata Zeichen der
Auserwähltheit gemacht.
Den Passionszyklus (Tal der Tränen, Outen, Umkehrung)
durchschreiten aber, im Zeichen der Individualisierung, derzeit die Individuen. Und zwar alle auf ihre Art. Das ist das
Neue. Wer die florierende Tattoo-Industrie betrachtet oder wer
sich über die Ausbreitung des Piercing wundert (eine brave
kleine Tochter aus dem Nachbarhaus zeigt stolz ihren gepierc-
ten Bauchnabel her), glaubt, es hätte sich das Stigma von
einem Brandmal oder einer Brandmarkung zu einer Auszeichnung entwickelt. In den USA, so hören wir, sollen »Bran-

ding« und Selbstverstümmelungspraktiken in gewissen Gruppen und Clans Zeichen nicht der Ausgrenzung, sondern der Zugehörigkeit sein. Verwunderung erregt haben auch die körperbehinderten Models, die seit geraumer Zeit durch die Modeblätter hinken. Nicht mehr dem seidigsten Haar, der schönsten Oberweite und dem makellosesten Teint gilt die Aufmerksamkeit, sondern den kleinen intimen Details, die bisher um jeden Preis vertuscht werden sollten und über die die Kreativen nun ihre Glaubwürdigkeit definieren: hervorstehende Rippen, Achselhaare, durchscheinende Adern, Gesichtsfalten und Blinddarmnarben. Alexander McQueen, der für Givenchy tätige Modeschöpfer, hatte in Großbritannien bereits vor Jahren Frauen mit aufgemalten Verletzungen über die Laufstege geschickt. Vor einiger Zeit eröffnete er eine Modeschau in London mit einer Schönheit ohne Unterschenkel. Anmutig schritt sie auf hölzernen Stiefeln, an denen, wie die Neue Zürcher Zeitung herausgefunden hat, ein Kunstschnitzer fünf Wochen gearbeitet hat, den Laufsteg hinab. Vgl. Peter Gross: Her mit dem Leid. In: gdi-impuls 4, 2001, S. 59-68; Ders.: Passionszyklus und Stigmamanagement, a.a.O.

14 Wolfgang Lipp: Außenseiter, Häretiker, Revolutionäre, a.a.O., S. 17.

15 Vgl. ebenda, S. 18.

16 Ebenda.

17 Das erwähnte Bild von Carpaccio befindet sich in Venedig, Galeria dell' Accademia. Vgl. Giovanna Nepi Scirè: Carpaccio. Storie di Sant'Orsola. Milano 2000, S. 179.

18 Vgl. Mary Douglas: Reinheit und Gefährdung. Frankfurt a.M. 1988.

19 Vgl. Serge Bramley, Bettina Rheims: I.N.R.I., a.a.O.

ANMERKUNGEN ZU KAPITEL 5: »SKALA DES ZEIGENS«

1 Wir folgen Arnold Gehlen: Über instinktives Ansprechen auf Wahrnehmungen. In: Ders.: Anthropologische Forschung. a.a.O., S. 104-126. Vgl. dazu Peter Gross: Was fehlt, wenn nichts fehlt. Mode und Modernität, a.a.O.

2 Arnold Gehlen: Über instinktives Ansprechen auf Wahrnehmungen, a.a.O., S. 118.

3   Vgl. Peter Sloterdijk: Literatur und Lebenserfahrung. Autobio-
     graphien der Zwanziger Jahre. München, Wien 1978; Günter
     Niggl (Hg.): Die Autobiographie. Zu Form und Geschichte
     einer literarischen Gattung. Darmstadt 1989.
4   Vgl. Johannes Schlemmer (Hg.): Der Verlust der Intimität.
     München 1976.
5   Katechismus der Katholischen Kirche, a.a.O., S. 645f.
6   Vgl. Dorotea Folga-Januszewska/Mattias Winzen (Hg.): Das
     Heilige und der Leib, a.a.O.
7   Enzyklika »Deus Caritas est« (Papst Benedikt XVI., Rom
     2006).
8   Vgl. Jacob Burckhardt: Die Kultur der Renaissance in Italien.
     Erster Band. Leipzig 1919, S. 111.
9   Als neuestes Beispiel vgl. Joachim Radkau: Max Weber: Die
     Leidenschaft des Denkens. München 2005.
10   Vgl. dazu: Eugen Biser: Der obdachlose Gott, a.a.O.; Ders.:
     Glaubenserweckung. Das Christentum an der Jahrtausendwen-
     de. Düsseldorf 2000.
11   Robert Spaemann: Wie konntest du tun, was du getan hast?
     Ein philosophischer Versuch über das Gefühl der Scham und
     die verbreitete Schamlosigkeit. In: Neue Zürcher Zeitung vom
     17.12.2005, S. 61.
12   Vgl. Peter Gross: Her mit dem Leid, a.a.O.
13   Vgl. Odo Marquard: Ende des Schicksals? Einige Bemerkun-
     gen über die Unvermeidlichkeit des Unverfügbaren. In: Ders.:
     Abschied vom Prinzipiellen. Stuttgart 1981, S. 67-91.
14   Vgl. Sören Kierkegaard: Die Wiederholung, a.a.O., S. 7ff.
15   Vgl. Norbert Bolz: Selbsterlösung, a.a.O.
16   Max Weber: Zwischenbetrachtung, a.a.O., 554ff.
17   Vgl. Eric Voegelin: Die Neue Wissenschaft von der Politik,
     a.a.O., S. 229ff.
18   Vgl. Peter L. Berger: Der Zwang zur Häresie. Religion in der
     pluralistischen Gesellschaft. Freiburg i.Br., Basel, Wien 1992.
19   Vgl. Norbert Bolz: Die Konformisten des Andersseins. Mün-
     chen 2001.
20   Jacob Burckhardt: Die Kultur der Renaissance in Italien, a.a.O.,
     S. 111.
21   Vgl. ebenda, S. 125f.

22 Vgl. Max Weber: Die protestantische Ethik und der Geist des Kapitalismus. In: Ders.: Gesammelte Aufsätze zur Religionssoziologie. Bd. I. Tübingen 1920, S. 17-207.

23 Vgl. ebenda, S. 200.

24 Ebenda, S. 93.

25 Ebenda.

26 Ebenda, S. 94.

27 Vgl. ebenda, S. 114.

28 Vgl. Erving Goffman: Stigma, a.a.O.

29 Ebenda, S. 75.

30 Und zwar nicht, weil die Marktgesellschaft daraus ein florierendes Geschäft gemacht hat! Vgl. Franz Liebl: Depression und Strategien ihrer Vermarktung. In: Ders.: Kapitalismus und Depression. Bd. III. Berlin 2001, S. 113-141.

31 Vgl. Wolfgang Lipp: Stigma und Charisma. Über soziales Grenzverhalten, a.a.O.; Helmuth Mödritzer: Stigma und Charisma im Neuen Testament und seiner Umwelt. Zur Soziologie des Urchristentums. Freiburg i.Br. 1994.

Anmerkungen zu Kapitel 6: »Stachel des Todes«

1 So Niklas Luhmann: Funktion der Religion, a.a.O., S. 199. Ganz dem christlichen Todesverständnis folgend Peter L. Berger: Erlösender Glaube, a.a.O., Kap. 7.

2 Mittels Kryokonservierung wollen Verstorbene so lange mit zweihundert Grad Minustemperatur eingefroren werden, bis das Mittel zur Unsterblichkeit gefunden ist. Zum Beispiel Nanobots, mikroskopisch kleine Roboter, welche den menschlichen Körper von innen her mit fehlenden Elementen versorgen, reparieren und Giftstoffe entsorgen. Zurzeit sind – merkwürdig – bei uns jüngere Menschen besonders gefährdet, während in Japan vor allem ältere Männer Selbstmord begehen. Warum? Weil die Reform- und Endlösungsvorstellung in westlichen Gesellschaften zuerst obsolet geworden ist. Mehr als ein Drittel aller Selbsttötungen werden darüber hinaus von Männern begangen, die über sechzig sind.

3 Vgl. Vladimir Jankélévitch: Der Tod. Frankfurt a.M. 2005, S. 12ff.

4 Vieles mehr wäre zu erwähnen: die menscheneigene Absonde-
rung der Toten und ihre Ghettoisierung, ihre Übergabe an
konzessionierte Spezialisten etc.

5 Wie Tantalos, Sipylos, der Ewige Jude, Ahasver, Melmoth u.a.;
vgl. Peter Spielmann: Ahasver oder gibt es angstfreies Leben.
In: Wolfgang Schirrmacher (Hg.): Schopenhauer und die
Postmoderne. Schopenhauer-Studien 3. Wien 1988, S. 229-
239.

6 Vgl. Peter Gross: Paradise lost. Vom Pilger zum Wanderer. In:
Winfried Gebhardt/Ronald Hitzler (Hg.): Nomaden, Flaneure,
Vagabunden. Wissensformen und Denkstile der Gegenwart.
Wiesbaden 2006, S. 256-267.

7 Vgl. Zygmunt Bauman: Tod, Unsterblichkeit und andere Lebensstrategien. Frankfurt a.M. 1994.

8 Vgl. Arthur E. Imhof: Die gewonnenen Jahre. Von der Zunahme unserer Lebensspanne seit dreihundert Jahren oder von
der Notwendigkeit einer neuen Einstellung zu Leben und Sterben. München 1981.

9 Vladimir Jankélévitch, Der Tod, a.a.O., S. 16.

10 Vgl. Frank Jehle: Wie viele Male leben wir? Seelenwanderung
oder Auferstehung. Zürich, Düsseldorf 1996, S. 37; zum Ganzen: Josef Ratzinger: Eschatologie – Tod und ewiges Leben Regensburg 1981, S. 66; auch Peter Gross: Endlich! Der Stachel
des Todes. i.E.

11 »Gottes Welt ist Friede, letzter Friede nach dem letzten Kampf;
Gottes Friede heißt Ausruhen für die, die das Leben müde gemacht hat; es heißt Geborgensein für die, die unbehütet und
unbewacht wanderten; Heimat für die Heimatlosen. Stille für
die Abgekämpften, Linderung für die Gequälten, Tröstung für
die Bekümmerten und Weinenden. Gottes Friede ist, wie wenn
eine Mutter ihrem weinenden Kind mit der Hand über die
Stirn streicht. Ich will euch trösten, wie einen seine Mutter
tröstet [...] eure Toten sind getröstet mit Gottes Trost, er hat
ihre Tränen abgewischt, er hat dem rastlosen Treiben ein Ende
gemacht – sie sind im Frieden«. Dietrich Bonhoeffer: Gesammelte Schriften. Bd. 4 (hg. v. Eberhard Bethge). München
1965, S. 162f.

12 Ebenda.

13 Ebenda.

14 Max Weber: Wissenschaft als Beruf, a.a.O., S. 251.

15 Vgl. ebenda.
16 Vgl. Martin Heidegger: Das Ding. In: Ders.: Vorträge und Aufsätze II, Stuttgart 1950, S. 51.
17 Vgl. Zygmunt Bauman: Tod, Unsterblichkeit und andere Lebensstrategien, a.a.O.
18 Vgl. Hans Kessler: Den verborgenen Gott suchen. Paderborn u.a. 2005.
19 Otto Friedrich Bollnow: Existenzphilosophie. Stuttgart u.a. 1955, S. 98.
20 Vladimir Jankélévitch: Der Tod, a.a.O., S. 560.
21 Vgl. Arthur Schopenhauer: Die Welt als Wille und Vorstellung. Bd. 2. Leipzig 1879, S. 3.
22 Alberto Caraco: Brevier des Chaos. Lausanne 1985, S. 44.
23 Vgl. Philippe Ariès: Geschichte des Todes. München, Wien 1980.
24 Vgl. Karl Rahner: Über den Tod. Hamburg 1949.
25 Franz Rosenzweig: Der Stern der Erlösung. Frankfurt a.M. 1988, S. 4.
26 Max Horkheimer: Die Sehnsucht nach dem ganz Anderen. Hamburg 1970, S. 64f.
27 Niklas Luhmann: Ökologische Kommunikation, a.a.O., S. 231.
28 Vgl. Max Weber: Zwischenbetrachtung, a.a.O., S. 556ff.
29 Von Sadomasochismus, der von beamteten Professoren an der Leine der Kunst öffentlich spazieren geführt wird (Peter Weibel, Wien, an der Leine von Valie Export), bis zu den Street- und Gay-Paraden, von den Kontaktanzeigen in allen Tageszeitungen (außer, jedenfalls in der Schweiz, der Neuen Zürcher Zeitung) oder Anleitungen zur Masturbation als Prostatavorbeugung für ältere Herren: In einer unübersehbaren Weise zieht sich die Sünde nicht mehr zurück, sondern drängt sich vor und wird gefeiert. Wo keine stipulierte Sünde, da keine Buße und keine Erlösungsnotwendigkeit (vgl. dazu Gerhard Schulze: Die Sünde. Das schöne Leben und seine Feinde. München, Wien 2006).
30 Emile Michel Cioran: Von Tränen und Heiligen. Frankfurt a.M. 1988, S. 63.
31 Ebenda.
32 Vgl. Georges Bataille: Die Tränen des Eros. München 1993.
33 »Alle wahre Musik entspringt dem Weinen«, so Emile Michel Cioran: Von Tränen und Heiligen, a.a.O., S. 10.

34 Vgl. Georges Bataille: Die Tränen des Eros, a.a.O., S. 11.

35 Vgl. Hans Urs von Balthasar: Die Vergöttlichung des Todes. In: Ders.: Apokalypse der deutschen Seele. Studie zu einer Lehre von den letzten Handlungen. Band III. Einsiedeln, Freiburg i.Br. 1998.

36 Georg Wilhelm Friedrich Hegel: Phänomenologie des Geistes. Hamburg 1952, S. 29.

37 Bernhard Waldenfels: Der Stachel des Fremden. Frankfurt a.M. 1990, S. 129f.

38 Vgl. Philippe Ariès: Geschichte des Todes, a.a.O. Vgl. auch Thomas H. Macho: Die Wiederkehr der Toten nach der Moderne. In: Kunstmuseum Bern (Hg.): Six Feet Under. Autopsie unseres Umgangs mit Toten. Bielefeld, Leipzig 2006, S. 88-114.

39 »Werden wir gelassen vor dem Geheimnis Tod und frei für das, wofür wir geboren wurden: einzustehen für ein menschenwürdiges Leben – für uns, für alle.« So der Kommentar des Herausgebers der evangelisch-reformierten Monatszeitung zur Link-Umfrage über Tod und Glauben. Saemann, Evangelisch-reformierte Monatszeitung Nr. 11, 2006, S. 1.

40 Vgl. Sergio Quinzio: Die Niederlage Gottes. Hamburg 1996.

41 Vgl. auch Martin Heidegger: Sein und Zeit, a.a.O., S. 235ff.

42 Zit. in: Hans Kessler: Den verborgenen Gott suchen, a.a.O., S. 168f.

ANMERKUNGEN ZU KAPITEL 7: »UNERLÖST«

1 Vgl. Christoph Ransmayr: Die letzte Welt. Frankfurt a.M. 1991.

2 Vgl. auch Henning Luther: Religion und Alltag. Bausteine zu einer praktischen Theologie des Subjekts. Stuttgart 1992, S. 29.

3 Max Weber: Die protestantische Ethik und der Geist des Kapitalismus, a.a.O., S. 84ff.

4 Vgl. Michel Houellebecq: Elementarteilchen, a.a.O.; Peter Sloterdijk: Regeln für den Menschenpark. Ein Antwortschreiben zu Heideggers Brief über den Humanismus. Frankfurt a.M. 1999; Peter Gross: Das genetische Christkind. In: Der Tagesspiegel vom 23.9.2000, S. 31. Die Frage an den Hundebesitzer, konfrontiert mit der Vorstellung geklonter Produkte, ob er

gerne seinen Hund – einen gleichen in der zweiten Generation – wieder hätte, hat dieser mit Recht dahingehend beantwortet, dass der Hund ein Individuum sei, und dass er die
Verschiedenheit der Hunde nicht nur achte, sondern liebe. Er
wünsche sich auf keinen Fall den gleichen Hund. Ist beim
Menschen anderes vorstellbar?

5   Vgl. auch Odo Marquard: Abschied vom Prinzipiellen. Stuttgart 1981.

6   Nicht nach einem Obdach sucht Gott, sondern nach einem
Boden in der Lebenswirklichkeit oder im Herzen des modernen Menschen. Vgl. Eugen Biser: Der obdachlose Gott, a.a.O.

7   Vgl. Dietrich Bonhoeffer: Widerstand und Ergebung, a.a.O.,
S. 133.

8   Theodor W. Adorno: Negative Dialektik. Frankfurt a.M. 1966,
S. 26.

9   Karl Jaspers: Über das Tragische, a.a.O., S. 17.

10 Ebenda, S. 18.

11 Wie Dorothee Sölle: Leiden, a.a.O., S. 8ff.

12 Vgl. Manfred Frank: Die unendliche Fahrt. Frankfurt a.M.
1979.

13 Vgl. Gerhard Schulze: Die Sünde, a.a.O.; Heiko Ernst: Wie der
Teufel uns reitet. Von der Aktualität der 7 Todsünden. Berlin
2006.

14 Vgl. Jacobus de Voragine: Legenda Aurea, a.a.O., S. 766-780.

15 Vgl. Italo Calvino: Die unsichtbaren Städte. München 1985,
S. 191.

16 Vgl. Louis Dumont: Individualismus. Zur Ideologie der Moderne. Frankfurt a.M., New York 1991.

17 Vgl. Hans-Georg Soeffner: Gesellschaft ohne Baldachin. Velbrück 2000.

ANMERKUNGEN ZU »SCHLUSS: EINE WELT IST EINE WELT«

1   So immer wieder Paul Tillich. Vgl. insb. Systematische Theologie. Bd. II, a.a.O.

2   Vgl. die Gründung des Rates der Religionen in der Schweiz,
welcher die monotheistischen Religionen umfasst; oder den
Brief des iranischen Präsidenten Ahmadinejad an George W.

Bush (8.5.2006), wo zwar die Gemeinsamkeit des monotheistischen Glaubens, aber nicht die erlösungsreligiöse Gemeinsamkeit angesprochen wird.

3   Hans Urs von Balthasar: Das Herz der Welt, a.a.O., S. 9.

4   So Joseph Ratzinger: Erlösung – mehr als eine Phrase?, a.a.O.,
    S. 3. Zum Jenseitsverlust vgl. Michael N. Ebertz: Die Zivilisie-
    rung Gottes und die Reinstitutionalisierung der Gnadenan-
    stalt. In: Kölner Zeitschrift für Soziologie und Sozialpsycholo-
    gie. Sonderheft 33, 1993, S. 92-126. Der Verlust betrifft m.E.
    nicht nur die Beschneidung der eschatologischen Trias von
    Himmel, Hölle und Fegefeuer durch die Stilllegung der Hölle
    und das Erlöschen eines Fegefeuers. Höllenverlust heißt nicht
    mehr Himmelsgewinn (Michael N. Ebertz), sondern Kom-
    plettverlust der eschatologischen Überlieferung.

5   Vgl. Karl Marx: Zur Kritik der Hegelschen Rechtsphilosophie,
    a.a.O.

6   Vgl. Max Weber: Die Wirtschaftsethik der Weltreligionen,
    a.a.O., S. 400.

7   Vgl. Friedrich Gogarten: Verhängnis und Hoffnung der Neu-
    zeit. Stuttgart 1958; Wolfhart Pannenberg: Was ist der
    Mensch? a.a.O.

8   Vgl. Ivan Illich: In den Flüssen nördlich der Zukunft, a.a.O.

9   Vgl. Ernst Jünger: Die totale Mobilmachung. In: Ders.: Essays
    I. Betrachtungen zur Zeit. Stuttgart 1960, S. 123-149.

10 Vgl. Ronald Hitzler: Individualisierung des Glaubens. Zur
    religiösen Dimension der Bastelexistenz. In: Anne Honer et al.
    (Hg.): Diesseitsreligion. Zur Deutung und Bedeutung moder-
    ner Kultur. Konstanz 1999, S. 351-368. Unheilschwanger zum
    Aufblühen einer »gottlosen« Religiosität vgl. Carl Améry: Glo-
    bal Exit, a.a.O.

11 Vgl. Thomas Pröpper: Erlösungsglaube und Freiheitsgeschich-
    te, a.a.O.

12 Vgl. Peter Gross: Paradise lost. Vom Pilger zum Wanderer,
    a.a.O.

13 Raimundo Panikar: Rückkehr zum Mythos. Frankfurt a.M.
    1985, S. 225.

14 Zygmunt Bauman: Tod, Unsterblichkeit und andere Lebens-
    strategien, a.a.O., S. 12.

15 Johann Gottfried Herder: Gedanken und Aphorismen. Hild-
    burghausen, o.J.

16 So lassen sich auch die Stürme und Leidenschaften des Menschen deuten: »Alle Laster und Fehler unseres Geschlechts müssen dem Ganzen endlich zum Besten gereichen. Alles Elend, das aus Leidenschaften, Vorurtheilen, Trägheit und Unwissenheit entspringt, kann den Menschen seine Sphäre nur mehr kennen lehren. Alle Ausschweifungen rechts und links stoßen ihn am Ende auf einen Mittelpunkt zurück.« In: Johann Gottfried Herder: Gedanken und Aphorismen, a.a.O., S. 8.

17 Endlos wären die Beispiele. Eine Sozialgeschichte der Entblößung und Enthemmung steht noch aus.

18 Vgl. Wolfgang Lipp: Stigma und Charisma, a.a.O.

19 Insofern ist die Botschaft von Gerhard Schulzes Essay über die Sünde (Wien 2006, a.a.O.) missverständlich. Menschsein heißt gerade nicht, Natürlichkeit wiederzugewinnen. Was diese bedeuten würde, lässt sich im Affengehege jedes Zoos beobachten. Schulzes Plädoyer für kopulierende Paare in städtischen Fußgängerzonen (vgl. S. 229f.) stellt die bei aller Inversion der Moral notwendige und menscheneigene Disziplinierung der Affekte vergnügt bloß. Die romantische Verklärung der sexuellen Begegnung und der erotischen Liebe verkennt außerdem die in der Theologie und auch in der klassischen Soziologie längst bemerkte Verschränkung von Naturhaftem und Spirituellem. Deshalb die Unterscheidung von Eros, Philia und Caritas als drei Formen der Liebe in der ersten Enzyklika von Papst Benedikt XVI. mit dem Titel »Deus Caritas est«. Vgl. auch Max Weber: »Die höchste Erotik steht mit gewissen sublimierten Formen heroischer Frömmigkeit im Verhältnis gegenseitiger psychologischer und physiologischer Vertretbarkeit. Im Gegensatz zur rationalen aktiven Askese, welche das Geschlechtliche schon um seiner Irrationalität willen ablehnt und von der Erotik als todfeindliche Macht empfunden wird, besteht jenes Vertretbarkeitsverhältnis speziell zur mystischen Gottinnigkeit. Mit der Konsequenz einer jederzeit drohenden tödlich raffinierten Rache des Animalischen oder eines unvermittelten Hinübergleitens aus dem mystischen Gottesreich in das Reich des Allzumenschlichen.« In: Zwischenbetrachtung, a.a.O., S. 561.

20 Vgl. etwa Karl Barth: Einführung in die evangelische Theologie. Zürich 1985, S. 119ff.

21 Otto Friedrich Bollnow: Existenzphilosophie, a.a.O. S. 94.

22 »Wer in seinen Gedanken, seinen Worten und seinem Leben einigermaßen Ordnung herstellen kann, verdient Anerkennung; wer seine unauflösbaren Widersprüche, trotz allen Ordnungsbemühungen leugnet, verdient Spott.« So Gerhard Schulze: Grenzgang mit Humor. Eine Erörterung der Frage: Was ist eine gute Religion? In: Neue Zürcher Zeitung vom 16.6.2006, Nr. 137, S. 57.

23 So Gerhard Schulze: ebenda.

24 Zum »schwachen« Denken vgl. Richard Rorty/Gianni Vattimo: Die Zukunft der Religion, a.a.O.

25 Vgl. Hans Gasper/Friederike Valentin: Endzeitfieber. Apokalyptiker, Untergangspropheten, Endzeitsekten. Basel, Wien 1997.

26 Vgl. Leszek Kolakowski: Die Suche nach der verlorenen Gewissheit. Stuttgart u.a. 1977.

27 Vgl. Hans Kessler: Den verborgenen Gott suchen. a.a.O., S. 170ff.

28 Vgl. ebenda, S. 55.

29 Zygmunt Bauman: Tod, Unsterblichkeit und andere Lebensstrategien, a.a.O., S. 13.

30 Peter Gross: Unruhig ist das Herz. Reflexionen zur Bach-Kantate »O Ewigkeit Du Donnerwort«. BWV 60. J.S. Bach-Stiftung. St. Gallen 2007.

31 Und Chance für den interreligiösen Dialog. Vgl. Peter Gross: Die Entsubstanzialisierung des Christentums und der Interreligiöse Dialog, a.a.O.

32 Vgl. Dietrich Bonhoeffer: Widerstand und Ergebung, a.a.O., S. 133, 174.

Literatur

Adorno, Theodor W.: Negative Dialektik. Frankfurt a.M. 1966.

Adorno, Theodor W.: Minima moralia. Reflexionen aus dem beschädigten Leben. Frankfurt a.M. 1970.

Althaus, Paul: Die letzten Dinge. Lehrbuch der Eschatologie. Gütersloh 1961.

Améry, Carl: Die gnadenlosen Folgen des Christentums. München 1972.

Améry, Carl: Global Exit. Die Kirchen und der Totale Markt. München 2002.

Antes, Peter: Mach's wie Gott, werde Mensch. Düsseldorf 1999.

Ariès, Philippe: Geschichte des Todes: München, Wien 1999.

Assmann, Jan: Die mosaische Unterscheidung oder der Preis des Monotheismus. München, Wien 2003.

Balthasar, Hans Urs von: Das Herz der Welt. Zürich 1949.

Balthasar, Hans Urs von: Die Vergöttlichung des Todes. In: Ders.: Apokalypse der deutschen Seele. Studien zu einer Lehre von letzten Haltungen. Bd. III. Einsiedeln, Freiburg i.Br. 1998.

Barié, Paul: Was ist Religion? Zur Wirkungsgeschichte eines römischen Begriffs. Annweiler am Trifels 2001.

Bärsch, Claus-Ekkehard: Die politische Religion des Nationalsozialismus. Die religiöse Dimension der NS-Ideologie in den Schriften von Dietrich Eckart, Joseph Goebbels, Alfred Rosenberg und Adolf Hitler. München 1998.

Barth, Karl: Kirchliche Dogmatik I/2. Zürich 1938.

Barth, Karl: Mensch und Mitmensch. Göttingen 1954.

Barth, Karl: Einführung in die evangelische Theologie. Zürich 1985.

Bataille, Georges: Tränen des Eros. München 1993.

Baudrillard, Jean: Das perfekte Verbrechen. München 1996.

Bauman, Zygmunt: Tod, Unsterblichkeit und andere Lebensstrategien. Frankfurt a.M. 1994.

Beck, Ulrich: Risikogesellschaft. Frankfurt a.M. 1986.

Beck, Ulrich: Was ist Globalisierung? Irrtümer des Globalismus – Antworten auf Globalisierung. Frankfurt a.M. 1997.

Berger, Peter L.: Zur Dialektik von Religion und Gesellschaft. Frankfurt a.M. 1973.

Berger, Peter L.: Der Zwang zur Häresie. Religion der pluralistischen Gesellschaft. Freiburg i.Br., Basel, Wien 1992.

Berger, Peter L.: Erlösender Glaube? Fragen an das Christentum. Berlin, New York 2006.

Berking, Helmuth: Helmuth Plessner. Exzentrische Positionalität. Grundlegung der philosophischen Anthropologie. In: Martin Ludwig Hofmann et al. (Hg.): Culture Club II. Frankfurt a.M. 2006, S. 11-38.

Bernhardt, Reinhold: Horizontüberschreitung. Die Pluralistische Theorie der Religionen. Gütersloh 1991.

Biser, Eugen: Glaubenserweckung. Das Christentum an der Jahrtausendwende. Düsseldorf 2000.

Biser, Eugen: Der obdachlose Gott. Für eine Neubegegnung mit dem Unglauben. Freiburg i.Br. 2005.

Bollnow, Otto Friedrich: Existenzphilosophie. Stuttgart u.a. 1955.

Bolz, Norbert/Reijen, Willem van (Hg.): Heilsversprechen. München 1998.

Bolz, Nobert: Selbsterlösung. In: Ders./Willem van Reijen (Hg.): Heilsversprechen. München 1998, S. 209-221.

Bolz, Norbert: Die Konformisten des Andersseins. München 2001.

Bonhoeffer, Dietrich: Gesammelte Schriften. Bd. 4. (hg. v. Eberhard Bethge). München 1965.

Bonhoeffer, Dietrich: Widerstand und Ergebung. Briefe und Aufzeichnungen aus der Haft (hg. v. Eberhard Bethge) Gütersloh 1994.

Boros, Ladislaus: Mysterium mortis. Der Mensch in der letzten Entscheidung. Mainz 1993.

Bramley, Serge/Rheims, Bettina: I.N.R.I. München 1998.

Brosziewski, Achim/Eberle, Thomas/Maeder, Christoph (Hg.): Moderne Zeiten. Reflexionen zur Multioptionsgesellschaft. Konstanz 2001.

Brumlik, Micha: Der Traum von der Selbsterlösung des Menschen. Frankfurt a.M. 1992.

Brunner, Emil: Natur und Gnade. Zürich 1934.

Brunner, Emil: Der Mensch im Widerspruch. Berlin 1937.

Büchele, Herwig: Vor der Gefahr der Selbstauslöschung der Menschheit. Berlin2006.

Bultmann, Rudolf: Geschichte und Eschatologie. Tübingen 1979.

Bultmann, Rudolf: Jesus Christus und die Mythologie. Das Neue Testament im Lichte der Bibelkritik. Gütersloh 1964.

Burckhardt, Jacob: Die Kultur der Renaissance in Italien. Erster Band. Leipzig 1919.

Burckhardt, Jacob: Weltgeschichtliche Betrachtungen. Bern 1941.

Calvino, Italo: Die unsichtbaren Städte. München 1985.

Caraco, Alberto: Brevier des Chaos. Lausanne 1985.

Casanova, José: Public Religious in the Modern World. Chicago 1994.

Ceronetti, Guido: Das Schweigen des Körpers. Frankfurt a.M. 1983.

Cioran, Emile Michel: Die verfehlte Schöpfung. Frankfurt a.M. 1979.

Cioran, Emile Michel: Von Tränen und von Heiligen. Frankfurt a.M. 1988.

Cioran, Emile Michel: Auf den Gipfeln der Verzweiflung. Frankfurt a.M. 1989.

Claessens, Dieter: Instinkt. Psyche. Geltung. Köln, Opladen 1968.

Clercq, Bertrand de: Soziologie und moderne Gesellschaft. München 1968.

Drewermann, Eugen: Der tödliche Fortschritt. Regensburg 1990.

Drewermann, Eugen: Wozu Religion? Freiburg i.Br. 2001.

Drewermann, Eugen: Heilende Religion – Überwindung der Angst. Freiburg i.Br. 2006.

Douglas, Mary: Reinheit und Gefährdung. Frankfurt a.M. 1988.

Dumont, Louis: Individualismus. Zur Ideologie der Moderne. Frankfurt a.M., New York 1991.

Dungs, Susanne/Ludwig Heiner (Hg.): Profan – Sinnlich – Religiös. Theologische Lektüren der Postmoderne. Frankfurt a.M. 2005.

Eberle, Thomas S.: Millenniumsschritt durch die Himmelspforte. Der Exodus der »High-Tech-Sekte« Heavens Gate. In: Anne Honer et al. (Hg.): Diesseitsreligion. Zur Deutung der Bedeutung moderner Kultur. Konstanz 1999, S. 285-305.

Ebertz, Michael N.: Das Charisma des Gekreuzigten. Tübingen 1987.

Ebertz, Michael N.: Die Zivilisierung Gottes und die Reinstitutionalisierung der Gnadenanstalt. In: Kölner Zeitschrift für Soziologie und Sozialpsychologie. Sonderheft 33, 1993, S. 92-126.

Eliade, Mircea: Das Heilige und das Profane. Vom Wesen des Religiösen. Frankfurt a.M. 1990.

Eliade, Mircea: Handbuch der Religionen. Düsseldorf 2004.

Elias, Norbert: Der Prozess der Zivilisation. Bern 1969

Enzyklika »Redemptor hominis«. Papst Johannes Paul II. Rom 1979.

Enzyklika »Deus Caritas est«. Papst Benedikt XVI. Rom 2006.

Ernst, Heiko: Wie der Teufel uns reitet. Von der Aktualität der 7 Todsünden. Berlin 2006.

Fauth, Dieter/Müller, Daniel (Hg.): Religiöse Devianz in christlich geprägten Gesellschaften. Würzburg 1991.

Feuerbach, Ludwig: Grundsätze der Philosophie der Zukunft. In: Ders.: Philosophische Kritiken und Grundsätze. Sämtl. Werke. Bd. 2 (hg. v. Wilhelm Bolin und Friedrich Jodl). Stuttgart-Bad Cannstadt 1959.

Folga-Januszewska, Dorotea/Winzen, Matthias (Hg.): Das Heilige und der Leib. Schätze aus dem Nationalmuseum Warschau (Katalog Staatliche Kunsthalle Baden-Baden). Ostfildern-Ruit 2005.

Frank, Manfred: Die unendliche Fahrt. Frankfurt a.M. 1979.

Frankl, Viktor E.: Der leidende Mensch. Anthropologische Grundlagen der Psychotherapie. Bern 1975.

Frankl, Viktor E.: Das Leiden am sinnlosen Leben. Freiburg i.Br. 1978.

Frankl, Viktor E.: Conditio moderna. Leipzig 1993.

Frei, Urs Beat/Bühler, Fredy (Hg.): Der Rosenkranz. Andacht, Geschichte, Kunst. Bern 2003.

Freud, Sigmund: Das Unbehagen in der Kultur. Berlin 1930.

Friedmann, Hermann: Wissenschaft und Symbol. München 1949.

Fukuyama, Francis: Das Ende der Geschichte. München 1992.

Gabriel, Karl: Christentum zwischen Tradition und Postmoderne. Freiburg i.Br. 1995.

Gasper, Hans/Valentin, Frederike: Endzeitfieber. Apokalyptiker, Untergangspropheten, Endzeitsekten. Basel, Wien 1997.

Gehlen, Arnold: Der Mensch. Seine Natur und Stellung in der Welt. Berlin 1940.

Gehlen, Arnold: Die Seele im technischen Zeitalter. Sozialpsychologische Probleme in der industriellen Gesellschaft. Reinbek 1957.

Gehlen, Arnold: Anthropologische Forschung. Zur Selbstbegegnung und Selbstentdeckung des Menschen. Reinbek 1961.

Gehlen, Arnold: Über instinktives Ansprechen auf Wahrnehmungen. In: Ders.: Anthropologische Forschung. Zur Selbstbegegnung und Selbstentdeckung des Menschen. Reinbek 1962, S. 104-126.

Gehlen, Arnold: Ende der Geschichte. In: Ders.: Einblicke. Frankfurt a.M. 1975, S. 115-153.

Gebhardt, Werner/Waldenfels, Hans (Hg.): Religion und Identität. Frankfurt a.M. 1999.

Gerber, Uwe (Hg.): Religiosität in der Postmoderne. Frankfurt a.M. 1998.

Gerber, Uwe: Theologische Denkbewegungen im 21. Jahrhundert. In: Eckart Gottwald/Folkert Rickers (Hg.): Die Zukunft des Religionsunterrichts im Horizont von Globalisierung und Multikulturalität. Nordhausen 2004, S. 35-65.

Gerber, Uwe (Hg.): Auf die Differenz kommt es an. Interreligiöser Dialog mit Muslimen. Leipzig 2006.

Gerber, Uwe: Religiöse Zugänge in der Spätmoderne. Glaubenswelten und Cyberzeiten. Ms. Basel 2006.

Giddens, Anthony: Konsequenzen der Moderne. Frankfurt a.M. 1990.

Giesen, Bernhard: Codes kollektiver Identität. In: Werner Gephart/Hans Waldenfels (Hg.): Religion und Identität. Frankfurt a.M. 1999, S. 13-44.

Girard, René: Das Heilige und die Gewalt. Zürich 1987.

Glasenapp, Helmuth von: Die fünf Weltreligionen. Brahamismus. Buddhismus. Chinesischer Universismus. Christentum. Islam. Wien, Zürich 1963.

Goffman, Erving: Stigma. Über Techniken der Bewältigung beschädigter Identität. Frankfurt a.M. 1967.

Gogarten, Friedrich: Der Mensch zwischen Gott und Welt. Heidelberg 1952.

Gogarten, Friedrich: Verhängnis und Hoffnung der Neuzeit. Stuttgart 1958.

Graf, Friedrich Wilhelm: Die Wiederkehr der Götter. München 2004.

Gross, Peter: Die Multioptionsgesellschaft. Frankfurt a.M. 1994.

Gross, Peter: Ich-Jagd. Im Unabhängigkeitsjahrhundert. Frankfurt a.M. 1999.

Gross, Peter: Das genetische Christkind. In: Der Tagesspiegel, 23.9.2000, S. 31.

Gross, Peter: Her mit dem Leid. In: gdi-impuls 4, 2001, S. 59-68.

Gross, Peter: Passionszyklus und Stigmamanagement. In: Günter Burkart/Jürgen Wolf (Hg.): Lebenszeiten. Erkundungen zur Soziologie der Generationen. Opladen 2002, S. 89-103.

Gross, Peter: Wohin soll ich mich wenden? Religiosität in der Multioptionsgesellschaft. In: Heinrich Schmidinger (Hg.): Chancen des Christlichen in der ökonomisierten Welt. Innsbruck, Wien 2004, S. 52-63.

Gross, Peter: Verblassendes Heil. Vom Paradiesvertriebenen zum Paradiesflüchtling. In: Susanne Dungs/Heiner Ludwig (Hg.): Profan – Sinnlich – Religiös. Theologische Lektüren der Postmoderne. Frankfurt a.M. 2005, S. 335-345.

Gross, Peter: Selbstinterpretation als Selbstermächtigung – oder: Sechs Milliarden Personen suchen einen Autor. In: Ronald Hitzler/Michaela Pfadenhauer (Hg.): Gegenwärtige Zukünfte. Wiesbaden 2005, S. 244-257.

Gross, Peter: Paradise lost. Vom Pilger zum Wanderer. In: Winfried Gebhardt/Ronald Hitzler (Hg.): Nomaden, Flaneure, Vagabunden. Wissensformen und Denkstile der Gegenwart. Wiesbaden 2006, S. 256-267.

Gross, Peter: Die Entsubstanzialisierung des Christentums und der Interreligiöse Dialog. In: Uwe Gerber (Hg.): Auf die Differenz kommt es an. Interreligiöser Dialog mit Muslimen. Leipzig 2006, S. 137-149.

Gross, Peter: Was fehlt, wenn nichts fehlt. Modernität und Mode. In: Christoph Doswald (Hg.): Double Face. The Story about Fashion and Art. From Mohammed to Warhol. Zürich 2006, S. 37-42.

Gross, Peter: Unruhig ist das Herz. Reflexionen zur Kantate »O Ewigkeit du Donnerwort«. BWV 60. J.S. Bach-Stiftung. St. Gallen 2007.

Gross, Peter: Endlich! Der Stachel des Todes. i.E.

Gruen, Arno: Es ist ein jeder Mensch sein eigener Gott. In: Neue Zürcher Zeitung, 4.9.2006, S. 23.

Guardini, Romano: Das Ende der Neuzeit. Basel 1950.

Gumprecht, Hans Ulrich: nachMODERNE ZEITENräume. In: Ders./Robert Weimann/Gumprecht (Hg.): Postmoderne – globale Differenz. Frankfurt a.m. 1999, S. 54-73.

Häberlin, Paul: Das Evangelium und die Theologie. Zürich 1956.

Habermas, Jürgen: Die Zukunft der menschlichen Natur. Auf dem Wege zu einer liberalen Eugenik. Frankfurt a.m. 2001.

Habermas, Jürgen: »Ich selber bin ja ein Stück Natur« – Adorno über die Naturverflochtenheit der Vernunft. Überlegungen zum Verhältnis von Freiheit und Unverfügbarkeit. In: Ders.: Naturalismus und Religion. Philosophische Aufsätze. Frankfurt a.m. 2005, S. 155-187.

Hanke, Edith: Erlösungsreligionen. In: Hans G. Kippenberg/Martin Riesebrodt (Hg.): Max Webers ›Religionssystematik‹. Tübingen 2001, S. 209-227.

Hart Nibbrig, Christian L.: Ästhetik der letzten Dinge. Frankfurt a.m. 1989.

Hegel, Georg Wilhelm Friedrich: Phänomenologie des Geistes. Hamburg 1952.

Heidegger, Martin: Sein und Zeit. Tübingen 1963.

Heidegger, Martin: Das Ding. In: Ders.: Vorträge und Aufsätze II. Stuttgart 1950.

Heiler, Friedrich: Erscheinungsformen und Wesen der Religion. Stuttgart 1960.

Herder, Johann Gottfried: Gedanken und Aphorismen. Hildburghausen, o.J.

Herder, Johann Gottfried: Ideen zur Philosophie der Geschichte der Menschheit. (Werke in 3 Bänden, Bd. 1) München 2002.

Hick, John (Hg.): Wurde Gott Mensch? Der Mythos vom fleischgewordenen Gott. Gütersloh 1979.

Hitzler, Ronald: Individualisierung des Glaubens. Zur religiösen Dimension der Bastelexistenz. In: Anne Honer et al. (Hg.): Diesseitsreligion. Zur Deutung der Bedeutung moderner Kultur. Konstanz 1999, S. 351-368.

Hitzler Ronald/Pfadenhauer, Michaela (Hg.): Gegenwärtige Zukünfte. Wiesbaden 2005.

Hitzler, Ronald: Möglichkeitsräume. Diagnosen der Existenz am Übergang zu einer anderen Moderne. In: Ders./Michaela Pfadenhauer (Hg.): Gegenwärtige Zukünfte. Wiesbaden 2005, S. 257-273.

Honer, Anne et al. (Hg.): Diesseitsreligion. Zur Deutung der Bedeutung moderner Kultur. Konstanz 1999.

Horkheimer, Max: Die Sehnsucht nach dem ganz Anderen. Hamburg 1970.

Houellebecq, Michel: Elementarteilchen. Köln 1999.

Huizing, Klaas: Asketische Theologie. Bd. I. Der erlesene Mensch. Eine literarische Anthropologie. Stuttgart 2000.

Huntington, Samuel P.: Der Kampf der Kulturen. Hamburg 1997.

Illich, Ivan: In den Flüssen nördlich der Zukunft. Letzte Gespräche über Religion und Gesellschaft mit David Carley. München 2006.

Illies, Christian: Philosophische Anthropologie im biologischen Zeitalter. Zur Konvergenz von Moral und Natur. Frankfurt a.M. 2006.

Imhof, Arthur E.: Die gewonnenen Jahre. Von der Zunahme unserer Lebensspanne seit dreihundert Jahren oder von der Notwendigkeit einer neuen Einstellung zu Leben und Sterben. München 1981.

James, William: Die Vielfalt religiöser Erfahrung. Eine Studie über die menschliche Natur. Olten 1979.

Jankélévitch, Vladimir: Der Tod. Frankfurt a.M. 2005.

Jaspers, Karl: Über das Tragische. München 1952.

Jehle, Frank: Wie viele Male leben wir? Seelenwanderung oder Auferstehung. Zürich, Düsseldorf 1996.

Jenkins, Philip: The Next Christendom. The Rise of Global Christianity. Chicago 1994.

Joas, Hans: Eine Rose im Kreuz der Vernunft. In: DIE ZEIT, 7.2.2002, S. 32.

Junge, Matthias: Religiöser Wandel und Wertewandel. In: Ute Volkmann/Uwe Schimank (Hg.): Soziologische Gegenwartsanalysen II. Opladen 2002, S. 183-199.

Jünger, Ernst: Die totale Mobilmachung. In: Ders.: Essays I. Betrachtungen zur Zeit. Stuttgart 1960, S. 123-149.

Kamlah, Wilhelm: Kritik der futuristischen Vernunft und der Säkularisierungstheorien. In: Ders.: Utopie, Eschatologie, Geschichtstheologie, Mannheim, Wien, Zürich 1969, S. 11-53.

Kamper, Dietmar/Christoph Wulf (Hg.): Anthropologie nach dem Tode des Menschen. Vervollkommnung und Unverbesserlichkeit. Frankfurt a.M. 1994.

Kasper, Walter: Jesus Christus. Mainz 1974.

Kasper, Walter: Christologie von unten? In: Leo Scheffczyk (Hg.): Grundfragen der Christologie heute. Freiburg i.Br. 1975, S. 141-170.

Katechismus der Katholischen Kirche. München 2005.

Kaufmann, Franz-Xaver: Religion und Modernität. Sozialwissenschaftliche Perspektiven. Tübingen 1989.

Kaufmann, Franz-Xaver: Wie überlebt das Christentum? Freiburg i.Br., Basel, Wien 2000.

Keller, Hildegard Elisabeth: Rosen-Metamorphosen. In: Urs Beat Frei/Fredy Bühler (Hg.): Der Rosenkranz. Andacht – Geschichte – Kunst. Bern 2003, S. 49-69.

Kessler, Hans: Erlösung und Befreiung. Düsseldorf 1972.

Kessler, Hans: Den verborgenen Gott suchen. Gottesglaube in einer von Naturwissenschaften und Religionskonflikten geprägten Welt. Paderborn 2006.

Kierkegaard, Sören: Der Begriff Angst. Reinbek 1960.

Kierkegaard, Sören: Die Wiederholung. Reinbek 1961.

Kierkegaard, Sören: Die Krankheit zum Tode. Reinbek 1962.

Kierkegaard, Sören: Der Pfahl im Fleisch. Hamburg 1962.

Kippenberg, Hans G./Riesebrodt, Martin (Hg.): Max Webers ›Religionssystematik‹. Tübingen 2001.

Knitter, Paul F.: Religion und Befreiung. Soteriozentrismus als Antwort an die Kritiker. In: Reinhold Bernhardt (Hg.): Horizontüberschreitung. Die Pluralistische Theologie der Religionen. Gütersloh 1991, S. 203-220.

Knoblauch, Hubert: Religionssoziologie. Berlin, New York 1999.

Kohlenberg, Kerstin/Lebert, Stephan (Hg.): Leben ist verdammt schwer. Antworten auf 13 Fragen unserer Zeit. Mit Beiträgen von Peter Gehle, Iris Berben, Frank Schirrmacher, Franka Potente, Günther Jauch, Helmut Dietl, Renate Künast, Peter Gross, André Heller u.a. München 2005.

Köhler, Hans: Theologische Anthropologie. München 1967.

Kolakowski, Leszek: Die Suche nach der verlorenen Gewissheit. Stuttgart u.a. 1977.

Der Koran. In der Übersetzung von Max Henning. Stuttgart 1960.

Koslowski, Peter: Die Prüfungen der Neuzeit. Über Postmodernität, Philosophie der Geschichte, Metaphysik, Gnosis. Wien 1989.

Krech, Volkhard: Götterdämmerung. Auf der Suche nach Religion. Bielefeld 2003.

Küng, Hans: Projekt Weltethos. München 1990.

Kuschel, Karl-Josef: Streit um Abraham. Was Juden, Christen und Muslime trennt – und was sie eint. München 1996.

Lamswerde, Inez van: Ausstellung im Kunsthaus Zürich 7.6.-18.8. 1996. Katalog. Zürich 1996.

Landgrebe, Ludwig: Philosophie der Gegenwart. Berlin 1961.

Landmann, Michael: Philosophische Anthropologie. Berlin, New York 1976.

Lévi-Strauss, Claude: Natur und Kultur. In: Wilhelm E. Mühlmann/Ernst W. Müller (Hg.): Kulturanthropologie. Köln, Berlin 1966, S. 80-108.

Levinas, Emanuel: Totalität und Unendlichkeit. Versuch über die Exteriorität. München 1987.

Liebl, Franz: Depression und Strategien ihrer Vermarktung. In: Ders.: Kapitalismus und Depression. Bd. III. Berlin 2001, S. 113-141.

Liessmann, Konrad Paul: Die visionslose Gesellschaft. Mit Unsicherheiten leben. In: Othmar Ederer/Manfred Prisching (Hg.): Die unsichere Gesellschaft. Risiken Trends, Zukünfte. Graz 2003, S. 65-79.

Lipp, Wolfgang: Stigma und Charisma. Über soziales Grenzverhalten. Berlin 1985.

Lipp, Wolfgang: Außenseiter, Häretiker, Revolutionäre. Gesichtspunkte zur systematischen Analyse. In: Dieter Fauth/Daniel Müller (Hg.): Religiöse Devianz in christlich geprägten Gesellschaften. Würzburg 1991, S. 12-29.

Löwith, Karl: Weltgeschichte und Heilsgeschehen. Die theologischen Voraussetzungen der Geschichtsphilosophie. Stuttgart u.a. 1953.

Lübbe, Hermann: Religion nach der Aufklärung. Graz 1986.

Luckmann, Thomas: Kulturkreis und Wandel der Intimsphäre. In: Johannes Schlemmer (Hg.): Der Verlust der Intimität. München 1976, S. 42-54.

Luckmann, Thomas: Die unsichtbare Religion. Frankfurt a.M. 1991.

Luckmann, Thomas: Wissen und Gesellschaft. Ausgewählte Aufsätze 1981-2002. Konstanz 2002.

Luckmann, Thomas: Schrumpfende Transzendenzen, expandierende Religion. In: Ders.: Wissen und Gesellschaft. Ausgewählte Aufsätze 1981-2002. Konstanz 2002, S. 139-157.

Luhmann, Niklas: Funktion der Religion. Frankfurt a.M. 1977.

Luhmann, Niklas: Die Religion der Gesellschaft. Frankfurt a.M. 2000.

Luhmann, Niklas: Ökologische Kommunikation. Kann die moderne Gesellschaft sich auf ökologische Gefährdungen einrichten? Opladen 1990.

Luiken, Rainer: Bluten wie Jesus. In: DIE ZEIT-Magazin, 11.3.1999, S. 20-23.

Luther, Henning: Religion und Alltag. Bausteine zu einer praktischen Theologie des Subjekts. Stuttgart 1992.

Lütkehaus, Ludger: Nichts. Abschied vom Sein. Ende der Angst. Frankfurt a.M. 2003.

Macho, Thomas H.: Umsturz nach innen. Figuren der gnostischen Revolte. In: Peter Sloterdijk/Ders. (Hg.): Weltrevolution der Seele. Zürich 1993, S. 485-515.

Macho, Thomas H.: Das zeremonielle Tier. Rituale. Feste. Zeiten zwischen den Zeiten. Bibliothek der Unruhe und des Bewahrens. Bd. 9. Wien, Graz, Köln 2004.

Macho, Thomas H.: Die Wiederkehr der Toten nach der Moderne. In: Kunstmuseum Bern (Hg.): Six Feet Under. Autopsie unseres Umgangs mit den Toten. Bielefeld, Leipzig 2006, S. 88-114.

Manemann, Jürgen: Rettende Erinnerung an die Zukunft. Essay über die christliche Verschärfung. Mainz 2005.

Marquard, Odo: Abschied vom Prinzipiellen. Stuttgart 1981.

Marquard, Odo: Ende des Schicksals? Einige Bemerkungen über die Unvermeidlichkeit des Unverfügbaren. In: Ders.: Abschied vom Prinzipiellen. Stuttgart 1981, S. 67-91.

Marx, Karl: Zur Kritik der Hegelschen Rechtsphilosophie. In: Ders.: Die Frühschriften (hg. v. Siegfried Landshut). Stuttgart 1964, S. 207-225.

Matter, Christine: Moderne Zeitstrukturen und die Symbolisierung amerikanischer Individualität. In: Dirk Tänzler/Hubert Knoblauch/Hans-Georg Soeffner (Hg.): Zur Kritik der Wissensgesellschaft. Konstanz 2006, S. 277-298.

Mattotti, Lorenzo: Stigmata. (Edition Kunst der Comics) Sonneberg 2000.

Mayer, Michael: Totenwache. Wien 2001.

Metz, Johann Baptist: Zur Theologie der Welt. Mainz, München 1968.

Metz, Johann Baptist: Glaube in Geschichte und Gesellschaft. Studien zu einer praktischen Fundamentaltheorie. Mainz 1977.

Metz, Johann Baptist: Produktive Ungleichzeitigkeit. In: Jürgen Habermas (Hg.): Stichworte zur »Geistigen Situation der Zeit«. Bd. 2. Frankfurt a.M. 1979, S. 529-539.

Metz, Johann Baptist: Theologie als Theodizee? In: Willi Oelmüller (Hg.): Theodizee – Gott vor Gericht? München 1990, S. 103-118.

Metz, Johann Baptist: Erlösung und Emanzipation. In: Ders.: Glaube in Geschichte und Gesellschaft. Studien zu einer praktischen Fundamentaltheologie. Mainz 1977, S. 104-120.

Mödritzer, Helmut: Stigma und Charisma im Neuen Testament und seiner Umwelt. Zur Soziologie des Urchristentums. Freiburg i.Br. 1994.

Moltmann, Jürgen: Perspektiven der Theologie. München, Mainz 1968.

Moltmann, Jürgen: Der gekreuzigte Gott. Das Kreuz Christi als Grund und Kritik christlicher Theologie. Mainz 1972.

Mühlmann, Wilhelm E.: Chiliasmus und Nativismus. Studien zur Psychologie, Soziologie und historischen Kasuistik der Umsturzbewegungen. Berlin 1964.

Müller, Alois: Überlegungen zum Verhältnis von Religion und Kontingenz. In: Anton A. Bucher/K. Helmut Reich (Hg.): Entwicklung von Religiosität. Grundlagen, Theorieprobleme. Praktische Anwendung. Freiburg i.Br. 1989, S. 35-51.

Nancy, Jean-Luc: Der Eindringling. Das fremde Herz. Berlin 2000.

Nancy, Jean-Luc: Corpus. Zürich 2003.

Nepi, Giovanna Scirè: Carpaggio. Storie di Sant'Orsola. Milano 2000.

Niederberger, Lukas: Am liebsten beides. Entscheidungen sinnvoll treffen. Frankfurt a.M. 2004.

Nietzsche, Friedrich: Menschliches, Allzumenschliches. Werke. Bd. 3. Stuttgart 1921.

Nietzsche, Friedrich: Morgenröthe. Werke. Bd. 4. Stuttgart 1921.

Nietzsche, Friedrich: Also sprach Zarathustra. Werke. Bd. 6. Stuttgart 1921.

Niggl, Günter (Hg.): Die Autobiographie. Zu Form und Geschichte einer literarischen Gattung. Darmstadt 1989.

Panikar, Raimundo: Rückkehr zum Mythos. Frankfurt a.M. 1985.

Pannenberg, Wolfhart: Was ist der Mensch? Die Anthropologie der Gegenwart im Lichte der Theologie. Göttingen 1962.

Pannenberg, Wolfhart: Anthropologie in theologischer Perspektive. Göttingen 1983.

Pfeil, Hans: Gott und die tragische Welt. Aschaffenburg 1971.

Plessner, Helmuth: Die Stufen des Organischen und der Mensch. Einleitung in die philosophische Anthropologie. Berlin, New York 1975.

Pongs, Armin: Gesellschaft X. In welcher Gesellschaft leben wir eigentlich? 2 Bde. München 2004.

Pongs, Armin. Der Drachen ohne Schnur. München 2006.

Pontalis, Jean-Bertrand (Hg.): Objekte des Fetischismus. Frankfurt a.M. 1982.

Popper, Raimund: Die offene Gesellschaft und ihre Feinde. 2 Bde. Bern 1957/1958.

Portmann, Adolf: Zoologie und das neue Bild vom Menschen. Reinbek 1956.

Prader, Johanna: Der gnostische Wahn. Eric Voegelin und die Zerstörung menschlicher Ordnung in der Moderne. Wien 2006.

Prisching, Manfred: Die zweidimensionale Gesellschaft. Wiesbaden 2006.

Pröpper, Thomas: Erlösungsglaube und Freiheitsgeschichte. Eine Skizze zur Soteriologie. München 1988.

Quinzio, Sergio: Die Niederlage Gottes. Hamburg 1996.

Radkau, Joachim: Max Weber: Die Leidenschaft des Denkens. München 2005.

Raffelt, Albert/Rahner, Karl: Anthropologie und Theologie. In: Franz Böckle et al. (Hg.): Christlicher Glaube in moderner Gesellschaft. Teilband 24. Freiburg i.Br. 1981. S. 5-56.

Rahner, Karl: Über den Tod. Hamburg 1949.

Rahner, Karl/Hans Vorgrimter: Leiden. In: Dies.: Kleines theologisches Wörterbuch. Freiburg i.Br. 1961, S. 61.

Rahner, Karl: Der Mensch in der Schöpfung. Sämtliche Werke. Bd. 8. Freiburg i.Br. 1998.

Rahner, Karl: Zum theologischen Begriff der Konkupiszenz. In: Ders.: Der Mensch in der Schöpfung. Sämtliche Werke. Bd. 8. Freiburg i.Br. 1998, S. 3-41.

Ransmayr, Christoph: Die letzte Welt. Frankfurt a.M. 1991.

Ratzinger, Josef: Erlösung – mehr als eine Phrase? Steinfeld 1977.

Ratzinger, Josef: Eschatologie – Tod und ewiges Leben. Regensburg 1981.

Reikersdorfer, Johann: Politische Theologie als »negative Theologie«. Zum zeitlichen Sinn der Gottesrede. In: Ders. (Hg.): Vom

Wagnis der Nichtidentität: Johann Baptist Metz zu Ehren. Münster 1998.

Riesebrodt, Martin: Die Rückkehr der Religionen. Fundamentalismus und der ›Kampf der Kulturen‹. München 2000.

Rorty, Richard: Schlachtbau der Geschichte. Die Suche nach Gott ist den Menschen nicht einmontiert. Bemerkungen anlässlich der Entgegennahme des Meister-Eckhart-Preises. In: Süddeutsche Zeitung, 4.12.2001, S. 14.

Rorty, Richard/Gianni Vattimo: Die Zukunft der Religion. Frankfurt a.M. 2006.

Rosenstock-Huessy, Eugen: Die Sprache des Menschengeschlechts. Bd. II. Heidelberg 1963.

Rosenzweig, Franz: Der Stern der Erlösung. Frankfurt a.M. 1988.

Rousseau, Jean-Jacques: Abhandlung über den Ursprung und die Grundlagen der Ungleichheit unter den Menschen. Stuttgart, Leipzig 1998.

Ruster, Thomas: Der verwechselbare Gott. Theologie nach der Entflechtung von Christentum und Religion. Freiburg i.Br., Basel, Wien 2000.

Safranski, Rüdiger: Wieviel Globalisierung verträgt der Mensch? München, Wien 2003.

Sartre, Jean-Paul: Das Sein und das Nichts. Reinbek 1993.

Scheler, Max: Die Stellung des Menschen im Kosmos. Darmstadt 1928.

Scheler, Max: Der Mensch im Weltalter des Ausgleichs. In: Ders.: Philosophische Weltanschauung. Bern 1954, S. 89-119.

Schérer, René: Die Unbändigkeit der Leidenschaften: In: Dietmar Kamper/Christof Wulf (Hg.): Anthropologie nach dem Tode des Menschen Vervollkommnung und Unverbesserlichkeit. Frankfurt a.M. 1994, S. 63-87.

Scheffczyk, Leo: Grundfragen der Christologie heute. Freiburg i.Br. 1975.

Schimank, Uwe/Volkmann, Ute (Hg.): Soziologische Gegenwartsdiagnosen. 2 Bde. Opladen 2000/2002.

Schlemmer, Johannes (Hg.): Der Verlust der Intimität. München 1976.

Schirrmacher, Wolfgang (Hg.): Schopenhauer und die Postmoderne. Schopenhauer Studien 3. Wien 1988.

Schmid, Wilhelm: Philosophie der Lebenskunst. Frankfurt a.M. 1999.

Schmidinger, Heinrich: Hat Theologie Zukunft? Ein Plädoyer für ihre Notwendigkeit. Innsbruck 2000.

Schmidinger, Heinrich (Hg.): Chancen des Christlichen in der ökonomisierten Welt. Innsbruck, Wien 2004.

Schmitt, Carl: Politische Theologie. II. Berlin 1970.

Schmitt, Carl: Der Begriff des Politischen. Berlin 1987.

Schopenhauer, Arthur: Die Welt als Wille und Vorstellung. Bd. II. Leipzig 1879.

Schulze, Gerhard: Die beste aller Welten. Wohin bewegt sich die Gesellschaft im 21. Jahrtausend? München, Wien 2003.

Schulze, Gerhard: Die Sünde. Das schöne Leben und seine Feinde. München, Wien 2006.

Schulze, Gerhard: Grenzgang mit Humor. Eine Erörterung der Frage: Was ist eine gute Religion? In: Neue Zürcher Zeitung, 16.6.2006, Nr. 137, S. 57.

Sloterdijk, Peter: Literatur und Lebenserfahrung. Autobiographien der Zwanziger Jahre. München, Wien 1978.

Sloterdijk, Peter/Macho, Thomas H.: Weltrevolution der Seele. Ein Lese- und Arbeitsbuch der Gnosis. Zürich 1993.

Sloterdijk, Peter: Regeln für den Menschenpark. Ein Antwortschreiben zu Heideggers Brief über den Humanismus. Frankfurt a.M. 1999.

Sloterdijk, Peter: Luftbeben. An den Quellen des Terrors. Frankfurt a.M. 2000.

Smith, Huston: The World's Religions. New York 1991.

Soeffner, Hans-Georg: Luther – Der Weg von der Kollektivität des Glaubens zu einem lutherisch-protestantischen Individualitätstypus. In: Ders.: Die Ordnung der Rituale. Die Auslegung des Alltags 2. Frankfurt a.M. 1992, S. 20-76.

Soeffner, Hans-Georg: Gesellschaft ohne Baldachin. Velbrück 2000.

Sölle, Dorothee: Leiden. Stuttgart 1973.

Spaemann, Robert: Das unsterbliche Gerücht. In: Merkur 9/10, Sept./Okt. 1999, 53. Jg., S. 772-784.

Spaemann, Robert: Wie konntest du tun, was du getan hast? Ein philosophischer Versuch über das Gefühl der Scham und die verbreitete Schamlosigkeit. In: Neue Zürcher Zeitung, 17.12. 2005, S. 61.

Spengler, Oswald: Der Untergang des Abendlandes. 2. Bd. München 1918/1922.

Spielmann, Peter: Ahasver oder gibt es angstfreies Leben. In: Wolfgang Schirrmacher (Hg.): Schopenhauer und die Postmoderne. Schopenhauer Studien 3. Wien 1988, S. 229-239.

Stolz, Fritz: Weltbilder der Religionen. Kultur und Natur. Diesseits und Jenseits. Kontrollierbares und Unkontrollierbares. Zürich 2001.

Strolz, Walter: Heilswege der Weltreligionen. Bd. III. Freiburg i.Br., Basel, Wien 1987.

Stürmer, Michael: Welt ohne Weltordnung. Wer wird die Erde erben? Hamburg 2006.

Sukale, Michael: Alles oder Nichts. Zur Sozio-Theologie der Multioptionsgesellschaft. In: Achim Brosziewski et al. (Hg.): Moderne Zeiten. Reflexionen zur Multioptionsgesellschaft. Konstanz 2001, S. 363-379.

Sukale, Michael (Hg.): absolute Max Weber. Freiburg i.Br. 2004.

Taubes, Jacob: Abendländische Eschatologie. München 1991.

Tenbruck, Friedrich H.: Die unbewältigten Sozialwissenschaften oder die Abschaffung des Menschen. Graz, Wien, Köln 1984.

Tenbruck, Friedrich H.: Die Religion im Maelstrom der Moderne. In: Kölner Zeitschrift für Soziologie und Sozialpsychologie. Sonderheft 33, 1993, S. 31-68.

Theierl, Herbert: Mystik als Selbstversuch. Würzburg 2000.

Tillich, Paul: Systematische Theologie. Bd. 1. Stuttgart 1956.

Tillich, Paul: Korrelationen. Die Antwort der Religionen auf die Fragen der Zeit. Ergänzungsband zu den gesammelten Werken. Bd. 4. Stuttgart, Frankfurt a.M. 1979.

Tillich, Paul: Meine Suche nach dem Absoluten. Wuppertal-Barmen 1969.

Timm, Hermann: Wie kommen wir ins nächste Jahrtausend? Die Religion vor dem Millenium des Geistes. Hannover 1998.

Timm, Hermann: Von Angesicht zu Angesicht. Sprachmorphische Anthropologie. Gütersloh 1992.

Vattimo, Gianni: Jenseits der Interpretation. Die Bedeutung der Hermeneutik für die Philosophie. Frankfurt a.M., New York 1997.

Vattimo, Gianni: Jenseits des Christentums. Gibt es eine Welt ohne Gott? München, Wien 2004.

Vattimo, Gianni: Die Zukunft der Religion nach der Metaphysik. In: Richard Rorty/Ders. (Hg.): Die Zukunft der Religion. Frankfurt a.M. 2006, S. 65-96.

Voegelin, Eric: Die neue Wissenschaft von der Politik. München 1959.

Vogelin, Eric: Die politischen Religionen. München 1993.

Voragine, Jacobus de: Legenda Aurea. Heidelberg 1984.

Waldenfels, Bernhard: Der Stachel des Fremden. Frankfurt a.M. 1990.

Wallerstein, Immanuel: Utopistik. Historische Alternativen des 21. Jahrhunderts. Wien 2002.

Weber, Max: Zwischenbetrachtung: Theorie der Stufen und Richtungen religiöser Weltablehnung. In: Ders.: Gesammelte Aufsätze zur Religionssoziologie. Bd. I. Tübingen 1920, S. 536-575.

Weber, Max: Die protestantische Ethik und der Geist des Kapitalismus. In: Ders.: Gesammelte Aufsätze zur Religionssoziologie. Bd. I. Tübingen 1920, S. 17-207.

Weber, Max: Wirtschaft und Gesellschaft. Tübingen 1972.

Weber, Max: Religionssoziologie. In: Ders.: Wirtschaft und Gesellschaft Tübingen 1972, Kap. V.

Weber, Max: Wissenschaft als Beruf. In: Ders.: Schriften zur Wissenschaftslehre (hg. v. Michael Sukale). Stuttgart 1991, S. 237-275.

Weber, Max: Die Wirtschaftsethik der Weltreligionen. In: Ders.: Gesammelte Aufsätze zur Religionssoziologie. Bd. I. Tübingen 1972, S. 237-573.

Weimer, Wolfram: Credo. Warum die Rückkehr der Religion gut ist. Stuttgart 2006.

Wenzel, Uwe Justus: Gretchenfragen. Wie es einige Philosophen mit der Religion halten. In: Neue Zürcher Zeitung, 3./4.6.2006, Nr. 127, S. 73.

Wiederkehr, Dietrich: Glaube an Erlösung. Konzepte der Soteriologie vom Neuen Testament bis heute. Freiburg i.Br., Basel, Wien 1976.

Wiles, Maurice: Christentum ohne Inkarnation? In: John Hick (Hg.): Wurde Gott Mensch? Der Mythos vom fleischgewordenen Gott. Gütersloh 1979, S. 11-20.

Willems, Marianne/Willems, Herbert: Religion und Identität. Zum Wandel semantischer Strukturen der Selbstthematisierung im Modernisierungsprozess. In: Anne Honer et al. (Hg.): Diesseitsreligion. Zur Deutung der Bedeutung moderner Kultur. Konstanz 1998, S. 325-351.

Wilson, Bryan: Religion in Sociological Perspective. Oxford, New York 1982.

Zahrnt, Heinz: Die Sache mit Gott. Die protestantische Theologie im 20. Jahrhundert. München 1966.

Ziemba, Antoni: Der Körper in der Kunst der Neuzeit. Triumph und Trauer des Leibes. In: Dorotea Folga-Januszewska/Matthias Winzen (Hg.): Das Heilige und der Leib. Schätze aus dem Nationalmuseum Warschau. (Katalog Staatliche Kunsthalle Baden-Baden). Ostfildern-Ruit 2005, S. 83-94.

X-Texte zu Kultur und Gesellschaft

Thomas Hecken
1968
Von Texten und Theorien aus
einer Zeit euphorischer Kritik
Januar 2008, 182 Seiten,
kart., 18,80 €,
ISBN: 978-3-89942-741-7

Peter Gross
Jenseits der Erlösung
Die Wiederkehr der Religion
und die Zukunft des
Christentums
(2. Auflage)
Januar 2008, 198 Seiten,
kart., 20,80 €,
ISBN: 978-3-89942-902-2

Heiner Bielefeldt
**Menschenrechte in der
Einwanderungsgesellschaft**
Plädoyer für einen aufgeklärten
Multikulturalismus
April 2007, 216 Seiten,
kart., 22,80 €,
ISBN: 978-3-89942-720-2

Michael Opielka
Kultur versus Religion?
Soziologische Analysen zu
modernen Wertkonflikten
April 2007, 190 Seiten,
kart., 20,80 €,
ISBN: 978-3-89942-393-8

Thomas Etzemüller
**Ein ewigwährender
Untergang**
Der apokalyptische
Bevölkerungsdiskurs
im 20. Jahrhundert
April 2007, 218 Seiten,
kart., zahlr. Abb., 22,80 €,
ISBN: 978-3-89942-397-6

Detlef Horster
**Jürgen Habermas
und der Papst**
Glauben und Vernunft,
Gerechtigkeit und
Nächstenliebe im säkularen
Staat
2006, 128 Seiten,
kart., 13,80 €,
ISBN: 978-3-89942-411-9

Karl-Heinrich Bette,
Uwe Schimank
Die Dopingfalle
Soziologische Betrachtungen
2006, 276 Seiten,
kart., 26,80 €,
ISBN: 978-3-89942-537-6

Thomas Hecken
Avantgarde und Terrorismus
Rhetorik der Intensität und
Programme der Revolte von
den Futuristen bis zur RAF
2006, 162 Seiten,
kart., 16,80 €,
ISBN: 978-3-89942-500-0

Werner Rügemer (Hg.)
Die Berater
Ihr Wirken in Staat und
Gesellschaft
2004, 246 Seiten,
kart., 21,80 €,
ISBN: 978-3-89942-259-7

Volker Heins, Jens Warburg
Kampf der Zivilisten
Militär und Gesellschaft im
Wandel
2004, 164 Seiten,
kart., 16,80 €,
ISBN: 978-3-89942-245-0

Leseproben und weitere Informationen finden Sie unter:
www.transcript-verlag.de

X-Texte zu Kultur und Gesellschaft

Peter Fuchs
Das System »Terror«
Versuch über eine
kommunikative Eskalation
der Moderne
2004, 120 Seiten,
kart., 13,80 €,
ISBN: 978-3-89942-247-4

Klaus E. Müller
Der sechste Sinn
Ethnologische Studien
zu Phänomenen der
außersinnlichen Wahrnehmung
2004, 214 Seiten,
kart., 20,80 €,
ISBN: 978-3-89942-203-0

Gunter Gebauer,
Thomas Alkemeyer,
Bernhard Boschert,
Uwe Flick, Robert Schmidt
Treue zum Stil
Die aufgeführte Gesellschaft
2004, 148 Seiten,
kart., 12,80 €,
ISBN: 978-3-89942-205-4

Thomas Lemke
**Veranlagung und
Verantwortung**
Genetische Diagnostik
zwischen Selbstbestimmung
und Schicksal
2004, 140 Seiten,
kart., mit Glossar, 14,80 €,
ISBN: 978-3-89942-202-3

Karl-Heinrich Bette
X-treme
Zur Soziologie des Abenteuer-
und Risikosports
2004, 158 Seiten,
kart., 14,80 €,
ISBN: 978-3-89942-204-7

Volkhard Krech
Götterdämmerung
Auf der Suche nach Religion
2003, 112 Seiten,
kart., 12,80 €,
ISBN: 978-3-89942-100-2

Volker Heins
**Das Andere der
Zivilgesellschaft**
Zur Archäologie eines Begriffs
2002, 102 Seiten,
kart., 12,80 €,
ISBN: 978-3-933127-88-4

Stefan Weber
Medien – Systeme – Netze
Elemente einer Theorie
der Cyber-Netzwerke
2001, 128 Seiten,
kart., 13,80 €,
ISBN: 978-3-933127-77-8

Leseproben und weitere Informationen finden Sie unter:
www.transcript-verlag.de